经济与管理科学智库丛书

公共基础设施PPP集成融资管理研究

GONGGONG JICHU SHESHI PPP JICHENG RONGZI GUANLI YANJIU

沈俊鑫　张经阳　编著

哈尔滨工程大学出版社

内 容 简 介

本书是作者基于教育部人文社会科学研究项目、省院省校教育合作项目等课题研究成果编制而成。本书在研究项目融资理论、Petri 网理论、综合集成理论的基础上,开展 PPP 项目融资风险管理、风险作用下 PPP 项目融资利益相关者利益关系、PPP 资本结构、PPP 物有所值评价、PPP 融资模式转换及匹配研究,最后通过城镇污水处理和公路隧道两个实际案例分析公共基础设施 PPP 项目融资物有所值评价和 PPP 融资模式选择转换。

本书可供政府、企业、国际合作项目的管理人员及大中专院校师生阅读,可为各级政府开展公共基础设施 PPP 项目融资提供理论指导和实际操作借鉴。

图书在版编目(CIP)数据

公共基础设施 PPP 集成融资管理研究/沈俊鑫,张经阳编著. —哈尔滨:哈尔滨工程大学出版社,2017.6
ISBN 978 – 7 – 5661 – 1546 – 1

Ⅰ.①公… Ⅱ.①沈… ②张… Ⅲ.①基础设施建设 – 融资 – 管理 – 研究 – 中国 Ⅳ.①F299.24

中国版本图书馆 CIP 数据核字(2017)第 137772 号

选题策划 龚 晨
责任编辑 张忠远 马毓聪
封面设计 博鑫设计

出版发行 哈尔滨工程大学出版社
社　　址 哈尔滨市南岗区南通大街 145 号
邮政编码 150001
发行电话 0451 – 82519328
传　　真 0451 – 82519699
经　　销 新华书店
印　　刷 哈尔滨市石桥印务有限公司
开　　本 787 mm ×960 mm　1/16
印　　张 20.25
字　　数 360 千字
版　　次 2017 年 6 月第 1 版
印　　次 2017 年 6 月第 1 次印刷
定　　价 59.80 元
http://www.hrbeupress.com
E-mail:heupress@ hrbeu.edu.cn

前　言

自从 2014 年国务院、发改委和财政部开始推广 PPP（Public-Private Partnership,公私合作）模式以来,我国 PPP 模式进入迅速发展期,全国共实施了 3 000 多个特许经营项目,主要集中在高速公路、桥梁隧道、轨道交通、污水垃圾处理、医疗、养老等领域,PPP 基本理念得到广泛推广,适用领域不断拓宽,项目操作流程不断优化,落地项目捷报频传,金额之巨、领域之广举世瞩目。

更多领域 PPP 项目的落地实施,不仅填补了公共财政预算缺口,也提高了公共产品供给效率。PPP 模式得到迅速推广源自理论上的先进性,同时也因其迎合了目前国内经济发展的现实需求。随着 PPP 项目的进一步实施,PPP 模式将成为新常态下"一带一路"建设的重要抓手、混合所有制改革的重要推手。以诺贝尔经济学奖获得者 Oliver Hart 为代表的产权理论认为,PPP 的效率源自引入私营方带来的激励增强以及建设阶段与运营阶段捆绑产生的外部效应内部化。

本书是作者长期从事公共基础设施 PPP 项目融资领域研究的成果总结,是已结题云南省省院省校合作项目"云南省经营性公共基础设施 PPP/TOT/PROT 项目融资集成管理研究（SYSX201307）"、云南省应用基础研究计划面上项目"经营性公共基础设施 TOT 特许期稳定性及鲁棒性研究（2013FB033）"和云南省哲学社会科学基地项目"云南省中小水电站 PROT 项目融资模式研究（JD13YB07）"重要研究成果,也是在研课题教育部人文社会科学研究项目"公共基础设施项目集成融资模式研究（14YJC630107）"、云南省哲学社会科学研究基地课题重点项目"大数据驱动下云南公共基础设施 PPP 项目集成融资模式选择、匹配及转换研究（JD2016ZD02）"阶段性研究成果。

本书主要包括绪论、相关理论等十一部分内容。

在本书的编写过程中参阅的国内外大量相关资料、论著、论文等已以参考文献形式附于文后,如有遗漏之处,恳求谅解,在此对相关文献给予本人的指导、启迪、支持表示衷心的感谢。

本书在理论和方法探讨中,还需不断深入和创新。本书只能是抛砖引玉,不妥和错误之处,敬请读者不吝批评指正。

编著者

2017 年 1 月

目　　录

第1章 绪 论

"十三五"开局之后,供给侧结构性改革成为我国各界关注的焦点,PPP(Public-Private Partnership,公私合作)改革作为一项重要的供给侧结构性改革措施,正在发挥积极的牵引作用。截至 2016 年底,我国全国入库项目 11 260个,投资额 13.5 万亿元。其中,已签约落地的 1 351 个,投资额 2.2 万亿元;国家示范项目 743 个,投资额 1.86 万亿元。2017 年预计落地项目总投资额达到 4.2 万亿元,带动固定资产投资额为 1.4 万亿元。在各部委的协调配合下,不到三年的时间,中国已经发展成世界最大的 PPP 市场。

1.1 背 景

一方面,世界经济持续下行,国内宏观经济不景气,房地产持续低迷、土地财政收入锐减、地方政府债务不断膨胀导致债务危机;另一方面,公共产品特别是建设周期长、公益属性强、收入回报低的公共基础设施建设投资需求越来越大。交通设施、污水处理等公共基础设施建设任务,使地方政府背上巨额债务,资金短缺成了制约公共基础设施建设的最大瓶颈,同时制约了地方经济发展。截至 2013 年 6 月底,中央政府负有偿还责任的债务 98 129.48 亿元,负有担保责任的债务 2 600.72 亿元,可能承担一定救助责任的债务 23 110.84 亿元。如何完成公共基础设施建设任务、应对债务危机是地方政府必须回答的问题。PPP 项目融资一方面可以缓解政府财政压力,提高公共产品的供给效率;另一方面还可以拓宽社会资本的发展空间,吸引社会投资者参与公共基础设施建设、经营,有利于推动混合所有制改革。

1.1.1 公共基础设施建设背景

基础设施是指为社会生产和居民生活提供公共服务的物质工程设施,是用于保证国家或地区社会经济活动正常进行的公共服务系统。基础设施建设具有所谓的"乘数效应",即能带来几倍于投资额的社会总需求和国民收入。一个国家或地区的基础设施是否完善,是其经济是否可以长期持续稳定发展的重要基础。目前我国国有资产存量已达 6 万亿元,其中,经营性资产存量达 3 万亿元。

货币超发,是中国施行 PPP 模式非常重要的客观条件。在货币超发的背景下,《国务院关于加强地方政府性债务管理的意见》(国发〔2014〕43 号)并不能真正地约束政府债务。2008 年,为了应对全球性金融危机及国内诸多因素造成的经济下滑的巨大风险,中国政府推出"四万亿"经济刺激计划。"四万亿"经济刺激计划预计每年拉动经济增长约 1 个百分点,其中近一半资金投向交通基础设施和城乡电网建设。为配合中央政府的计划,全国各省市政府纷纷以基础建设项目为重点,以投资拉动经济增长,在这种形势下,云南省加大省级财政投入力度,同时着力增强金融保障能力,多渠道筹集资本金,引导和鼓励民间资金投入。

1.1.2　项目融资应用背景

继广西来宾电厂 B 厂成为我国首例 BOT 试点项目以来,各种公私合作衍生模式如 BT(Build-Transfer,建设—移交)、BOT(Build-Operate-Transfer,建设—运营—移交)、TOT(Transfer-Operate-Transfer, 移交—运营—移交)、PROT(Purchase-Rehabilitate-Operate-Transfer,购买—更新—经营—转让)等在我国公共基础设施建设、运营中得到广泛应用。PPP 模式对于缓解公共基础设施建设资金不足、提升公共服务效率能起到补缺和引导作用。

PPP 模式作为规避地方债务风险与拉动基础设施建设的重要手段,在多个层面被寄予厚望。2014 年 10 月 24 日,国务院常务会议提出积极推广政府和社会资本合作(PPP)模式,随后下发《国务院关于创新重点领域投融资机制鼓励社会投资的指导意见》(国发〔2014〕60 号),在生态、水利、基础设施、交通、能源、信息和民用空间基础设施、社会事业等领域,鼓励社会资本特别是民间资本参与投资,旨在盘活存量、服务国家生产力布局,促进重点领域建设,增加公共产品有效供给。

然而,我国 PPP 模式的应用尚处在探索阶段,建立科学完善的 PPP 模式以便推广应用显得尤为迫切,公共项目领域引入私人资本后的法制架构、政府监管、风险管控、政策支持等方面的建设与完善不可或缺,而合理反映特许双方利益关系的合同设计是 PPP 模式推广应用健康可持续的根本。采用 PPP(BT、BOT、TOT、PROT 等)模式的公共基础设施融资项目周期长达 20~30 年,项目内外部环境变幻莫测,由于 PPP 模式具有多样性,PPP 合同具备多重委托代理、信息非对称、不完全信息以及不完全契约等特性,导致 PPP 项目合同重新谈判现象普遍存在。不同类型公共基础设施 PPP 项目性质及内外部环境存在极大差异:是否存在 PPP 风险管理的普适性模式,如何评估及合理分担不确定性,协调各方利益,确定特许经营期、特许定价,科学制订特许合同,提升地方政府 PPP 项目管理水平,确保 PPP 项目顺利实施,是地方政府成功推行 PPP 项目必须解决的关键问题。同时,由于缺乏选择 PPP 模式的依据,导致 PPP 模式被滥用、误用、错用,或者模糊具体模式分类而笼统使用 PPP 的现象时有发生,阻碍了 PPP 模式的推广。

1.2 国内外相关研究综述

BOT、TOT、PPP 等传统项目融资模式已广泛应用于公路、桥梁、水利等领域。"公私合作之父"E. S. 萨瓦斯把基础设施项目融资作为公私合作的经营性基础设施典型融资模式,将其自身在操作和功能上的特点与其他模式比较,进行模式选择与组合;刘新梅等对所有权制度进行分析,提出了公共基础设施产业国有民营及民营化的制度创新模式;冯锋等从融资结构设计、项目运作程序及周期、投资风险和责任、产权、经营权及政府监管以及对法律和经济环境的要求等方面进行比较,提出了对于非经营性项目、经营性项目、准经营性项目模式选择的建议;黄嵩对独资经营、股权收购、组建合营(合资)公司、PPP、TOT、BOT 等模式在我国公用事业民营化中的应用进行了比较研究。

由于 PPP 研究领域涉及专业多、知识领域交叉,因此 PPP 相关研究内容的分类较为复杂,且分类方法也一直没有一个公认的标准。Al-Sharif 等人将 PPP 领域的研究内容笼统地分为 3 类:风险、采购和财务。Kaka 等人在此基础上增加并丰富了类别,将 PPP 领域的研究内容分为 7 类:投资环境、采购、经济生存能力、财务工具、风险管理、治理问题和综合研究。随着 PPP 研究的进一步发展,为了更好地阐述其研究内容,开始出现了多级分类。Tang 等人采用二级分类,将 PPP 领域的研究内容分为实证研究和非实证研究,实证研究和非实证研究又分别进一步分为三类和四类。李尧采用了三级分类方法,一级分类采用系统论的观点分为主体、客体、环境和综合研究四类,二级、三级进一步细分,总类别共十余项。

PPP 研究内容的分类方法随着研究的发展在不断变化,但以上分类方法都存在一个共同点,即每项研究都归到单一的研究分类名下。事实上,大多数 PPP 研究都会涉及多个知识领域,尤其是近年来,PPP 研究方法不断创新,多学科理论工具不断被应用到 PPP 研究中,对同一研究内容则应从更多维度进行分析。第一,PPP 作为项目融资的一种模式,应该从常规的项目管理基本知识领域维度进行分类;第二,PPP 参与主体包括政府、企业与公众,三者的相互关系也是一个重要视角;第三,PPP 项目周期长,有必要对项目整个过程的不同阶段进行分类。

国内外学者对 BOT、TOT 等特许经营类 PPP 的研究主要集中在风险评估及分担,特许经营期、特许定价决策及调整方面;部分学者展开了 PPP 股权结构、控制权配置、效率及激励机制设计方面的研究;少数学者展开了集成融资模式选择及匹配研究。

1.2.1　风险评估及分担研究现状

柯永建、王守清等和 Hwang 等分别通过对国内外 PPP/BOT 案例的研究,完成了 PPP/BOT 项目融资风险识别。柯永建、王守清等和杨卫华均设计了 PPP/BOT 风险分担框架。2011 年,何涛等基于随机合作博弈理论,在考虑参与方风险偏好的前提下构建了政府与私营财团间的最优合作博弈模型,实现了风险在合作双方之间的合理分担。2007 年,Ahmed 等对不同性质导向的 PPP 需求风险分配问题进行了分析,并指出在融资导向模式下私营方应当承担需求风险,而在服务导向模式下需求风险由政府承担较为合适。2012 年,宋金波等根据项目实际运营状况与预期的偏差,构建了特许经营期缩短和延长两种情况下的决策模型,用以解决政府和项目公司之间的风险分担问题。2013 年,李林等利用讨价还价博弈理论,结合项目参与方地位非对称的现实情况,分别构建了完全信息条件下和不完全信息条件下 PPP 项目风险分配的讨价还价博弈模型,并分别得出了对应的子博弈精炼纳什均衡。2014年,陶冶等通过构建风险指标体系和风险分配评价标准,运用多属性离差最大化和熵权法原理,建立了BT项目风险分配模型,确定BT项目风险责任的分配顺序和风险承担程度。2010年,叶晓甦等在系统论、全寿命周期理论和全面风险管理理论的基础上,结合PPP项目特点,建立风险管理流程的功能模块,提出动态集成化风险管理模型,将PPP项目融资风险管理的动态性和集成化相结合,为PPP风险管理提供普适性模式。

1.2.2 融资结构优化设计研究现状

股权及资本结构设计方面,2011年,盛和太、王守清等通过案例研究,发现项目公司股权结构是影响项目实施效率的重要因素,项目公司股东权益合理变化有利于公司应对PPP项目的阶段性风险、提升公司价值。2014年,刘婷、王守清等通过重点分析国内外18个典型PPP项目案例资本结构,归纳出不同类型PPP项目的资产特征和能力需求,并进一步总结出股权结构和债本比例选择的国际经验,该研究对我国PPP项目的资本结构选择具有较高参考价值。2011年,孙慧等运用博弈论模型和方法,研究了PPP模式下政府与私营财团合作建造和运营一条高速公路时新建高速公路的定价与项目最优股权结构问题,并与BOT模式下新建高速公路定价与政府收益进行了对比研究,得出了结论:在有效激励的条件下,两种模式的最优收费价格相同,但是政府在BOT模式下的收益显著低于PPP模式下的收益。

控制权配置方面,大部分学者在研究PPP项目风险分配问题时,将控制权配置作为重要的影响因素分析其与风险分配之间的关系。2011年,叶晓甦等通过探讨PPP项目剩余控制权本质,认为PPP项目剩余控制权是建立在资源基础上的企业剩余控制权,是影响公私合作效率的基础。2009年,Hoppe等的研究显示,当存在企业自利性投入的情况下,在不同条件下对公共部门或私人部门赋予不同程度的控制权份额是提高PPP合作效率的关键。2011年,孙慧等运用博弈论理论与方法,研究了PPP模式下高速公路的定价与最优股权结构问题,并从不完全契约视角出发,研究了PPP模式下剩余控制权配置对公私双方投入的影响。

2013年,孙慧等通过分析PPP背景下剩余控制权配置与合作双方投入激励之间的关系,得出了结论:在初始契约规定收益分配方案的情况下,最优的剩余控制权配置范围与初始契约中的收益分配比例、合作双方的技术因素以及双方对预期最终收益的乐观程度有关。张喆等将 PPP 项目的控制权作为连续变量,并将项目公司投资分为自利性投资和公益性投资两类,分析在不同条件下控制权配置的最佳范围及其对合作效率的影响,研究结论表明,由于存在自利性投资,将控制权全部赋予对项目评价高的一方不是最佳的控制权分配方案,有效的控制权配置应处于一定的区间内,而且过度的政府干预也会导致合作的低效率,同时最优合作项目治理结构取决于费用、质量的重要程度以及双方的议价能力。在目前的研究中,以上两者是为数不多的将控制权作为变量,并通过构建模型研究其配置问题的成果。

1.2.3 特许经营期及特许定价决策调整研究现状

目前,有关 PPP、BOT 等项目特许经营期(简称特许期)和特许定价决策调整研究已经得到学者们的广泛关注。

在特许定价决策及调整方面,2011 年,宋波等在政府主导的 PPP 项目建设运营中,分别从高、中、低三种不同市场需求状态出发研究了公共产品供给市场上的定价机制,根据公私不同主体追求效益最大化不同,得到了不同市场需求状态下的公共产品定价水平及其不同状态下的相关参数。特许期决策及弹性特许期方面,2007 年,Shen 等以政府和项目公司的期望收益最大化为决策目标,构建了讨价还价博弈模型并求解出特许期的可行域。2011 年,王东波等在考虑交通量需求价格弹性的情况下,构建了政府和项目公司的博弈模型,求出了最优特许定价和特许期,并分析了交通量需求变动对特许定价和特许期决策的影响。为克服特许期决策不合理、固定特许期决策缺陷,部分学者提出弹性特许期模式。2009 年,Daniel 等通过对西班牙收费公路的运营分析发现,调整特许期可以防止项目公司获得暴利,并可增加社会福利。宋金波等根据项目实际运营状况与预期的偏差,构建了特许期缩短和延长两种情况下的决策模型,用以解决政府和项目公司之间的风险分担问题。2014 年,宋金波等通过对 BOT 项目特许期影响因素的因果关系进行分析,基于系统动力学方法构建了项目特许期决策模型。2012 年,Tan 等根据合同弹性,研究了政府和私人资本的合同调整决策。2014 年,高颖等以最终用户付费的 PPP 项目为研究对象,对需求量下降时政府是否应当对私人部门进行运营期补偿以及如何补偿展开研究,研究表明:并不是在所有需求量下降的情形下政府都应当对私人部门进行补偿,在有些情形下私人部门可以通过自行降价来实现其自身收益和消费者剩余的帕累托改进;在政府应当补偿的情形下,运营期延长机制在一定条件下能够实现私人部门收益和消费者剩余的帕累托改进,并且有效的运营期延长范围与政府和私人部门的运营成本以及各自的重新谈判成本有关,该研究结果对政府科学确定运营期的补偿范围提供了很好的决策支持。

国内外关于 PPP、BOT 等项目融资特许定价与特许期的决策的研究已经取得了许多有价值的成果。2014 年,宋金波等、郑霞忠等还对公路 BOT 项目开展了收费价格和特许期的联动调整研究,弥补了该领域的空白。2014 年,郑霞忠等在特许定价或特许期调整空间有限的情况下,通过对已知数据的回归分析,研究不同净现值率对特许定价和特许期的影响程度,实现特许定价与特许期动态调整。2014 年,宋金波等根据前 n 年已实现收益,构建项目公司在特许期剩余的 $(T-n)$ 年内预期收益函数,提出了对项目的收费价格和特许期进行单一调整和联动调整的决策分析方法。

1.2.4 PPP 模式选择及匹配研究现状

缺乏选择 PPP 模式的依据而导致 PPP 模式与项目不匹配,或者模糊具体模式分类而笼统使用 PPP 的现象,均不利于充分发挥 PPP 的优势,阻碍了 PPP 的推广。

项目模式的选择决定了利益相关者职责和权限的划分,是影响项目绩效的关键环节,一直以来受到学术界的关注。根据建设期、特许经营期内和特许经营期后这 3 个阶段所有权的归属不同,部分学者开始关注不同 PPP 具体形式的模式选择及匹配。目前解决项目模式选择的问题主要采用多属性决策方法,模式识别主要根据项目权属关系、项目现状,模式选择主要依据项目实施效率、项目利益相关者利益结构。

2007 年,Chan 等提出了项目模式的模糊选择模型,解决了多属性效用方法无法解决模式选择标准的模糊性问题。2011 年,李公祥等分非经营性、准经营性和经营性 3 类公共项目来选择 PPP 模式,但这些研究只针对几种具体模式进行决策分析,忽略了其他 PPP 模式,并且没有考虑不同项目本身的特点。胡振等基于 15 个案例,分析了 PPP 项目 3 种范式选择方案与风险分配之间的相关关系,研究结果表明:控制权的配置取决于双方对项目的价值期望,PPP 项目范式选择的实质就是对控制权的配置进行决策。该研究结果对控制权的最佳配置有较好的借鉴意义。现有 PPP 模式分类不清晰,并且缺乏对各种具体模式运作特征的深入了解,政府仅将 BOT、BT、TOT 等少数模式简单套用到众多的公共项目中,导致了 PPP 模式制度安排与公共项目属性不相匹配的问题,为解决此问题,2014 年,杨卫华等构建出 PPP 模式的 22 个小类、9 个中类和 4 个大类的三级分类结构,根据所有权转移效益、经营权控制程度、公私合作程度构建三维框架,识别出公共项目 PPP 模式选择的 3 条路径。

1.2.5　项目融资集成管理研究现状

2013 年,王艳伟将具有东方系统方法论特色的物理—事理—人理(WSR)系统方法论引进到 TOT 项目管理中来,尝试建立基于物理—事理—人理系统方法论的 TOT 项目综合集成管理三维模型,将 TOT 项目管理的各方面利用系统论的观点有机地联系起来,实现 TOT 项目的综合集成管理。为检验集成管理的效果,建立了综合集成评价定量分析模型。王艳伟针对中小水电站现有运营模式已不能适应解决现实中的经营难题的现状,在分析研究 PROT 和 TOT 项目融资模式的基础上,借助霍尔三维模式对二者进行了比较研究,并将其异同点有机地统一在霍尔三维模式下,形成了二者的集成比较研究,最后给出了初步的逻辑数学表达式并进行了简短的案例分析,以实现对项目边界的有效判断,从而促进中小电站项目有序运营。2011 年,陈曦建立了基于霍尔三维模式的 BOT、BT 与 TOT 集成融资模式。2010 年,鲁夏琼首先分别介绍和研究了 BOT 转 BT 转 TOT 项目融资体系结构,建立了基于霍尔三维模式的特许经营权 TOT 融资模式转移方式,结合公路隧道项目的相应融资特点,对公路隧道项目融资运营的模式给出了相应的对策与措施。2010 年,彭程在总结单一的 BOT、TOT、BT 融资模式在快速公交系统使用中存在的不足的基础上,根据昆明市的具体经济运行状况,建立了昆明 BRT(Bus Rapid Transit,快速公交)系统项目融资 BOT – TOT – BT 综合集成融资模式,并探讨了该集成融资模式的结构及其优势情况。2009 年,孙荣霞在对项目环境影响进行评价的基础上,构建了公共基础设施 BOT/TOT/PPP 的项目环境影响评价分析模型,认为当发现项目环境与项目实际采用的项目融资模式不适应时,应立即更换比较合适的项目融资模式,从而避免危机,以便使公共基础设施项目尽可能顺利实施。2009年,王艳伟在研究BOT/TOT/PPP这三种单一项目融资模式的基础上,创新性地提出了项目综合集成融资模式,着重探讨了项目综合集成融资模式的概念、框架以及运行体系,并利用综合集成的系统重构理论建立了项目综合集成融资模式的效能评价模型,还通过效能评价三维模型对该模式的效能进行了从定性到定量的分析。2009年,孙荣霞首先将城市基础设施项目分解为一定量的小项目,根据各个小项目的特点采用不同的融资模式,并根据环境的变化及时变更或组合为其他的模式以适应环境的变化,以此建立了集成融资模式;饶良辉利用霍尔三维模型以及系统工程方法理论,按照知识/专业维、时间维、逻辑维将TOT项目融资模式的内容进行了划分,对其中每一维度的内涵进行详细分析,最后在逻辑维的"权""人""利"的基础上进行集成,形成了TOT项目融资的霍尔三维结构模型;王立国提出了基于价值集成理论的城市基础设施项目投融资模式。

虽然现有研究已经取得了许多有价值的成果,然而PPP模式选择及转换是一个动态过程,对于何时何种条件下应当调整特许期、调整特许定价或进行特许期和特许定价联动调整,以及在何种条件下应转变融资模式,目前仍缺乏深入的理论研究,另外,不同融资模式的匹配及选择方面也没有得到足够重视,同时缺乏从系统角度针对不同公私合作模式展开的多维度、多层次、多界面的综合集成研究。现有模式选择及转换方法都属于静态方法,无法根据不同融资组合模式的特点以及项目所处内外部环境进行优劣势匹配,模式转换后未能设计一套符合当前项目属性和相应融资模式的运行体系,也未能对特许期、特许定价、产权结构等重要的合同决策参数进行重新设计。

1.3 研究趋势

2014年,伍迪、王守清通过建立"P-P-P维度分类法",从项目管理、参与主体关系、项目过程(Project-Partnership-Process)3个维度对PPP研究进行分类并分析趋势。

1.3.1 基于项目管理维度

在PPP的研究发展过程中,风险问题一直都是研究热点。王辉、亓霞、

Zhang 等学者从风险的识别、分析、应对等传统的风险管理角度进行了 PPP 项目风险的研究。由于 PPP 项目具有多个参与主体,Ke、孙淑云等学者讨论了 PPP 项目中各参与主体间的风险分担问题。基于以上风险管理与风险分担的理论,还可获得许多在实际工程中便于应用的工具:韩明杰基于风险分担的理论得到特许定价调整机制,张水波将风险控制考虑到合同框架中。从某种程度上讲,PPP 的许多问题归根结底即是风险问题。此外,PPP 研究在项目管理的维度上还包括财务及其相关的经济评价方法问题,投资环境、政策与法律问题,采购、合同和谈判问题。近年来关于 PPP 的研究综合性越来越强,集成研究越来越多,如 PPP 在房地产领域中的综合运用、PPP 项目的关键成功因素,并特别强调了 PPP 参与主体间的合作效率问题。

1.3.2　基于参与主体关系维度

在 PPP 项目中,参与主体包括政府、企业和公众。其中,政府包括中央与地方政府,若是国际工程,可能还包括东道国政府;企业包括参与项目公司的发起人、合伙人;公众经常受到 PPP 项目的直接影响,有些研究中以社会福利、外部效应代替。这里的关系既包括双向的合作,也包括单向的影响。由于 PPP 项目参与主体间复杂的关系,关于 PPP 的问题往往都无法孤立地从某一主体的角度单独研究,相比于一般项目的利益相关者,PPP 项目的参与主体之间的关系对项目有更深远的影响。目前,与 PPP 相关的许多问题都是从政企关系的角度进行研究的,如 Xiong 通过对现金流的时序分析建立的政企之间关于特许期重新谈判的框架。近年来商民关系也开始受到学者的关注,因为企业的行为往往会对公众产生影响。孙慧利用博弈论的工具指出 PPP 项目中企业的市场行为可以为公众带来正的福利。张喆利用不完全契约理论研究了企业自身的利益最大化与较高的公益性投入的激励相容条件。

1.3.3　基于项目过程维度

PPP 项目可分为 4 个阶段:准备阶段、招标阶段、融资阶段和实施阶段。在实际项目中,谈判等商业活动往往会在招标阶段、融资阶段交替进行。中国早期的 PPP 项目大都是 BOT 模式,而且早期的 PPP 学者大多具有深厚的工程背景,因此项目实施阶段是最初的 PPP 研究热点。随着经济、法律等知识领域的介入,招标阶段融资模式选择、决策依据、合同谈判与安排等问题的探讨开始深入。项目管理的重要程度随项目的进行而递减,因此也有学者对 PPP 项目准备阶段的问题展开研究,立项决策中常用到物有所值(Value for Money,VfM)等理论,但这些理论在中国实际工程中基本没有得到应用。

第 2 章 相 关 理 论

项目融资(Project Financing)以一个特定的经济实体(项目)为融资对象,以项目的收益和现金流量为偿债来源,以项目资产加上第三方(包括项目投资者)可能提供的有限担保为贷款的安全保障。项目融资是"为一个特定的经济实体所安排的融资,其贷款人在最初考虑安排贷款时,满足于使用该经济实体的现金流量和收益作为偿还贷款的资金来源,并且满足于使用该经济实体的资产作为贷款的安全保障"。项目融资模式有多种,如 PPP、BT、BOT、TOT、PROT 等。

2.1 PPP 融资模式

2.1.1 基本概念

PPP (Public-Private Partnership,公私合作),政府与私人资本战略合作伙伴关系式的项目融资及发展战略,它是一种公共基础设施项目融资模式,是公共部门与社会投资者(私人企业、营利性企业、非公共企业及外资)以某个项目为基础而形成的相互合作关系的模式。通过这种合作模式,合作各方可以得到比单独行动更有利的结果。合作各方参与某个项目时,并不是政府把项目的责任全部转移给社会投资者,而是由参与合作的各方共同承担责任和融资风险。衡量 PPP 项目运行良好与否的标准主要有 4 点:

(1)是否促进市场竞争;

(2)是否提升了效率;

(3)风险分担是否合理;

(4)是否带来创新。

PPP 鼓励私人部门技术创新,以提高公共服务的效率和质量,这主要归结于 PPP 项目实现了从传统政府运营项目制订投入规范到 PPP 项目制订产出规范的转变。PPP 项目建成后,私人部门必须要负责保证项目的良好运转,提供规定的服务,这就要求竞标者必须采取创新措施提升项目的经济性。

广义的 PPP 泛指公共部门与私人部门为提供公共产品或服务而建立的各种合作关系,而狭义的 PPP 可以理解为一系列项目融资模式的总称,包含 BOT、TOT、DBFO(Design-Build-Finance-Operate,设计—建造—融资—经营)等多种模式。狭义的 PPP 更加强调合作过程中的风险分担机制和项目的物有所值原则。

2.1.2　特征

1. 伙伴关系

PPP 具有三大特征,第一个即是伙伴关系,这是 PPP 最为首要的问题。政府购买商品和服务、给予授权、征收税费和收取罚款,这些事务的处理并不必然表明合作伙伴关系的真实存在和延续。例如,即使一个政府部门每天都从同一家餐饮企业订购三明治当午餐,二者也不能构成伙伴关系。PPP 中私营部门与政府公共部门的伙伴关系与其他关系相比,独特之处就是项目目标一致。公共部门之所以和私营部门合作并形成伙伴关系,核心原因是存在一个共同的目标:在某个具体项目上,以最少的资源,实现最多、最好的产品或服务的供给。私营部门以此目标实现自身利益的追求,而公共部门则以此目标实现公共福利和利益的追求。形成伙伴关系,首先要落实到项目目标一致之上。但这还不够,为了能够保持这种伙伴关系的长久与发展,还需要伙伴之间相互为对方考虑问题,具备另外两个显著特征:利益共享和风险分担。

2. 利益共享

需要明确的是,PPP 中公共部门与私营部门并不是简单地分享利润,还需要控制私营部门可能的高额利润,即不允许私营部门在项目执行过程中获得超额利润。其主要原因是任何 PPP 项目都是带有公益性的项目,不以利润最大化为目的。双方如果想从中获得高额利润,其实是很容易的一件事:只要允许提高价格,就可以使利润大幅度提高。不过,这样做必然会带来社会公众的不满,甚至还可能会引起社会混乱。既然形式上不能与私营部门分享利润,那么,公共部门如何与私营部门实际地共享利益呢? 在此,共享利益除了指共享 PPP 的社会成果,还包括使作为参与者的私营部门取得相对平和、长期稳定的投资回报。利益共享显然是伙伴关系的基础之一,如果没有利益共享,也不会有可持续的 PPP 类型的伙伴关系。

3. 风险共担

伙伴关系作为与市场经济规则兼容的 PPP 机制,其利益与风险也有对应性,风险分担是利益共享之外伙伴关系的另一个基础。如果没有风险分担,也不可能形成健康而可持续的伙伴关系。无论是市场经济还是计划经济、无论是私人部门还是公共部门、无论是个人还是企业,没有谁会喜欢风险。即使最具冒险精神的冒险家,其实也不会喜欢风险,而是会为了利益千方百计地避免风险。

2.1.3　运作流程

PPP 项目的生命周期可以划分为 4 个阶段,即合作阶段、项目融资阶段、建设开发阶段、运营维护阶段(项目后期)。

1. 合作阶段

这一时期的中心任务是着眼于项目建设的长远利益,并以此为根据选择合适的合作伙伴,签订双方合作协议,同时还要对项目进行科学论证研究和评估决策。此为项目管理的关键时期。项目的合作方式、合作方招标、成立与否、规模大小、产业类型、资金来源及其利用方式、技术与设备选择等重大问题都在合作阶段解决。合作阶段又由以下几个阶段构成:投资机会选择——项目选定;项目建议书——立项;可行性研究——项目决策的依据;项目评估与决策;开发商招标——确定合作伙伴;签订合作合同——利益风险分担。

2. 项目融资阶段

这一阶段的主要任务是设计切实可行的融资方案,包括资金来源、资金投向、资金分配、项目经费及现金流量的预算等。此外,还包括如下工作:项目组主要成员的确定;项目最终产品的范围确定;研究实施方案;项目质量标准的确定;项目的资源保证;项目的环境保证;主计划的制订;项目的 WBS（Work Breakdown Structure,工作分解结构);项目政策与程序的制定;风险评估;确认项目有效性;提出项目概要报告等。

3. 建设开发阶段

这一时期的主要任务是实现投资前确立的目标,把构思设计变为现实,一方面保证相关资源的合理开发,另一方面保证项目建设的顺利进行。其主要包括如下工作:建立项目组织;建立与完善项目联络渠道;实施项目激励机制;建立项目信息控制系统;建立项目工作包,细化各项技术需求;执行 WBS 的各项工作;获得订购物品及服务;对项目的范围、质量、进度、成本进行指导、监督、预测和控制等。

4. 运营维护阶段

运营维护阶段又称项目后期。这一时期的主要任务是项目完工后的评审、鉴定、经营、维护以及项目交付和组织结束工作。主要工作内容包括:最终产品的完成、项目成果的验收、项目后评价、项目后续经营、项目后续维护费用的保障、研究转移任务计划、放弃或将资源转回其他系统、清算最终账务、文档总结、资源清理、转换产品责任者、总结经验教训、解散项目组。同时,此阶段还要对项目立项决策、设计、施工、竣工验收、生产运营全过程进行系统评价,通过评价达到肯定成绩、总结经验、研究问题、吸取教训、提高项目决策水平和投资效果的目的。

2.2 BOT 融资模式

2.2.1 基本概念

BOT(Build-Operate-Transfer,建设—经营—移交)是私营机构参与国家基础设施建设的一种形式,指政府允许社会资本对传统上由政府公共部门专营的基础设施建设项目进行融资、设计、建造、经营、维修和管理,在指定年限(特许经营期)后将项目无偿移交给项目政府。BOT 项目的基石是项目融资,它利用项目本身的资产和收益偿还贷款,而不必依靠政府或项目发起人的资产进行担保。

2.2.2 基本类型

BOT 在具体操作中有许多形式,如:

1. 标准 BOT

政府给予某些公司新项目建设的特许权时,通常采取这种形式。私营机构愿意自己融资,建设某项基础设施,并在一定时期内经营该设施,然后将其移交给政府部门或其他公共机构。

2. BOOT(Build-Own-Operate-Transfer,建设—拥有—经营—移交)

私营机构或某国际财团融资建设基础设施项目,项目建成后,在规定的期限内拥有所有权并进行经营,期满后将项目移交给政府。

3. BOO(Build-Own-Operate,建设—拥有—经营)

这种方式是私营机构根据政府赋予的特许权,建设并经营某项基础设施,但是并不在一定时期后将此基础设施移交给政府机构。

4. BTO(Build-Transfer-Operate,建设—移交—经营)

由于某些项目的公共性很强(如发电厂、机场、铁路等),不宜让私营机构在运营期间享有所有权,因此须采取 BTO 形式,项目完工后移交所有权,其后再由项目公司进行经营维护。

5. BT(Build-Transfer,建设—移交)

项目建成后其所有权就移交给政府。

6. TOT(Transfer-Operate-Transfer,移交—经营—移交)

项目的拥有者(东道国政府)把已经投产运营的公共基础设施项目的经营权,在一定期限内有偿移交给私营机构、非公共机构以及外商等社会投资者经营,经营收益归社会投资者所有,在合约期满后,再移交给政府部门或原单位。

2.2.3　特点

BOT 项目作为一种融资模式项目,较其他项目具有明显不同的特点,主要体现在以下几个方面。

1. 投资规模巨大

一个国家采用 BOT 模式建设的项目都是公共设施、公共工程、交通设施之类的基础设施建设项目,是关系国计民生的大项目,其投资规模都是巨大的。

2. 生命周期很长

BOT 项目的生命周期少则十几年,多则几十年甚至上百年。在这么长的建设、运营周期中,存在着很多不确定因素,如政治、经济、社会、金融和市场等环境的变化,以及一些不可抗力等,这些都可能对项目实施造成不利影响。

3. 实施过程复杂

BOT 项目的实施过程包括立项、可行性研究、决策、招投标、规划与设计、建设、运营和移交等阶段。这几个阶段都具有极大的特殊性,而且程序复杂。

4.涉及众多的利益相关方

由于 BOT 项目本身具有复杂性,因此参与 BOT 项目的利益主体有很多,包括东道国政府、项目公司、承建商、运营商、供应商、保险公司、客户等。

2.2.4　主要参与者

BOT 项目涉及的角色包括政府、项目发起人、项目公司、债权人、建筑承包商、运营商、产品购买商或接受服务者、保险公司等。

1.政府

在 BOT 项目中,项目最终所有者是项目东道国政府或政府机构。政府具有双重身份,既是公共基础设施的管理者,也是项目特许权的授予方。政府对 BOT 项目的态度以及在 BOT 项目实施过程中给予的支持将直接影响项目的成败。从总体上看,政府是 BOT 项目的控制主体,政府决定是否设立此项目以及是否采取 BOT 模式。在谈判确定 BOT 项目协议合同时政府也占据着重要地位。政府还有权在项目进行过程中对必要的环节进行监督和管理。在项目特许权到期时,政府还具有无偿收回该项目的权利。

2.项目发起人

项目发起人取得经营项目所必需的特许权,并将各当事人联系在一起,组建项目公司。项目发起人一般为股本投资者,即项目的实际投资者和主要承办者。项目发起人通过项目的投资活动和经营活动获得投资收益,通过组织项目融资实现投资项目的综合要求。

3.项目公司

项目公司即项目的直接承办者,是项目发起人为建设、经营某特定基础设施项目而联络有关方面建立的自主经营、自负盈亏的公司或合营企业。项目公司是 BOT 项目的执行主体,在项目中处于中心地位。项目公司直接参与项目投资和管理,直接承担项目债务责任和项目风险,所有关系到 BOT 项目的筹资、分包、建设、验收、运营以及还债和偿付利息的事项都由项目公司负责。项目公司作为业主,直接同设计公司、建设公司、制造商以及经营公司打交道。

4.债权人

项目的贷款银行或银团是项目的债权人。项目的贷款银行是指项目融资中为项目提供资金的商业银行、非银行金融机构和一些国家的出口信贷机构。它可以是一家或几家商业银行,也可以是由几十家银行组成的银团。项目的贷款银行通常是 BOT 项目的主要出资人,BOT 项目贷款的条件取决于项目本身的规模、项目经营者的经营管理能力和资金状况,但在很大程度上取决于项目发起人和所在国政府为项目提供的支持和特许权协议的具体内容。

5. 建筑承包商

建筑承包商通常也是项目公司的股东之一,这样可保证其能成为项目的主承建商。若建筑承包商不是项目公司的股东之一,则由项目公司招标确定承建商。承建商应负责设计并保质保量按时完成该建设项目。

6. 运营商

在 BOT 项目中,有时项目公司自己就是运营商,此外,它还可以通过合同委托其他经营商经营。独立的运营商依照约定接管竣工项目,负责对项目进行经营和维护,并对项目的使用收取费用。运营商也可能是项目公司的股东之一。

7. 产品购买商或接受服务者

作为基础设施项目,BOT 项目建成后应有长期的产品购买商。在项目规划阶段,项目发起人或项目公司就应与产品购买商签订长期的产品购买合同,产品购买商必须有长期的赢利历史和良好的信誉保证,并且购买产品的期限至少与项目的贷款期相同,产品的价格也应保证使项目公司足以回收股本、支付贷款本息和股息,并有利润可赚。

8. 保险公司

保险公司的责任是对项目运行中各个参与者都不愿承担的风险进行保险,包括建筑承包商风险(主要是意外造成的,如火灾等)、业务中断风险、整体责任风险、政治风险(战争、财产充公等)等。

在 BOT 项目的实际运行中,还有其他参与者,如供应商(燃料供应商、设备供应商等)、金融顾问、信用评估机构、实际管理者、财务部门、律师和其他专业人士等。所以,BOT 具体的组织体系是非常复杂的。

2.3　TOT 融资模式

2.3.1　基本概念

TOT(Transfer-Operate-Transfer,移交—经营—移交)是 BOT 融资模式的变种之一,指项目的拥有者(东道国政府)把已建成或已经投入运营的公共基础设施项目的经营权,在一定期限内有偿移交给私营机构、非公共机构以及外商等社会投资者经营,经营收益归社会投资者所有;以公共基础设施项目在该期限(特许经营期)内的现金流量为标的,一次性地从社会投资者那里获得一笔资金,用于偿还公共基础设施项目建设贷款或建设新的公共基础设施项目;特许经营期满后,投资者再把公共基础设施项目无偿移交回东道国政府。TOT 适用于经营性项目,如收费高速公路、收费桥梁、收费隧道等,以及部分准经营性项目(要求一定的经营指数),如煤气厂、地铁、轻轨、自来水厂、垃圾焚烧厂等。

TOT 项目融资与传统项目融资的主要区别在于,TOT 项目融资的主办方将原来应由自己承担的还款义务部分转移到项目上,即将原来由借款人需要承担的风险部分转移给了贷款人,由借贷双方共同承担项目风险。TOT 项目融资不仅具有融资功能,而且能盘活国有存量资产,提高基础设施运营效率。与其他融资方式相比,TOT 项目融资具有以下特点:

(1)担保方式不同。TOT 项目不需要以融资项目做担保,而是以特许项目的现金流为担保。

(2)相比较而言,TOT 项目由于不涉及项目建设,因此不存在建设风险和完工风险。

(3)具有较低的项目产品价格。TOT 项目风险较低、操作相对简单、谈判较为容易达成一致,导致其具有较低的引资成本,从而降低了项目产品的价格。

(4)简便易行,方便管理。TOT 项目只是经营权的转让,不存在股权、产权之争,政府对项目仍然有控制权。

(5)涉及法律环节少。

(6)融资对象广泛。

2.3.2　运作流程

TOT 模式大致的运作流程如下:首先,进行经营权转让,即把部分存量资产的经营权置换给投资者,双方约定一定的转让期限;其次,在此期限内,经营权受让方享有经营设施及资源所带来的收益;最后,期满后再由经营权受让方把经营权移交给经营权转让方。TOT 项目实施全过程如图 2 - 1 所示。

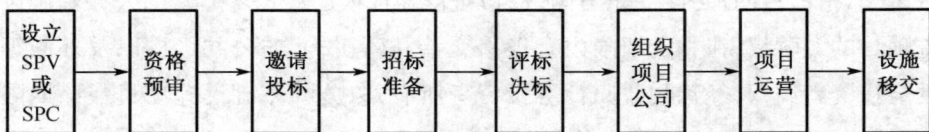

设立 SPV 或 SPC → 资格预审 → 邀请投标 → 招标准备 → 评标决标 → 组织项目公司 → 项目运营 → 设施移交

图 2 - 1　TOT 项目实施全过程

(1)设立特殊目的公司(Special Purpose Vehicle,SPV;或 Special Purpose Corporation,SPC):项目发起人把项目所有权转让给 SPV(或 SPC),SPV(或 SPC)在项目实施全过程赋有全权。

(2)资格预审:对投标者资质、业绩等进行预审。

(3)邀请投标:就确定的项目向通过资格预审的投标者发出投标邀请。

(4)招标准备:投标者根据招标文件撰写投标文件。

(5)评标决标:政府根据招标文件规定的评标标准及细则确定中标者。

(6)组织项目公司:中标者与 SPV(或 SPC)在商定特许项目在未来一定期限内的特许经营权后成立项目公司。

(7)项目运营:项目公司根据特许合约的规定对项目进行运营,在特许经营期内,项目的收入全部作为项目公司的收益来源。

(8)设施移交:特许经营期过后,中标者将项目无偿地交还给当地政府,当地政府应该得到完整、可持续运作、得到良好维护的项目。

2.3.3　主要参与者及其关系

TOT 项目的参与者主要有:政府、项目公司、贷款方(银行等)、建设机构、经营机构、保险机构、原材料供应商、用户及法律服务机构。王艾琳认为污水处理特许经营的干系人有 8 个,并且项目风险来源于社会、政治、经济和环境等诸多方面。王松江指出,TOT 项目的利益相关群体来自政府、项目公司、贷款方(银行等)、经营机构、保险机构、原材料及设备供应商、信托公司以及项目使用者(用户)。TOT 项目的利益相关者关系如图 2－2 所示。

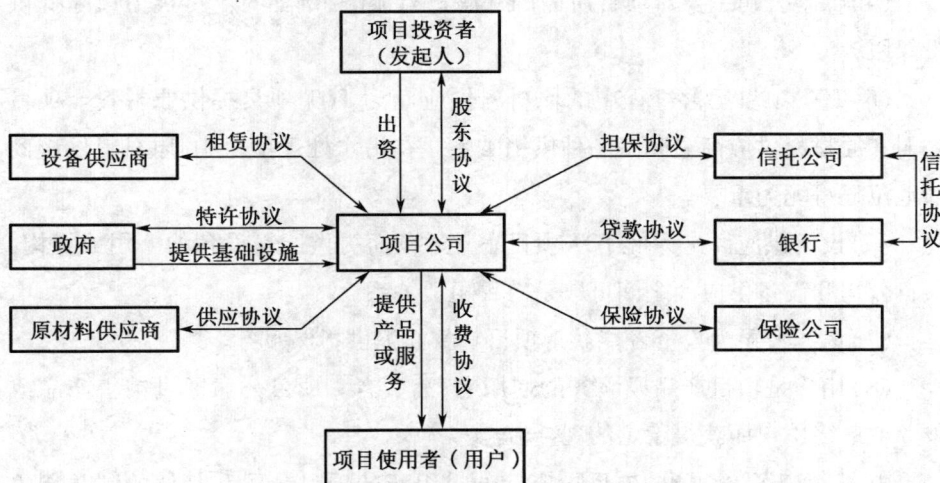

图 2－2　TOT 项目的利益相关者关系图

从图 2－2 中可以看出,TOT 项目的利益相关者有很多,他们是:政府、项目公司、项目投资者(发起人)、用户、原材料供应商、设备供应商、银行、信托公司、保险公司。TOT 项目中众多的利益相关者以合同、协议(如特许协议、股东协议、收费协议、贷款协议等)联系在一个项目体系中,各利益相关者之间形成了复杂而明确的互相协作关系,TOT 项目能否顺利实施,很大程度取决于这些协作关系是否顺畅、各利益相关者的利益是否得到保障。

(1)政府是 TOT 项目的拥有者和出让者,也是特许经营期的最终确定者。由于 TOT 项目的特殊性,与其他融资项目相比而言,TOT 项目中政府没有传统项目中规定的大部分义务和责任。政府主要的职责在于通过税收等法律法规来吸引、支持、管理、控制 TOT 项目。TOT 项目中,政府一般不需要有财政方面的承诺,但是应承担应对来自政府其他部门的阻力。

(2)政府与项目中标者达成特许协议后,成立项目公司。项目公司的主要职责是项目的经营管理与日常维护,以及特许经营期结束后的项目移交。特许项目的现金流即为项目公司的收益。项目公司一般包括私营机构、非公共机构和外商投资者。

（3）银行作为贷款方，主要是国内外金融机构以及基金组织，其主要功能是为 TOT 项目投资者提供资金，以获得特许经营权。

（4）保险公司主要对项目所需的保险进行服务，例如对不可抗力风险提供投保服务。

（5）TOT 项目运营过程中的原材料供应商为 TOT 项目提供原材料。项目公司和原材料供应商之间是一种供销关系。在污水处理项目中，原材料供应商的地位显得尤为重要。

（6）设备供应商是为使 TOT 项目正常运营而提供所需设备的公司或机构，项目公司和设备供应商之间可以是一种租赁关系。

（7）信托公司为投资者能获得项目贷款而提供担保服务。

（8）用户是项目产品或服务的使用者、消费者。项目公司通过销售产品或服务给最终用户而获得稳定的现金流。

由图 2－2 可以得出，项目投资者通过组建的项目公司和其他的利益相关者发生关系，并且在和政府的谈判中代表了所有其他的利益相关者的利益，所以政府和项目公司是最主要的利益相关者。

2.3.4　优缺点

与一般项目融资方式相比，TOT 项目融资具备如下优缺点：

1. 优点

（1）一般的项目融资都需要以项目的经济强度作为担保（项目的经济强度：一是项目未来可用来偿还贷款的现金流量；二是项目本身的资产）。TOT 不依赖项目本身的资产，而依赖所获项目特许经营权在一定时期中的收益。对于政府，相当于为旧项目垫支了资金进行建设，然后以项目一定期限内的现金流量为标的取得资金垫支下一个项目。

（2）风险小。TOT 方式明显降低了项目风险，投资者面临的风险更是大幅降低，引资成功的可能性大大增加了，是一种可行的、实用的引资方式。东道国政府面临的风险与 BOT 方式相比有所增加，但却与自筹资金和向外贷款方式中的风险相当。BOT 项目从建设到最终移交，时间较长，在建设阶段、试生产阶段和运营阶段存在大量的金融风险、完工风险、生产风险、市场风险、政府风险和环境风险，这往往是 BOT 项目难以达成协议的原因。TOT 模式的对象是现在已存在的存量基础设施的经营权,即可以避免 BOT 模式中基础设施的建设资金超支、工程停建或者不能正常运营、现金流量不足以偿还债务的风险,以及复杂的信用保证结构,从而使投资者能尽快取得收益。

(3)项目产品价格低。在 TOT 模式下,由于积累大量风险的建设阶段和试生产阶段已经完成,因此对于投资者来说,风险降低幅度是相当大的。因此,一方面,投资者预期收益率会合理下调;另一方面,由于涉及环节较少,评估、谈判等方面的从属费用也大大降低。从另一角度讲,东道国政府在评估、谈判等过程中的费用也有较大幅度下降,引资成本的降低必将有助于项目产品的合理定价。

(4)简便易行,方便管理,不至于引起东道国政府方面的较大阻力。TOT 融资模式只涉及经营权转让,不存在产权、股权之争。而基础设施采用 TOT 模式融资,转让的只是特许经营期内的经营权,不涉及产权、股权这一敏感问题,保证了政府对基础设施的控制权,因此较易推广进行。此外,由于不涉及所有权问题,加之风险小,政府无须对投资者做过多承诺,这便降低了东道国政府由于引资引起政治争论的可能性,减小了引资的阻力。

(5)涉及法律环节少。TOT 模式产生的大部分问题在许多国家现行的法规和条例的范围内就能解决。

(6)融资对象更为广泛。在一般项目融资模式下,融资对象多为外国大银行、大建筑公司或能源公司等,而在 TOT 模式下,所有金融机构、基金组织和私人资本等都有机会参与投资。

2. 缺点

与 BOT 融资模式相比,TOT 融资模式的缺陷在于它没有打破在基础设施建设阶段的垄断,不利于在竞争阶段引入竞争机制。

TOT 作为项目融资的一种模式,是一种延续性行为,政府对此要有长期的统筹。TOT 要求着眼于一定范围内的所有项目,分析现金流入和流出的时间,筹资项目和可出售项目的资金在时间上是互相交叉的,需统筹安排。

TOT 融资成功与否取决于已建成项目的运营状况,而与项目本身是分割开来的,两者无直接关系。

2.4   PROT 融资模式

2.4.1   概述

1. PROT 模式的引出

PROT(Purchase – Rehabilitate – Operate – Transfer, 购买 – 重建 – 经营 – 转让)是在 BOT、TOT、PPP 发展基础之上, 针对经营性中小水电项目融资的创新模式。它有效地吸收了各融资模式的优点, 弥补其不足, 以便符合中小水电站发展的要求。PROT 模式相对而言结构更加复杂、功能更加齐全, 其环境适应能力也相对比较强。

国内十三大水电基地及 GMS 国家中小水电项目经营管理及融资模式, 为本书的案例研究提供了较为丰富的研究素材, 使本书案例研究的可行性得到了保障。通过对项目类型、项目所处区域、项目背景等方面的比较研究, 得出了具有普遍性的问题规律, 得到了一些具有实效性的措施, 为设计 PROT 项目融资模式提供了研究基础, 并且为实现项目的动态管理提供了有益参考。

2. PROT 模式的内涵

中小水电站业主授权实力雄厚的社会投资者(国有企业、私营企业、非公共机构、外资等, 以下简称社会投资者或社投)购买建成并投入运营的中小水电站的所有权或经营权后, 再投入各种资源进行一系列升级改造和管理重组, 使中小水电站重新以更高的效率、更低的成本、更多的功能和更高的社会经济效益投入运行。最后, 在中小水电站效率、效益、管理和可持续发展全面升级后; 可以将其所有权或经营权有偿转让给其他社会投资者继续经营, 也可以继续经营。

PROT 模式通常适用于所有水利水电设施, 虽然主要是针对中小水电站的发展项目, 但对复杂水利水电枢纽可以采取分块实施的方法。在改造及运营期间, 政府与社会投资者(开发商)共同承担债务和风险, 共享收益; 在收益期结束后, 政府将收回全部运营权和收益权, 独自运营设施或者以新的协议运营设施; 设施安全及诸多调度问题由国家控制, 对于小型水电站, PROT 模式则不存在安全控制和复杂调度问题, 只可能在水量极度偏小的年份会有水量统一调度问题。

3. 优势分析

PROT 模式在中小水电站基础设施项目实施中有以下优势：

（1）有利于国家资源的可持续发展。经过实力雄厚的社会投资者的收购和改造,在其相对先进的管理技术水平和丰富经验的经营管理下,能够把中小水电清洁可再生能源充分可持续地利用起来。

（2）社会投资者初始投资大大少于 BOT、BT、TOT 和 PPP 等模式,减小了投资者的投融资压力,这有助于吸引更多的投资者投标。

（3）有利于中小水电站项目区各级政府吸引新的发展资金,有助于相关政府部门进行流域水电能源的滚动开发。

（4）有助于盘活中小水电站的资产存量,实现项目的投融资升级。

（5）有利于提高中小水电站运营管理水平:实力雄厚的社会投资者的参与为中小水电站引进先进的管理模式,能够促使中小水电站管理逐步走向科学化、市场化、国际化,并为中小水电站项目区培养高质量的专门人才。

（6）PROT 模式在项目设计、建设以及运营效率方面通常一般都比较高,因此采用这种融资模式可以为社会公众带来比较高质量的服务产品。

（7）PROT 模式实行的是现有设施的转让,这样可以在很大程度上有效地规避企业在初建过程中的一些违规行为。

（8）采用 PROT 模式可以使政府相关部门迅速有效地收回其建设资金,以便用于其他项目投资,提高了政府财政基金的利用率。

（9）PROT 项目中通过对现有设施的运作,可以发现项目存在的问题,从而积累丰富的操作经验,有利于培养相关专业人才,也可为新设施打下良好的基础。

（10）将现有的设施转移到一个投资者手中,在确保了规模生产的基础上,还保证了投资者的利益及其显著的规模经济性。

4. 适用范围

PROT 模式是在常见的 BOT、TOT、PPP 等模式的基础上,根据现实社会项目融资需要发展、演变而来的一种新型融资模式,这种模式的主要特点是国有或者私有企业对社会上有关国计民生的经营性公共基础设施项目(目前经营不善的)进行收购、重组从而使其产生更多的效益,发挥更大的基础性作用。结合王松江教授研究团队的相关研究成果,本书认为 PROT 模式主要适合用于中小水电站项目、中小煤矿项目、经营不善的高速公路项目等。

2.4.2 运作流程

PROT 模式的具体运作流程可分为以下几个阶段,如图 2 - 3 所示。

1. 准备阶段

在这个阶段,主要是政府部门需要做好相关准备工作。政府需要在此阶段确定融资模式、偿还资金计划、投资方案等,也就是需要确定好 PROT 项目的各个基本工作。此外,政府还需要对 PROT 项目进行法律以及技术等方面的可行性分析研究。

2. 招标阶段

在这个阶段,政府进行 PROT 项目招标准备,编制好详细规范的招标文件,保证 PROT 项目的招标文件、投资建设合同等相关法律文件的齐全,这一点可以通过高质量的勘察设计单位及其他专业咨询单位的参与与协助来实现。然后政府进行招标,将 PROT 项目介绍给潜在的投资商。

3. 购买阶段

在这个阶段,实力雄厚的社会投资者购买建成并投入运营的 PROT 项目的所有权或经营权,并与业主(地方政府)就 PROT 项目的合同权利与义务等条款进行谈判确认,签订相关协议或合同,即完成 PROT 项目的购买。

4. 改造/重建阶段

由于购买的是已经建成并投入运营的 PROT 项目,因此项目公司在购买 PROT 项目之后,需要对项目进行作业分析,投入各种资源来对 PROT 项目进行一系列的升级改造,甚至进行重建,使 PROT 项目重新以更低的成本、更高的效率、更强的功能和更高的社会经济效益投入运行。需要注意的是,在改造/重建的过程中,项目公司需要对 PROT 项目进行检测与评估,而且政府也需要对项目公司的项目实施过程进行监督管理。

5. 运营阶段

这一阶段还可称为 PROT 项目的偿债阶段与盈利阶段。项目投资者在特许经营期内,通过对 PROT 项目的高效运营管理,获得收益,从而归还项目贷款、回收成本、分得红利以及上缴税收。在特许经营期内,PROT 经营公司通常

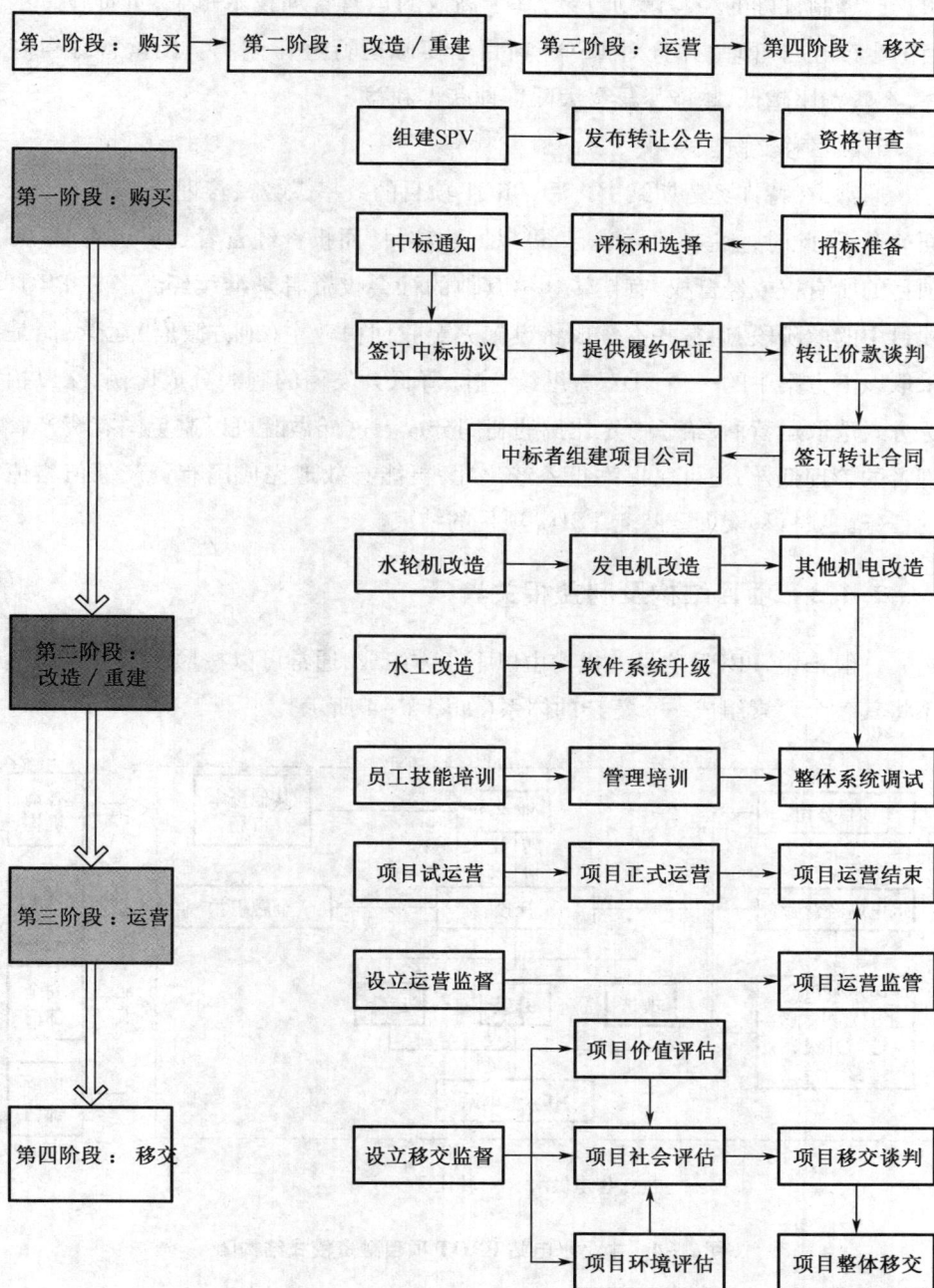

图 2－3　中小水电站 PROT 项目融资流程图

根据已经制订好的经营计划方案,基于高效的运营管理技术水平,负责整个项目的生产经营管理,并且对 PROT 项目的实际运行进行监测。经营管理得越好,经营费用越低,越能尽早最大限度地获得利益。

6.项目移交阶段

通常,在特许经营期结束之后,PROT 项目的效率、效益、管理等都能得到全面的升级,此时,业主(地方政府)可以回购项目,而投资经营者还可以将 PROT 项目的所有权或经营权,有偿转让给其他的社会投资者来继续经营。在 PROT 项目中的此阶段,通常并不赞成将设施完全收回由业主(地方政府)运营,而是采取以下方案中的一种:①双方继续合作,降低开发商的利润分成比例;②以招标方式选取运营商,给予一定比例的利润分成。这样做既可以避免国有资产管理者的管理低效,还可以提高投入产出比,更能有效地完成国有资产保值增值的任务。项目移交即意味着 PROT 项目的结束。

2.4.3　项目结构及利益相关者

一般来说,PROT 项目的机构由以下各方组成,通常可以按照一定的逻辑关系将其各个要素组成一个复杂的体系(如图 2 - 4 所示)。

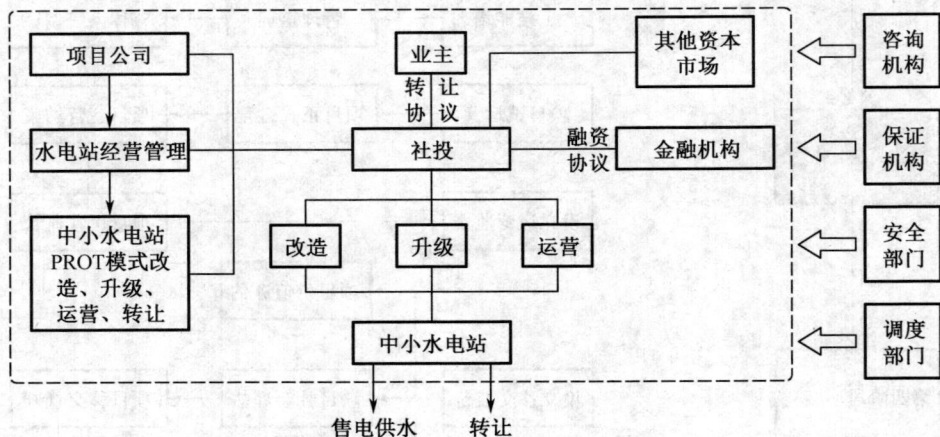

图 2 - 4　中小水电站 PROT 项目融资模式结构图

一个 PROT 项目中常常涉及许多角色。项目公司通常是指基于一系列协议之上的,由多种角色所组合而成的,比较严密的商业组织,这说明每一个角色其实都与项目公司之间存在一种双边关系。

1. 地方政府

在 PROT 项目运作过程中,政府的职能主要包括以下几个方面:

(1)确定项目,选择项目公司

并不是所有的公共项目都适合应用 PROT 模式,因此政府需要对项目进行可行性分析,还要对其是否最适宜采用 PROT 模式进行分析,最终确定以 PROT 模式运作的项目。在确定项目之后,政府需要组织项目的招标,对投标的社会投资者进行综合权衡,确定最适合的项目公司。

(2)项目监督

公共基础设施民营化,通常需要事先签订严密的合同,借此来确定项目开发以及运营等过程中的各种经济关系。同时,政府还需要对项目的合同的履行情况进行严格的监督,及时纠正违反合同的情况,正确地引导项目的运行发展。

(3)提供相关法律保障和政策支持

政府只有创造良好的法律环境和政策环境,才能够促进社会民营资本进入公共设施建设领域。因此,政府需要制定专门的合理的法律法规,严格规范各个相关部门的职责。此外,政府还可以明文规范 PROT 项目运作的流程,强有力地保证项目的运行。政府还应提供相关的优惠政策,包括充分的授权、减免税收以及提供相关的配套设施等,用以吸引和促进社会投资者的参与。

2. 项目公司

把政府看作是合同的需求方,或者说是合同的外包方,相对应地,有实力的项目公司(社会投资者)即为合同的承包方。项目公司在取得 PROT 项目后,根据合同的要求以及自身的实力对项目进行改造、重建和生产运营等。

在 PROT 项目运作过程中,项目公司的职能主要包括:

(1)投标与谈判

项目公司通常会在相关咨询公司的协助下,在政府公布 PROT 项目的招标文件之后,对整个 PROT 项目进行可行性研究,制作标书,参与投标。一旦中标,项目公司便与政府针对 PROT 项目进行谈判,签订 PROT 合同。

(2)项目改造、重建、运营(和移交)

项目公司在签订合同后,需要对 PROT 项目进行融资、设计和建设运营等,这通常是通过与银行及金融机构、设计与咨询单位等相关部门签订相关的合同或协议来实现的。在特许经营期结束后,项目公司需要将项目移交给政府或者其他经营者。

3. 银行和金融机构

一个 PROT 项目的成功运行离不开足够资金的融入,而来自银行和金融机构的贷款与债券资金是满足这一条件的重要保证。

4. 咨询公司

PROT 项目参与者众多,运作过程比较复杂,因此为了顺利地实施 PROT 项目,在项目的各个阶段通常需要相关的咨询公司(例如管理公司、顾问公司、律师事务所、会计事务所等)的协助,指导 PROT 项目的运作。这些机构通常向 PROT 项目提供咨询、策划、审计以及托管等方面的服务,主要针对 PROT 项目运作中的法律、财务、技术、运营、管理等方面的问题。需要注意的一点是,有时还需要有专门的机构在项目涉及某些特殊部门或问题时为其提供帮助和服务。

5. 用户

通常情况下,公共基础设施项目的用户是社会公众,项目收益主要来源于用户的付费。例如,中小水电站项目的收益来源于水电费的收纳。

2.5　项目区分理论

2012 年,王松江根据项目区分理论将项目区分为经营性与非经营性两类,然后根据项目的属性决定项目的投资主体、运作模式、资金渠道及权益归属等。

非经营性项目投资主体由政府承担,按政府投资运作模式进行,资金来源应以政府财政投入为主,并配以固定的税种或费种,当然其权益也归政府所有。但在投资的运作过程中,也要引入竞争机制,按招投标制度进行操作,并需提高投资决策的科学性、规范性,促进投资效益的进一步提高。

经营性项目则属全社会投资范围,其前提是项目必须符合城市发展规划和产业导向政策,项目通过公开、公平、竞争的招投标确定投资主体,投资主体可以是国有企业,也可以是民营企业,包括外资企业等,其融资、建设、管理及运营均可自行决策,并享受相应权益。但在价格制定上,政府应兼顾投资方利益和公众的可承受能力,采取"企业报价,政府核价,公众议价"的方法,尽可能做到让公众、投资方、政府三方都满意。

对于公共基础设施项目而言,其项目区分是基于产品或服务的分类理论及投资行为的分类属性的,其投资行为有两种属性,即营利性与非营利性。因此,可以借鉴项目区分理论对公共基础设施项目进行分类与界定,以便按照不同的规律,形成不同的运作体系,进一步实施新时期下的公共基础设施投融资发展战略。公共基础设施项目,可从能否让市场发挥作用这一角度,根据以下两个标准进行分类:一是以投资项目有无收费机制,即是否有资金流入,据此可以把公共基础设施项目分为经营性项目和非经营性项目;二是如果有收费机制,按是否有收益,又可以把经营性项目进一步区分为纯经营性项目和准经营性项目。第一类为非经营性项目,即无收费机制(无资金流入),这是市场失效而政府有效的部分,其目的是获取社会效益和环境效益,市场调节难以对此起作用,这类投资只能由代表公共利益的政府财政来承担;第二类为经营性项目,此类项目有收费机制(有资金流入),但这类项目又按其有无收益(利润)分为两小类,即纯经营性项目和准经营性项目。

项目区分理论指按照是否有资金流入(收费机制),将公共基础设施项目区分为纯经营性、准经营性和非经营性(公益性)项目,项目的属性决定项目的投资主体、运作模式、资金渠道及权益归属等。

2.5.1　基础设施的项目区分

公共物品分为纯公共物品、准公共物品,再结合公共基础设施项目的性质和特征,可以对不同的项目采用不同的管理方式。例如,将项目区分为非经营性、纯经营性和准经营性3类。

事实上,非经营性项目、纯经营性项目和准经营性项目也不是一成不变的,当条件发生变化时,它们将会相互进行转化,如图2-5所示。例如,当政府出台了新的政策使得准经营性项目收益大大提高,那么它将会变成纯经营性项目;或者对于非经营性项目如公园,当政府设定了收费机制,公园就变成了准经营性项目,如果门票费用再高一些,也有可能变成纯经营项目,但是一旦政府决定把公园变为开放式公园,它又变成了非经营性项目。

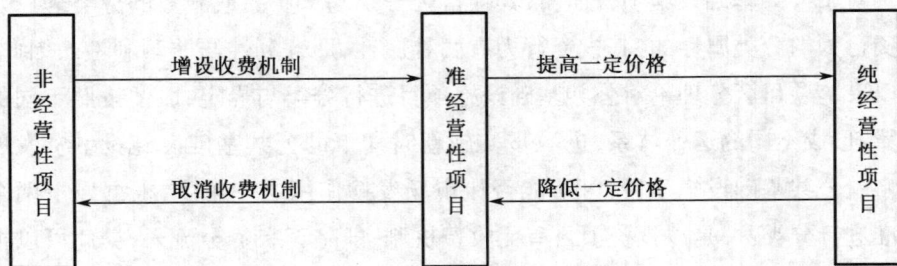

图 2－5　基础设施项目区分图

2.5.2　公共基础设施的项目区分方法

判断一个公共基础设施项目究竟属于何种类型,如果只看是否有收费机制,可以区分出经营性和非经营性,但是经营性项目还有纯经营性项目和准经营性项目之分。准经营性项目也有收费机制,但收益不足。因此,可以借用可经营系数,即项目收费的成本收益比进行区分。

项目可经营系数 = 项目全寿命周期内收益折现值/项目投资成本的折现值

根据项目可经营系数的大小,可以将项目分为 3 大类。

(1)项目可经营系数等于 0,说明项目没有经营收益,属于非经营性项目,需要政府承担此类项目。

(2)项目可经营系数大于 1,说明项目有经营收益,并且经营收益折现值大于投资成本折现值,有利润的存在,这类项目属于纯经营性项目。由于有利润的存在,那么市场可以发挥作用,吸引社会投资者参与项目建设。

(3)项目可经营系数大于 0 但不大于 1,说明项目有收益,但经营收益折现值不足以抵补投资成本折现值,没有利润,这类项目属于准经营性项目。由于项目收益偏低,无法吸引社会投资者参与到项目中来,但是随着经济的发展,项目的使用量增加时,项目有可能拥有利润,因此如果当前政府能够提供一些优惠条件,由于潜在利润的存在,将有可能吸引社会投资者的加入,此时准经营性项目就成了纯经营性项目。

2.6 Petri 网理论

2.6.1 经典 Petri 网

1. 概述

Petri 网(Petri Net,PN)是一个经典的并发模型,由德国学者 Carl Adam Petri 博士在 1962 年提出。Petri 网作为一种图形化和数学化的建模工具广泛应用于系统建模、分析和验证,主要应用于离散并发系统,描述非同步的因果和非因果行为,包括并行和不确定选择。Petri 网特别适合描述具有并发性性质的分布式系统、离散事件系统,能够描述系统活动之间复杂的逻辑关系。Petri 网以研究模型的动态行为和组织结构为目标,着眼于系统中可能发生的各种状态变化及变化之间的关系。Petri 网是一种强有力的决策过程建模工具,既可反映静态结构,又能描述动态过程。高级 Petri 网的表示方法比普通 Petri 网更加丰富,能更有效地对复杂的组织决策过程进行建模。Petri 网可以用形式化方法来严格地定义和分析模型。

Petri 网具有很强的扩展能力,如时延 Petri 网(Timed Petri Net)、时间 Petri 网(Time Petri Net)、随机 Petri 网(Stochastic Petri Net)、时序 Petri 网(Temporal Petri Net),抑制弧 Petri 网(Inhibitor Arcs Petri Net) 、着色 Petri 网(Colored Petri Net)、模糊 Petri 网(Fuzzy Petri Net) 等。

2. Petri 网形式化定义

定义 2.1 一个 Petri 网是一个 $\Sigma = (P,T;F,W,M_0)$,其中:

(1) $P = \{p_1,p_2,\cdots,p_m\}$ 是有穷库所集, $P \neq \varnothing$;

(2) $T = \{t_1,t_2,\cdots,t_n\}$ 是有穷变迁集, $T \neq \varnothing$ 且 $P \cap T = \varnothing$;

　　$F \subseteq P \times T \cup T \times P$ 且 $\mathrm{dom}(F) \cup \mathrm{cod}(F) = P \cup T$,其中,"$\times$"为笛卡儿积;

(3) $\mathrm{dom}(F) = \{x \mid \exists y:(x,y) \in F\}$ 为 F 的定义域;

　　$\mathrm{cod}(F) = \{x \mid \exists y:(y,x) \in F\}$ 为 F 的值域;

(4) $W:F \to N^+$ 是权函数;

(5) $M_0:P \to T$ 是初始标识。

Petri 网作为一种图形建模工具,用圆圈"○"表示库所(Place),用矩形方块

"□"表示变迁(Transaction),从库所到变迁或是从变迁到库所的关系用有向弧"→"表示,上述 3 个元素表示了系统的静态模型。系统的动态模型通过分配记点(Token)来体现,在 Petri 网模型中,用黑点"●"表示。Token 在 Petri 网中的流动体现了系统的动态行为。例如用 Token 表示项目风险,那么 Token 的流动表示风险的发生以及对决策目标的影响情况。系统的动态行为通过 Token 的流动来体现,而 Token 的流动通过变迁的激发来实现,变迁的激发规则如下。

(1)变迁激发需要满足如下条件:变迁的每一个输入库所中含有的 Token 数要大于等于从该库所到变迁的有向弧数,即

$$\forall p \in {}^{\cdot}t \Rightarrow M(p) \geq W(p,t)$$

式中　　${}^{\cdot}t$——变迁 t 的输入集;

　　　　$M(p)$——在标识 M 库所 p 的 Token 数;

　　　　$W(p,t)$——库所 p 到变迁 t 的所有弧的权重之和。

(2)变迁激发之后,Token 在 Petri 网中的分布便会发生变化,即标识 $M \rightarrow M'$:

$$M'(p) = \begin{cases} M(p) - W(p,t) & p \in {}^{\cdot}t - t^{\cdot} \\ M(p) + W(p,t) & p \in t^{\cdot} - {}^{\cdot}t \\ M(p) - W(p,t) + W(t,p) & p \in {}^{\cdot}t \cap t^{\cdot} \\ M(p) & p \notin {}^{\cdot}t \cup t^{\cdot} \end{cases} \quad (2-1)$$

式中　　${}^{\cdot}t$——变迁 t 的输入集;

　　　　$t^{\cdot}$——变迁 t 的输出集。

3. Petri 网研究方法

Petri 网模型是一个基于图的数学形式化描述模型,用来分析离散的并发系统。Petri 网理论研究的主要内容是系统模型的行为特征,包括可逆性(Reversibility)、有界性(Boundedness)、活性(Liveness)、可达性(Reachability)、可覆盖性(Cover)、公平性(Fairness)等。Petri 网模型的主要分析方法依赖于对关联矩阵、可达树、状态方程、位置不变量、变迁不变量等的研究与分析。

(1)冲突

设 $\Sigma = (P,T;F,M_0)$ 为一个 Petri 网,若有 $p \in P, M \in [M_0 >$ 和 $t \in T$,使得 $t \in M$ 且 $p \in M \cap t^{\cdot}$,则在标识 M 下 p 处有冲撞,如图 2-6 所示。

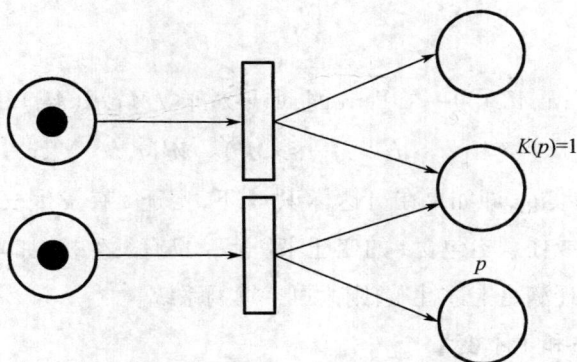

图 2-6 库所 p 存在冲突关系

（2）有界性

设 $\Sigma = (P,T;F,M_0)$ 为一个 Petri 网，$p \in P$。若存在正整数 K，使得 $\forall M \in R(M_0) : M(P) \leqslant K$，则称库所 p 有界，记为 $K(p)$，即

$$K(p) = \min\{K \mid \forall M \in R(M_0) : M(p) \leqslant K\}$$

当 $K(p) = 1$，称库所 p 为安全的，若 $\forall p \in P$ 都是有界的，则称 Σ 是有界 Petri 网。

（3）活性

设 $\Sigma = (P,T;F,M_0)$ 为一个 Petri 网，M_0 为初始标识，$\forall t \in T$，如果对于 $\forall M \in R(M_0)$，都存在 $M' \in R(M)$，使得 $M'[t>$，则称变迁 t 是活的，即变迁 t 在标识 M' 可以激发；如果 $\forall t \in T$ 都是活的，那么称 Σ 为活网。

（4）公平性

设 $\Sigma = (P,T;F,M_0)$ 为一个 Petri 网，$t_1,t_2 \in T$，如果存在一个正整数 k，使得 $\forall M \in R(M_0)$ 和 $\forall \sigma \in T^* : M[\sigma>$（$\sigma$ 为变迁序列）都有

$$\#(t_i/\sigma) \to \#(t_j/\sigma) \leqslant k \qquad i,j \in \{1,2\} \text{ 且 } i \neq j$$

则称 t_i 和 t_j 处于公平关系，如果网 Σ 任意两个变迁均有公平关系，则称 Σ 为公平网。

（5）弱公平性

设 $\Sigma = (P,T;F,M_0)$ 为一个 Petri 网，$t_1,t_2 \in T$，如果对于 $\forall M \in R(M_0)$，总存在一个正整数 k，使得 $\forall M \in R(M_0)$ 和 $\forall \sigma \in T^* : M[\sigma>$ 都有

$$\#(t_i/\sigma) \to \#(t_j/\sigma) \leqslant k \qquad i,j \in \{1,2\} \text{ 且 } i \neq j$$

则称 t_i 和 t_j 处于弱公平关系，如果网 Σ 任意两个变迁均处于弱公平关系，则称

Σ 为弱公平网。

（6）持续性

设 $\Sigma = (P, T; F, M_0)$ 为一个 Petri 网，如果对于 $\forall M \in R(M_0)$ 和 $\forall t_1, t_2 \in T$ 有

$$(M[t_1 > \wedge > M[t_1 > M') \rightarrow M'[t_1 >$$

则称网 Σ 是可持续的，即如果在可达标识 M 下，变迁 t 有发生权，那么从 M 发生其他任意变迁或任意不包含 t 的变迁序列后，t 仍有发生权；如果一个 Petri 网对任意标识和变迁满足上述性质，则为可持续网系统。

（7）S 不变量和 T 不变量

设 $N = (P, T; F)$ 为一个网，$|P| = m$，$|T| = n$，A 为网 N 的关联矩阵。

如果存在非平凡的 m 维非负整数的向量 Y 满足 $AY = 0$，则称 Y 为网 N 的一个 S 不变量。

如果存在非平凡的 n 维非负整数的向量 X 满足 $A^T X = 0$，则称 X 为网 N 的一个 T 不变量。

在 Petri 网研究与应用的发展历史中，它的应用范围已经远远超出了计算机科学领域，成为研究离散事件动态系统的一种有用工具。如今，Petri 网在众多方面得以应用。两个成功的应用领域是性能评价和通信协议，其他很有前景的应用领域包括分布式软件系统、分布式数据库系统、并发并行计算、柔性制造系统、多处理机系统、逻辑推理、办公自动化系统、形式语言、神经元网络和决策模型等。以协议工程形式化方法为例，协议的验证是基于对 Petri 网模型的分析而进行的。概括地讲，协议工程形式化方法是要为协议设计的整个过程提供规范化的指导，这包括描述（Specification）、验证（Verification）、实现（Implementation）和测试（Testing）等几个主要阶段，每一阶段都有相应的方法和技术。通过位置/变迁（P/T）网模型就可以很好地描述并分析整个系统。

4. Petri 网分析方法

对于普通 Petri 网的性能，主要有基于图形分析的可达图（Reachability Graph）或可达树（Reachability Tree）和基于数学分析的不变量（Invariant）分析方法。这两种分析方法通过 Petri 网的有界性、守衡性、活性、可逆性进行分析。可达图分析方法通过分析模型状态变化和变迁发生序列的情况，分析模型的性质。

定义 2.2　（Petri 网标识）设 m 为 PN 系统中库所 S 集合的元素个数，$S =$

$\{s_1,s_2,\cdots,s_m\}$,PN 的标识可表示成一个 m 维向量:

$$M = [M(s_1),M(s_2),\cdots,M(s_m)]$$

定义 2.3 $\Sigma = (P,T;F,W,M_0)$ 为有界 Petri 网,Σ 的可达(标识)图 RMG 定义为 $RMG(\Sigma) = (R(M_0),E,P)$,其中:

$$E = \{(M_i,M_j) \mid M_i,M_j \in R(M_0) \ \exists t_k \in T:M_i[t_k > M_j]\}$$

$$P:E \rightarrow T,P(M_i,M_j) = t_k \ (当且仅当 M_i[t_k > M_j])$$

求解 PN 可达树的算法如下:

(1)$T(\Sigma)$ 的初值只有根节点 r,$M_r = M_0$,即 M_r 为初始标识。

(2)令 x 为 $T(\Sigma)$ 的叶子节点,若 $\forall t \in T$,在 M_r 状态下均有权发生,x 为真叶节点;若从根节点 r 到 x 的路径上有另一个节点 y,$y \neq x$,但是 $M_y = M_x$,则 x 也是真叶节点,若 $T(\Sigma)$ 所有的叶节点均为真叶节点,则算法结算。否则执行步骤(3)。

(3)若 $T(\Sigma)$ 有叶节点 x,但是 x 不是真叶节点,那么在 M_x 至少有一个变迁 t 可以发生。对 M_x 授权发生的每个变迁 $t \in T$,在 $T(\Sigma)$ 上添加一个新节点 y,y 是 x 的子节点,从 x 到 y 的有向弧用变迁 t 标记,节点 y 的标记 M_y:首先计算出 M_x 的后继 M',即对所有 $s \in S,M'(s) = M_x(S) - W(s,t) + W(t,s)$,然后计算 M_y,对所有 $s \in S$,有

$$M_y(s) = \begin{cases} \omega & \text{若从 } r \text{ 到 } y \text{ 的路径上有节点 } z,\text{使得 } M_z < M \text{ 且 } M_z(s) < M'(s) \\ M'(s) \end{cases}$$

(4)回到步骤(2)。

2.6.2 模糊 Petri 网

1. 模糊 Petri 网定义

传统 Petri 网是模糊 Petri 网的特例,模糊 Petri 网是在传统 Petri 网的基础上进行模糊化,主要用于模糊知识的表示,其实质是有向二分模糊图。在模糊 Petri 网中,库所所包含的标记值不再是 0 和 1 两种状态,也不是离散值,而是 $[0,1]$ 间的模糊连续值。

定义 2.4 模糊 Petri 网(Fuzzy Petri Net,FPN)是一个九元组:

$$FPN = \{P,T,I,O,f,\alpha,\beta,TS,M_0\}$$

P 为有限的模糊库所集,T 为有限的模糊变迁集;$M_0:P \rightarrow T$ 是初始标识;I,

O 分别是 $P \times T$ 和 $T \times P$ 带模糊标识的弧。

2. 模糊产生式规则

模糊产生式规则（Fuzzy Production Rules, FPR）用于表示命题间的模糊关系，其基本形式为"$A \rightarrow B$"，其含义为"IF A THEN B"，A 和 B 都是命题，A 为模糊产生式的前提，即发生的条件，B 则表示与之对应的操作或结论。然而，在模糊产生式推理过程中，往往存在不确定性，即模糊信息。本书用信度 μ 来描述模糊信息，不失一般性，$\mu \in [0,1]$，μ 越大，说明规则 $A \rightarrow B$ 就越可信。

模糊产生式规则的形式化定义采用巴科斯－诺尔范式（Backus-Naur Form）关于模糊产生式规则的定义。模糊产生式规则有以下 5 种基本类型：

（1）$a \rightarrow b$

（2）$(a_1 \wedge a_2 \wedge \cdots \wedge a_n) \rightarrow b$

（3）$(a_1 \vee a_2 \vee \cdots \vee a_n) \rightarrow b$

（4）$a \rightarrow (b_1 \wedge b_2 \wedge \cdots \wedge b_m)$

（5）$a \rightarrow (b_1 \vee b_2 \vee \cdots \vee b_m)$

类型（5）无法进行演绎推理，实际系统中不存在此类型。

3. 模糊专家系统

（1）模糊集与模糊关系

传统集合关系中，元素与集合的关系只有两种可能，即 $x \in A$ 或 $x \notin A$，也就是命题"$x \in A$"的要么是真命题，要么是假命题。而在模糊集里，可以取 $[0,1]$ 中的一个实数来描述一个元素属于一个集合的程度，这个实数称隶属度。若 $\mu_A : X \rightarrow [0,1]$，$\forall x \in X$，称 $\mu_A(x)$ 为隶属度，A 为模糊集。模糊集存在以下运算关系：

①$\mu_{A \cup B}(x) = \max(\mu_A(x), \mu_B(x))$

②$\mu_{A \cap B}(x) = \min(\mu_A(x), \mu_B(x))$

③$\mu_{\bar{A}}(x) = 1 - \mu_A(x)$

④$\mu_{A \cdot B}(x) = \mu_A(x) \times \mu_B(x)$

⑤$\mu_{A+B}(x) = \mu_A(x) + \mu_B(x) - \mu_A(x) \times \mu_B(x)$

（2）模糊专家系统概述

由于专家获取信息存在不确定性，同时专家系统决策所依赖的专家知识也具有模糊性，因此需要建立基于模糊技术的专家系统，即模糊专家系统。此模糊技术应用了现有模糊数学的研究成果,包括模糊推理和模糊集。国内外学者为了处理随机性、模糊性等不确定性问题,引入了模糊专家系统,以适应模糊产生式规则,而不受规则只能是精确命题的限制。模糊专家系统通常由 I/O 系统、模糊推理模块、模糊解释模块以及模糊知识库组成,模糊推理和知识表示是模糊专家系统的核心模块。

模糊专家系统的一个核心问题是怎么来确定模糊命题间的因果关系,即如何进行模糊推理。模糊推理建立在模糊逻辑基础上,根据知识库存放的模糊知识,从输入论域推导出输出论域,即问题求解。常见的模糊推理主要有前向、后向和双向 3 种推理方法,应用最为广泛的模糊推理是 1973 年 Zadeh 提出的“合成推理规则”,其基本思想是:

①从命题“IF x is A THEN y is B”确定模糊集合 A 和 B 的关系 R;

②将 R 与“x is A'”中的 A' 进行合成得 B',即 $B' = A' \circ R$。

2.6.3 着色随机 Petri 网

1. 着色 Petri 网

定义 2.5 着色 Petri 网(Colored Petri Net,CPN)是一个七元组 $\Sigma = (P, T; F, C, W, I, M_0)$,其中

(1)$\Sigma = (P, T; F, W, M_0)$ 是一个 Petri 网;

(2)C 是颜色的有限集合 $C = \{c_1, c_2, \cdots, c_k\}$

$$W : F \to L(C)_+$$

$$I : T \to L(C)_+$$

$$M : S \to L(C)_+$$

式中　$L(C)$——定义在颜色集上的非负整数线性函数;

$L(C)_+$——系数不全为 0 的 $L(C)$;

M——可达表示集。

CPN 是在经典 PN 的基础上,用颜色来对标识进行区分,简单的 CPN 是对库所 Place 中的 Token 施加颜色。在 CPN 中,同类的元素染上同一种颜色,不同类的则采用不同的颜色加以区别。本项目用 Token 的颜色来表示非消耗性资源的类别及组合。

2. 随机 Petri 网

一个随机 Petri 网(Stochastic Petri Net,SPN),是在经典 Petri 网的基础上,每个变迁 T 关联一个实施速率。随机 Petri 网有两种模式:Molloy 模式和 Florin-Natkin 模式。

定义 2.6   随机 Petri 网(SPN)是一个六元组 $\Sigma = (P,T;F,W,M_0,\lambda)$,其中:

(1) $\Sigma = (P,T;F,W,M_0)$ 是一个 Petri 网;

(2) $\lambda = \{\lambda_1,\lambda_2,\cdots,\lambda_m\}$ 是变迁平均实施速率集合。

定义 2.7   一个 Petri 网的标识是一个映射 $M:P \to N$。向量 $(M(p_1),M(p_2),\cdots,M(p_i))$ 表示一个标识,其中第 i 个元素表示位置 p_i 中的 Token 数。

定义 2.8 $R(M_0)$ 是 SPN 的可达状态集,有

(1) $M_0 \in R(M_0)$;

(2) 若 $M \in R(M_0)$, $\exists t \in T$, 使得 $M[t > M'$(表示 M 经变迁序列触发到 M'),则 $M' \in R(M_0)$;

(3) 对于由 M_0 可达所有状态 M,则 $M \in R(M_0)$。

3. 着色随机 Petri 网

着色随机 Petri 网(Coloured Stochastic Petri Net,CSPN)是在 SPN 的基础上引入颜色集合,能够简化网的结构对标识进行区分。

定义 2.9   着色随机 Petri 网(CSPN)是一个八元组 $\Sigma = (P,T;F,C,W,I,M_0,\lambda)$,其中:

(1) $\Sigma = (P,T;F,C,W,I,M_0)$ 是一个颜色 Petri 网;

(2) $\lambda = \{\lambda_1,\lambda_2,\cdots,\lambda_m\}$ 是变迁平均实施速率集合。

随机 Petri 网在随机变量服从负指数分布时,等价于马尔可夫链(MC),随机 Petri 网结合计算机仿真可以求解变迁服从其他分布的情况下的系统性能,着色随机 Petri 网可以解决 MC 分析复杂系统时的状态空间爆炸问题。

4. 随机 Petri 网分析方法

(1) 状态方程

定义 2.10   设 $\Sigma = (P,T;F,W,M_0,\lambda)$ 是一个随机 Petri 网,A 为 Σ 的关联矩阵,若 $M \in R(M_0)$,则存在 n 维非负整数向量 X,使得:

$$M = M_0 + A^{\mathrm{T}}X \tag{2-2}$$

则式(2-2)为 Σ 的状态转移方程。

(2)马尔可夫过程

马尔可夫过程是一类随机过程,由俄国数学家马尔可夫于1907年提出,马尔可夫过程具有如下特性:在已知目前状态的条件下,它未来的演变不依赖于它以往的演变,即"无后效性"。具有"无后效性"的概率分布函数具有如下特性:

$$P\{X(t) \leqslant x \mid X(t_n) = x_n, X(t_{n-1}) = x_{n-1}, \cdots, X(t_0) = x_0\}$$
$$= P\{X(t) \leqslant x \mid X(t_n) = x_n, t > t_n > t_{n-1} > \cdots > t_0\} \tag{2-3}$$

满足此特性的过程为马尔可夫过程,马尔可夫过程可以是连续的,也可以是离散的。

(3)评价方法

随机 Petri 网自1981年被提出以后,主要被用于系统中可能发生的状态变化以及变化之间的关系研究,用于描述的是系统动态变化过程,因此广泛应用于系统性能评价。在变迁延时为随机变量的 SPN 中,一个变迁 t 从可实施状态到实施时刻之间为一个连续随机变量 $x_t(x_t > 0)$,且服从一个分布函数 $F_t(x) = P\{x_t \leqslant x\}$,若 x_t 服从负指数分布,即 $F_t(x) = \lambda e^{-\lambda x}$,那么对应的 SPN 等价于马尔可夫链(MC),可用马尔可夫随机过程求解。

但是,SPN 的状态空间爆炸问题极大地限制了其在大型和复杂系统中的应用,SPN 模型状态空间数随着子模型数的增长呈指数增长趋势,针对这一问题,一般采用着色随机 Petri 网或分层思想降低状态空间,或采用计算机仿真方法。

2.6.4 时间 Petri 网

将时间概念引入 Petri 网后,通过在库所、变迁以及连接库所和变迁的有向弧上添加时间信息,得到了时间 Petri 网。常见的时间引入方式有两种:一是每个库所关联一个时间参数;二是每个变迁关联一个时间参数。现有时间 Petri 网主要有时延 Petri 网、时间 Petri 网、随机 Petri 网和时间约束 Petri 网4种。

1. 时延 Petri 网(Timed Petri Net, TdPN)

基本 Petri 网不含时间信息,而 TdPN 在 Petri 网中的每一个变迁或库所上添加了一个时间延迟。

在项目计划模型中,TdPN 变迁的时间延迟表示工序的持续时间,在变迁的激发过程中有一段停留时间,在这段时间内变迁不会输出记点(Token)到下一库所;TdPN库所的时间延迟,表示新产生的Token一开始是不可用的,要经过一定的延时才能变为可用的Token,可以表示资源的申请时间。TdPN遵循强触发规则,即一个变迁 t_j 对应着一个时间延迟 T_{delay},如果在时间 T_0,t_j 的所有输入库所的Token均准备就绪,那么变迁 t_j 立即执行。在时间(T_0,$T_0 + T_{\text{delay}}$)内,所有输入库所的Token都归 t_j 所使用,其余变迁不能使用。在时刻 $T_0 + T_{\text{delay}}$ 到来时,t_j 输入库所的Token就被转移到相应的输出库所中去。

定义 2.11　时延 Petri 网 TdPN 是一个六元组 $\Sigma = (P, T; F, W, M_0, D)$,其中:

(1)$\Sigma = (P, T; F, W, M_0)$是一个 Petri 网;

(2)$D: T \rightarrow R^+$是变迁的延时函数。

2. 时间 Petri 网(Time Petri Net, TPN)

TPN 通过 TdPN 中将变迁的时间延迟替换为一个使能区间[$TC_{\min}$, $TC_{\max}$]而得到,其中,$TC_{\min}$ 表示相应变迁使能前所必须流逝的最小时间,而 $TC_{\max}$ 表示相应变迁触发前可以经历的最长时间。TPN 已被证明可比较方便地表示并发系统中的时间约束,因为在许多场合很难通过一个确定的时间延迟来表示相应变迁的执行时间。在 TPN 中,变迁 t_j 如果在 T_0 时刻使能,那么只有在时间区间($T_0 + TC_{\min}$, $T_0 + TC_{\max}$)内才能触发。在变迁遵循强触发规则时,如果在区间($T_0 + TC_{\min}$, $T_0 + TC_{\max}$)内不能触发,并且它的触发条件没有因其他变迁触发而改变,那么 t_j 将在时刻 $T_0 + TC_{\max}$ 触发。

定义 2.12　时间 Petri 网 TPN 是一个六元组 $\Sigma = (P, T; F, W, M_0, I)$,其中:

(1)$\Sigma = (P, T; F, W, M_0)$是一个 Petri 网;

(2)$I: T \rightarrow R^+$,R^+ 表示非负有理数,且 $\forall t \in T$, $I(t) = [TC_{\min}, TC_{\max}]$, $TC_{\min} \leqslant TC_{\max}$。

在项目计划模型中,TPN 变迁的使能区间[$TC_{\min}$, $TC_{\max}$]转化为全局时钟后,$TC_{\min}$ 表示工序最早开始时间(ES),$TC_{\max}$ 表示工序最迟开始时间(LS)。

3. 时间约束 Petri 网(Timing Constraint Petri Net, TcPN)

TdPN、SPN 以及 TPN 均无法对事件的发生条件的时间要求进行描述,因此提出了 TcPN。TcPN 最早由 Tsai 提出以描述事件发生条件的时间要求。宋巍等对 TcPN 进行了可调度性分析及验证。

TcPN 中库所和变迁上均有时间约束信息,库所上的时间约束借鉴了 TPN 的思路,变迁上的时间约束则借鉴了 TdPN 和 TPN,其变迁采用弱触发规则,变迁的触发不仅受制于变迁的外延,而且与变迁及其输入库所上的时间约束信息密切相关。

定义 2.13 TcPN 是一个七元组 $\Sigma = (P, T; F, W, M_0, D, I)$,其中:

(1)$\Sigma = (P, T; F, W, M_0)$是一个 Petri 网;

(2)$D: T \rightarrow R^+$ 是变迁的延时函数;

(3) $I = I_P \cup I_T$,I_P 和 I_T 分别为关联库所和变迁的实数对 $[T_{\min}, T_{\max}]$ 的集合。

第 3 章 PPP 项目集成融资风险管理

3.1 PPP 项目集成融资问题分析

3.1.1 PPP 项目集成融资问题层次模型

PPP 项目集成融资问题层次模型如图 3-1 所示。

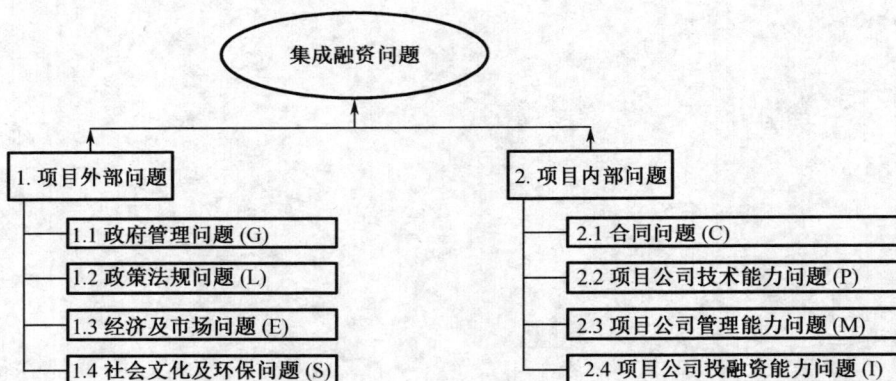

图 3-1 集成融资问题层次模型

3.1.2 PPP 项目集成融资问题分析

通过对国内外 PPP 项目集成融资案例调研及问卷调查,总结出 PPP 项目集成融资问题如表 3-1 所示。

表3-1　PPP项目集成融资问题清单

编号	一级指标	二级指标	三级指标
1	政府管理问题(G)	G-1 政府经验缺乏	G-1-1 政府专业融资人员缺乏
2			G-1-2 政府缺少相关的案例支撑
3			G-1-3 政府合作意识薄弱
4			G-1-4 政府承担风险能力弱
5			G-1-5 政府未完全履行合同以及相关承诺
6		G-2 政府管理职能薄弱	G-2-1 政府未严格行使权责
7			G-2-2 宏观的组织和协调上做得不够
8			G-2-3 政府主管部门不能按技术和经济的客观规律办事
9			G-2-4 政府未加强项目规划、设计和建设的管理
10			G-2-5 专业主管部门在相应的具体方针和管理目标上不够明确
11			G-2-6 对项目融资过程的控制过多
12			G-2-7 政府与企业协调沟通不够充分
13		G-3 政府信任度不足	G-3-1 政府未完全履行合同
14			G-3-2 政府承诺未完全履行
15			G-3-3 政府信息不公开
16			G-3-4 优惠政策未完全落实
17		G-4 政府重视不够	G-4-1 对基础设施建设重视度不高
18			G-4-2 政府与企业合作诚意不足
19			G-4-3 政企合作的程度较低
20			G-4-4 宣传力度不大
21			G-4-5 对企业贷款支持力度不够

表 3 - 1（续）

编号	一级指标	二级指标	三级指标
22	政策法规问题(L)	L-1 政策变化大	L-1-1 政府调价
23			L-1-2 国家设立的政府资助金额变动
24			L-1-3 国家相关项目政策不够详细、具体
25			L-1-4 地方政府换届的影响
26			L-1-5 政策的持续性较差
27		L-2 项目相关政策规定不完善或贯彻不力	L-2-1 法律法规执行难到位
28			L-2-2 政府的相关制度缺失
29			L-2-3 监督约束机制不完善
30			L-2-4 政策规定与项目建设运营企业实际结合不紧密
31			L-2-5 政府的相关政策不明确
32			L-2-6 特许经营的法规政策之间协调性较差
33			L-2-7 有关特许经营的法律法规不够完善
34			L-2-8 收费制度不合理
35			L-2-9 政策法规出台时间滞后
36	经济及市场问题(E)	E-1 经济发展水平较低	E-1-1 整个地区经济水平较落后
37			E-1-2 市场需求不足
38			E-1-3 工程项目的发展整体落后
39		E-2 金融经济因素不太稳定	E-2-1 利率掉期
40			E-2-2 利率变动
41			E-2-3 市场不稳定(需求量变动、原材料供应变动)
42			E-2-4 汇率变动
43			E-2-5 通货膨胀
44		E-3 融资成本过高	E-3-1 融资成本高
45			E-3-2 资金不足
46			E-3-3 融资难度大

表 3-1(续)

编号	一级指标	二级指标	三级指标
47	社会文化及环保问题(S)	S-1 参与各方信息差异和冲突过大	S-1-1 中央政府和地方政府信息不对称
48			S-1-2 地方政府和项目公司信息不对称
49			S-1-3 地方政府和公众信息不对称
50			S-1-4 投资企业和银行信息不对称
51		S-2 环保问题	S-2-1 环境问题敏感,观光景点较多
52			S-2-2 项目对周边环境产生影响
53			S-2-3 环保问题社会关注度高
54			S-2-4 工程环境受到一定程度污染
55			S-2-5 处理废物的技术不成熟
56			S-2-6 污染控制达不到环保指标
57	合同问题(C)	C-1 特许经营协议不公平	C-1-1 特许经营期不明确/特许权价值评估不准确
58			C-1-2 收益分配不够合理
59		C-2 合同自身问题	C-2-1 合同内容不够完善
60			C-2-2 各方主体的权利和义务规定不全面
61			C-2-3 合同的行使存在权责不明、风险分担不均等问题
62	项目公司管理能力问题(M)	M-1 对工程本身的效益信心不足	M-1-1 项目运营能力受限
63			M-1-2 工程功能不够完善
64			M-1-3 配套基础设施服务体系不够完善
65			M-1-4 成本回收年限较长
66			M-1-5 项目销售量未达到预期
67			M-1-6 建成项目的功能未达到预期
68			M-1-7 不可预期因素的影响
69		M-2 项目建设过程受阻	M-2-1 项目施工不顺利
70			M-2-2 缺乏类似施工经验
71		M-3 项目移交管理	M-3-1 移交管理方式不合理
72			M-3-2 移交评估较不合理
73			M-3-3 项目评估报告评审指标不完全满足相关要求
74			M-3-4 签订的相关协议存在一定的异议
75			M-3-5 回收后试运营阶段出现一定问题
76		M-4 项目运营的问题	M-4-1 经营管理方式选择不明确
77			M-4-2 经营管理程序复杂

表3-1(续)

编号	一级指标	二级指标	三级指标
78			I-1-1 融资计划制订不太合理
79		I-1 投资方融资管理不合理	I-1-2 与政府合作分歧加大
80			I-1-3 融资模式之前没有案例
81			I-1-4 融资成本增加
82	项目公司投融资能力问题(I)		I-1-5 融资速度慢
83			I-2-1 工程资金使用计划不尽合理
84			I-2-2 工程资金贷款成本较高
85			I-2-3 阶段资金使用额度超标
86		I-2 投资成本回收难度较大	I-2-4 项目工程价值难以精确确定
87			I-2-5 贷款存在风险较大
88			I-2-6 融资风险较大
89			I-2-7 贷款及还贷难度较大
90			I-2-8 项目投资积极性降低

3.2　PPP 项目集成融资风险识别与分担原则

3.2.1　PPP 项目集成融资风险识别

根据相关文献,可总结出 PPP 项目集成融资风险因素如表 3-2 所示。

表3-2　PPP 项目集成融资风险因素

编号	风险因素	风险描述
1	政治风险	关于政局的问题定性,当政权更迭或东道国处于战争、混乱状态时,项目建设所依赖的法规可能被废除,原政府的承诺可能会被取消,项目财产可能被征收,这类风险往往导致项目根本性的终结
2	政策风险	政策的稳定性,主要是有关项目的土地政策、税收政策、关税政策和价格政策的稳定性

表 3 - 2(续)

编号	风险因素	风险描述
3	获准风险	一个项目的开发和建设必须得到项目政府的授权或许可。取得许可要经过复杂的审批程序,如果不能及时得到政府的批准,整个项目就无法按计划进行,如果因此而导致投标失败,则会导致投标费用的损失
4	法律风险	项目所在国法律是否健全,一旦发生纠纷或违约行为时,是否有完善的法律体系提供仲裁,是否有独立的司法制度和严格的法律执行体系执行仲裁结果,这些对 PPP 项目的正常建设与经营会产生重大的影响
5	社会风险	政府及社会中公共基础设施投融资意识的强弱,会影响实际的投融资行为
6	经济环境风险	国家经济发展状况直接影响到项目的实施和盈利能力,经济发展快并能保持增长势头的国家和地区,往往是经济前景比较好的地区,它能为公共基础设施提供更多的投融资机会,有利于投资者进行比较选择
7	信用风险	信用风险贯穿于项目各个阶段。提供项目信用保证的项目参与者(包括项目投资者、工程公司、服务购买者、原材料的供应者等)的资信状况、技术、资金能力、以往的表现和管理水平等都是评价项目信用风险程度的重要指标
8	原材料供应风险	公共基础设施建设要投入大量的物料,在施工过程中,施工材料供应商的材料供应能力会影响到施工的进度和质量。此外,原材料的供应会影响到项目的成本。因此要考虑供应商、配套产品、能源等方面是否对生产形成阻碍
9	基础设施/设备风险	基础设施是指服务于项目实施的各项基础设施,主要包括能源、交通、邮电通信3个方面。配套设施对投资项目的建设和运行影响很大。良好的基础设施有利于提高工作效率,降低成本
10	违约风险	指的是项目参与方因故无法履行或拒绝合同所确定的责任与义务而给项目带来的风险
11	技术的先进性	技术的先进性是项目具有投资价值的前提,较先进的技术可以为投资者带来独特的优势

表 3 – 2(续)

编号	风险因素	风险描述
12	技术的可靠性	有些项目失败,是由于项目本身的技术还不够成熟,有待完善。因此,投资者必须确认其配套的工程技术和产品技术已经完善,达到可靠性标准
13	技术的适用性和匹配性	技术的适用性表现在项目中人力、物力、信息等相关资源的配合程度,与项目过程的效率和质量要求的匹配程度。公共基础设施集成融资项目的技术适用性还要考虑当地的自然条件和资源状况,要尽量发挥技术特长,发挥当地优势,确保项目的效率与效用最大限度地发挥
14	技术难度	技术掌握的精确度及实施的难易程度对项目的可操作性起到制约的作用。难度越大,风险往往越高;难度越小,风险往往越低
15	技术稳定性	技术的稳定性是指在运营过程中,在正确使用和操作的情况下,相关仪器设备所表现出来的工作性能的一致性,其程度高表明在运营过程中出现质量问题、事故的可能性小
16	融资风险	项目贷款方或其他出资方不能按照合同规定足额按时地提供资金,造成项目延误或停止的风险
17	外汇风险	外汇风险通常包括 3 个方面:东道国货币的自由兑换、经营收益的自由汇出以及汇率波动所造成的货币贬值问题。TOT 项目建设投入的一般都是硬通货或硬通货加很少一部分当地货币,而运营收入一般都是当地货币,各参与方都会十分关心外汇风险问题
18	利率风险	利率风险是指在项目的经营过程中,由于利率变动直接或间接地造成项目的投资增加和收益受到损失的风险。如果投资方利用浮动利率融资,一旦利率上升,项目生产运营成本就会攀升;而如果采用固定利率融资,一旦市场利率下降则会造成机会成本的提高
19	通货膨胀风险	由于东道国发生通货膨胀风险,使得项目产品(服务)的销售价格相对上涨,从而影响产品(服务)的销售,或为了维持销售而降低产品的销售价格,实际收入降低
20	财务风险	项目的财务风险,其实是指财务成果的风险和财务状况的风险。当前资金的周转情况和未来资金的周转情况是企业资金运营能力的集中表现

表 3 - 2(续)

编号	风险因素	风险描述
21	运营环境风险	对于依赖于某种自然资源(如石油、天然气、煤等)、能源或原材料的项目(如主要以煤为原料的发电厂、依赖于水资源的水力发电厂等),在项目的运营阶段有无足够的资源作保证,能否按照事先确定的价格购买到原材料,是一个很大的风险因素。这类项目对于资源的稳定供应依赖性很大,资源价格的波动和供应的可靠性是影响项目经济强度的一个主要因素。另外,交通、通信以及其他公用设施等后勤条件是否能够保持长期持续地便利、有效也将影响项目的正常运营
22	组织风险	公共基础设施融资项目面临的最大问题往往是企业管理体制不健全、不完全,特别对参股合作企业而言,管理不善、管理混乱是造成企业亏损、合作关系破裂,以至导致项目失败的主要原因
23	成本风险	成本风险主要体现在成本超支,其主要原因可能是未预测的不利施工条件,特别是隧道、高速公路、水利等工程,特别的地质构造可能使施工的成本和进度受到影响。另外,施工用原料价格波动较大也会造成成本超支
24	质量风险	质量的好坏直接影响项目的收益,一旦出现质量问题,不仅产生巨大的经济损失,甚至可能造成项目的停产或中止
25	管理能力	指管理候选人的基本素质以及投资领域的特别需要,主要包括持续奋斗力、风险控制力、捕捉信息力、团队控制力和沟通协调能力。其中最容易被忽视但要重点考察的是团队控制力和沟通协调能力
26	价格风险	公共基础设施项目提供产品或服务的价格的不确定性,是影响产品市场竞争力和盈利能力的主要决定因素
27	市场竞争的风险	(1)现有竞争者风险。同行业竞争愈多,企业获得利润就愈加困难,进而加剧竞争。 (2)潜在竞争者风险。如果有新企业进入,就意味着该行业的供应量会增加,一般情况下新企业提供产品的价格就会更低,更具有竞争力。 (3)替代品竞争风险。替代品会使企业产品的竞争力减弱甚至消失。因此,替代品增多会加剧竞争并加大市场风险

表 3 - 2(续)

编号	风险因素	风险描述
28	市场需求风险	消费者需求受各种不确定性因素的影响,例如:产品、服务本身的价格、消费者收入水平及收入分配平等程度、人口数量与结构的变动、政府的消费政策、消费者的预期。而这些不确定性因素又难以进行准确预测和把握
29	市场预测风险	市场预测是公共基础设施融资项目前期决策的主要依据,因为市场预测不准带来的经营困难,是经营性公共基础设施项目常见的问题之一,是项目在决策过程中应该尽量避免的风险
30	不可抗力风险	不可抗力风险主要是由火灾、台风、雷击、地震、海啸、火山爆发、洪水等不可抗拒的意外事故引起的风险
31	环保风险	随着公众愈来愈关注工业化进程对自然环境和人类健康及福利的影响,许多国家颁布了日益严厉的法令来限制工业污染,保护环境。要满足环保法的各项要求,就可能意味着成本支出的增加和/或生产运营效率的降低,从而导致项目丧失原有的经济强度

经营性公共基础设施 PPP 项目集成融资风险可归纳为:政治风险、政策法规风险、经济及市场风险、社会文化及环保风险、金融风险和运营管理风险 6 类风险。主要的风险因素包括:执政能力弱风险、政府越权干预风险、政府信任风险、政策风险、法律风险、需求风险、预测风险、社会文化风险、融资风险、利率风险、通货膨胀风险、运营风险、管理风险和财务风险。

3.2.2　特许双方风险分担原则

公共基础设施 PPP 项目集成融资风险分担应遵循以下原则:

(1)政治风险,由政府承担绝大部分风险,私人投资者承担少量风险;

(2)政策法规风险,由政府和私人投资者双方共担;

(3)经济及市场风险,宏观经济风险由政府和私人投资者双方共担,市场风险私人投资者承担绝大部分风险,政府承担少量风险;

(4)社会文化及环保风险,政府和私人投资者双方共担;

(5)金融风险,私人投资者承担绝大部分风险,政府承担少量风险;

(6)运营管理风险,私人投资者完全承担。

3.3　基于 BP 神经网络的项目融资风险分析模型

3.3.1　BP 神经网络及其算法分析

1. BP 神经网络

神经网络的全称是人工神经网络(Artificial Neural Network,ANN),主要有 BP(Back Propagation)网络、HOP(Hopfield)网络和自适应网络 3 种类型,而 BP 网络具有较好的自学习、自联想功能,是目前应用最为广泛的一种网络。BP 网络具备任意精度的函数逼近能力,主要由输入层、隐含层和输出层组成。BP 网络学习过程由信号的正向传播与误差的反向传播两个过程组成。正向传播时,将 PPP 项目融资风险的各项评估指标属性进行归一化处理后作为样本经 BP 网络输入层输入,经各隐含层逐层处理后传向输出层,若输出层的实际输出与期望不符,则转入误差的反向传播阶段。误差反传是将输出误差通过隐含层向输入层逐层反传,并将误差分摊给各层的所有单元,从而获得各层单元的误差信号,此误差信号即作为修正各单元权值的依据。信号正向传播与误差反向传播的各层权值调整是周而复始的,权值不断调整的过程也是网络的学习训练过程。此过程一直训练到网络输出的误差降低到可以接受的程度,或进行到预先设定的学习次数为止,最终以系统的输出作为评价的目标。BP 神经网络可形式化描述如下:

(1)输入向量 $\boldsymbol{x} = (x_1, x_2, \cdots, x_n)$,期望输出向量 $\boldsymbol{d}_o = (d_1, d_2, \cdots, d_q)$;

(2)隐含层输入向量 $\boldsymbol{hi} = (hi_1, hi_2, \cdots, hi_p)$,隐含层输出向量 $\boldsymbol{ho} = (ho_1, ho_2, \cdots, ho_p)$;

(3)输出层输入向量 $\boldsymbol{yi} = (yi_1, yi_2, \cdots, yi_q)$,输出层输出向量 $\boldsymbol{yo} = (yo_1, yo_2, \cdots, yo_q)$;

(4)输入层与中间层的连接权值为 w_{ih},隐含层与输出层的连接权值为 w_{ho};

(5)隐含层各神经元的阈值为 b_h,输出层各神经元的阈值为 b_o;

(6)样本数据个数 $k = 1, 2, \cdots, m$,激活函数 $f(s)$,误差函数 $e = \dfrac{1}{2} \sum_{o=1}^{q} (d_o(k) - yo_o(k))^2$。

2. BP 神经网络计算步骤及算法

BP 神经网络在外界输入样本的刺激下不断改变网络的连接权值,以使网络的输出不断地接近期望的输出,即将输出误差以某种形式通过隐含层向输入层逐层反传,此过程即为 BP 神经网络的学习过程。可见,神经网络学习的本质是对各连接权值的动态调整。标准 BP 神经网络算法计算步骤如下:

(1)初始化 BP 神经网络,包括连接权值赋值,设定误差函数 e,给定计算精度值 ε 和最大学习次数 M。

(2)随机产生第 k 个输入样本 $x(k) = (x_1(k), x_2(k), \cdots, x_n(k))$ 及其对应的期望输出 $d_o(k) = (d_1(k), d_2(k), \cdots, d_q(k))$。

(3)按下列算式分别计算 $hi_h(k)$、$ho_h(k)$、$yi_o(k)$ 和 $yo_o(k)$。

① $hi_h(k) = \sum_{i=1}^{n} w_{ih} x_i(k) - b_h \quad h = 1, 2, \cdots, p$

② $ho_h(k) = f(hi_h(k)) \quad h = 1, 2, \cdots, p$

③ $yi_o(k) = \sum_{h=1}^{p} w_{ho} ho_h(k) - b_o \quad o = 1, 2, \cdots, q$

④ $yo_o(k) = f(yi_o(k)) \quad o = 1, 2, \cdots, q$

(4)计算误差函数对输出层的各神经元的偏导数 $\delta_o(k)$,$\delta_o(k) = \dfrac{\partial e}{\partial yi_o} \dfrac{\partial yi_o}{\partial w_{ho}}$。

(5)利用隐含层到输出层的连接权值、输出层的 $\delta_o(k)$ 和隐含层的输出计算误差函数对隐含层各神经元的偏导数 $\delta_h(k)$,$\delta_h(k) = \dfrac{\partial e}{\partial yi_o} \dfrac{\partial yi_o}{\partial w_{ho}} = -\delta_o(k) ho_h(k)$。

(6)利用输出层各神经元的 $\delta_o(k)$ 和隐含层各神经元的输出来修正连接权值 $\Delta w_{ho}(k)$,$\Delta w_{ho}(k) = -\mu \dfrac{\partial e}{\partial w_{ho}} = \mu \delta_o(k) ho_h(k)$。

(7)利用隐含层各神经元的 $\delta_h(k)$ 和输入层各神经元的输入修正连接权 $\Delta w_{ih}(k)$,$\Delta w_{ih}(k) = \delta_h(k) x_i(k)$。

(8)计算全局误差: $E = \dfrac{1}{2m} \sum_{k=1}^{m} \sum_{o=1}^{q} (d_o(k) - y_o(k))^2$,$E = \dfrac{1}{2m} \sum_{k=1}^{m} \sum_{o=1}^{q} (d_o(k) - y_o(k))^2$。

当误差达到预设精度或学习次数大于设定的最大次数,则算法结束;否则选取下一个学习样本及对应的期望输出,返回到步骤(3),进入下一轮学习。

3.3.2　基于 BP 神经网络的风险评价模型

1. 输入层选取

BP 神经网络输入层即 PPP 项目融资风险评估指标体系中的风险因素,本书选取执政能力弱风险、政府越权干预风险、信任风险、政策风险、法律风险、需求风险、预测风险、融资风险、利率风险、汇率风险、通货膨胀风险、社会文化风险、环保风险、管理风险、运营风险、财务风险共 16 个风险因素作为 BP 神经网络的输入向量,用 X_i 表示。

2. 隐含层设计

增加隐含层会提高 BP 网络的训练复杂度和训练时间,因此,为了加快收敛,隐含层各个节点都采用 S 型函数作为激活函数。此时,BP 神经网络输出为 $y = f(net) = (1 + e^{-net})^{-1}$($net$ 为输入,$net = x_1 w_1 + x_2 w_2 + \cdots + x_n w_n$)。

隐含层节点数的确定是一个较为复杂的问题,本书用 $p = \log_2 n$ 确定隐含层节点数,其中 n 为输入点数。

3. 输出层设计

模型的输出层即为对 PPP 项目融资风险的度量,因此输出层的节点数为 1 个,以 O 表示。为了满足 PPP 项目融资风险聚类分析的需要,将 PPP 项目融资风险划分为 4 个等级:I 级表示风险水平很低,对应模型输出结果为 $(0, 0.25]$;II 级表示风险水平一般,对应模型输出结果为 $(0.25, 0.5]$;III 级表示风险水平较高,对应模型输出结果为 $(0.5, 0.75]$;IV 级表示风险水平很高,对应模型输出结果为 $(0.75, 1]$。

如上所述,构建基于 BP 神经网络的 PPP 项目融资风险评估模型如图 3 – 2 所示。

3.3.3　模型仿真

1. 模型输入获取

为了获取模型训练的样本数据,本书对云南昆明 XX 公路、云南昆明 XX 体育场、云南富源县 XX 水厂、贵州遵义 XX 水厂、陕西 XX 高速公路、南京 XX 大桥、陕西 XX 大桥、云南昆明 XX 污水处理项目、合肥市 XX 污水处理厂、南京 XX 污水处理厂、杭州 XX 污水处理厂、徐州 XX 污水处理厂进行问题分析,并以

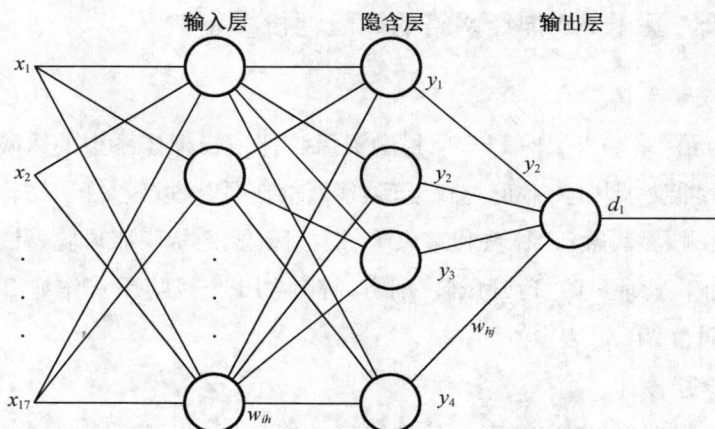

图 3 - 2　基于 BP 神经网络的 TOT 项目融资风险评估模型

问题为事件,通过风险场景描述,将风险量化后,确定了 12 个 PPP 项目 16 项风险指标取值作为样本,即模型输入,如表 3 - 3 所示。

表 3 - 3　模型输入

	P_1	P_2	P_3	P_4	P_5	P_6	P_7	P_8	P_9	P_{10}	P_{11}	P_{12}
x_1	0.9	0.7	0.9	0.5	0.5	0.5	0.5	0.5	0.5	0.5	0.5	0.7
x_2	0.5	0.3	0.3	0.3	0.3	0.3	0.3	0.3	0.5	0.3	0.5	0.5
x_3	0.5	0.5	0.3	0.3	0.1	0.1	0.3	0.5	0.3	0.1	0.5	0.3
x_4	0.1	0.3	0.5	0.1	0.3	0.3	0.3	0.3	0.1	0.3	0.5	0.3
x_5	0.3	0.3	0.3	0.1	0.3	0.5	0.3	0.1	0.5	0.3	0.5	0.5
x_6	0.5	0.1	0.3	0.5	0.3	0.3	0.1	0.3	0.3	0.1	0.1	0.1
x_7	0.1	0.5	0.3	0.1	0.1	0.1	0.1	0.3	0.7	0.3	0.3	0.1
x_8	0.5	0.5	0.3	0.1	0.3	0.5	0.1	0.3	0.3	0.1	0.3	0.1
x_9	0.3	0.3	0.3	0.3	0.3	0.3	0.1	0.5	0.3	0.3	0.5	0.5
x_{10}	0.6	0.6	0.5	0.1	0.3	0.3	0.3	0.3	0.1	0.5	0.3	0.3
x_{11}	0.5	0.1	0.3	0.6	0.5	0.7	0.3	0.3	0.5	0.3	0.1	0.3
x_{12}	0.7	0.7	0.7	0.3	0.7	0.3	0.1	0.1	0.3	0.3	0.1	0.5
x_{13}	0.6	0.6	0.5	0.1	0.3	0.3	0.3	0.3	0.1	0.5	0.3	0.3
x_{14}	0.6	0.7	0.6	0.5	0.2	0.6	0.5	0.7	0.5	0.7	0.2	0.1
x_{15}	0.1	0.1	0.1	0.3	0.3	0.1	0.1	0.1	0.1	0.1	0.1	0.3
x_{16}	0.7	0.3	0.3	0.7	0.3	0.3	0.3	0.3	0.3	0.1	0.1	0.1

2. 模型训练及仿真过程

（1）初始化 BP 神经网络，调用 newff( ) 函数，构建一个前向 BP 网络，并做如下初始化：

①隐含层的激活函数采用 tansig 函数；

②输出层的激活函数采用 logsig 函数；

③训练函数采用梯度下降函数，即 traingd 函数；

④学习函数采用默认函数，即 learngdm 函数；

⑤性能函数采用默认函数，即 mse 函数；

⑥计算精度值 ε 取 0.000 5；

⑦最大学习次数 M 取 1 000。

（2）随机选取第 k 个输入样本及对应期望输出，如选取本模型输入的 P1～P5 作为输入样本，即 $x(k) = (x_1(k), x_2(k), \cdots, x_{17}(k)), k = 1, 2, \cdots, 5$；

（3）通过 MATLAB 计算隐含层各神经元的输入和输出，并计算误差函数对输出层的各神经元的偏导数；

（4）通过 MATLAB 计算隐含层的输出计算误差函数对隐含层各神经元的偏导数；

（5）计算全局误差。

随着训练次数的增加，分析结果误差不断逼近预设的误差值，当决策者能接受此逼近程度或已达到预先设定的学习次数时，算法结束；否则选取下一个学习样本及对应的期望输出，继续训练。

3. 模型仿真

根据模型训练步骤，以 MATLAB 7.0 作为仿真平台，对表 3－3 所示的模型输入进行仿真，其模型输出结果与实际结果间的误差随训练次数的增加而减小，当训练次数达到最大训练次数时，误差小于期望误差，模型仿真结束。

3.4 基于 ANP 的项目融资风险评估模型

3.4.1 公共基础设施项目融资风险层次结构

公共基础设施项目融资风险层次结构及对应的网络层次结构如图 3－3 和图 3－4 所示。

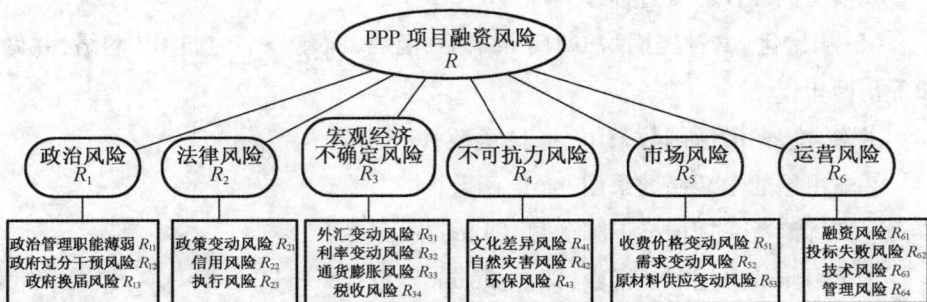

图 3 – 3　公共基础设施项目融资风险层次结构

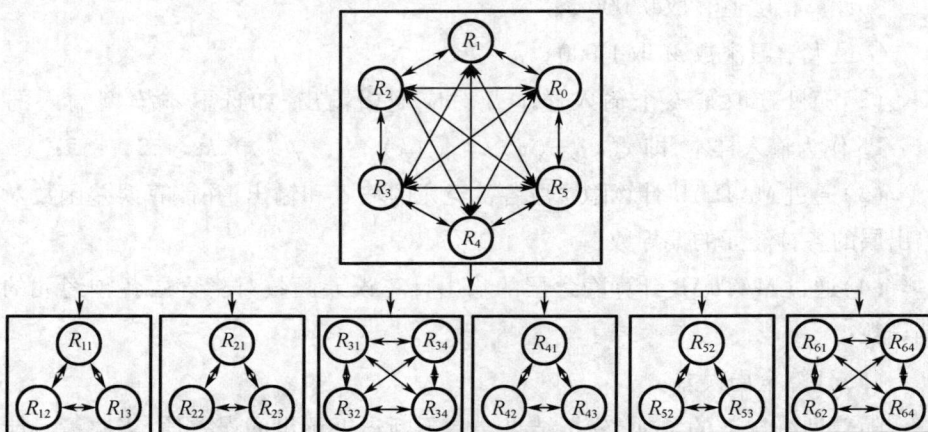

图 3 – 4　公共基础设施项目融资风险网络层次结构

3.4.2　基于 ANP 的项目融资风险评估模型

1. 建立风险指标 ANP 模型

由图 3 - 4 可知,控制层元素为 $R_1, R_2, \cdots, R_6$,分别以 R_k 为准则,其他控制层元素按其对元素 R_k 影响力大小进行间接优势度比较,如表 3 - 4 所示。

表 3 – 4　间接优势度比较表

R_{ik}	R_{i1}	R_{i2}	R_{i3}	R_{i4}	R_{i5}
R_{i1}	1	a_{12}	a_{13}	a_{14}	a_{15}
R_{i2}	a_{21}	1	a_{23}	a_{24}	a_{25}
R_{i3}	a_{31}	a_{32}	1	a_{34}	a_{35}
R_{i4}	a_{41}	a_{42}	a_{43}	1	a_{45}
R_{i5}	a_{51}	a_{52}	a_{53}	a_{54}	1

根据层次分析法求得归一化权重向量为 $\boldsymbol{W}^{ik}=(w_{j1}^{ik},w_{j2}^{ik},\cdots,w_{j6}^{ik})^{\mathrm{T}}$，由此得出控制层局部优势度矩阵，称之为加权矩阵 $\boldsymbol{A}^U$。

$$\boldsymbol{A}^U=\begin{bmatrix} w_{j1}^1 & w_{j1}^2 & \cdots & w_{j1}^6 \\ w_{j2}^1 & w_{j2}^2 & \cdots & w_{j2}^6 \\ \vdots & \vdots & & \vdots \\ w_{j6}^1 & w_{j6}^2 & \cdots & w_{j6}^6 \end{bmatrix} \tag{3-1}$$

网络层分为6组，其中 G_i 组元素为 R_{ij}，以控制层元素 R_k 为准则，以 G_i 组中元素 R_{ik} 为次准则，同理可求得各分组局部优势度矩阵 $\boldsymbol{A}^{U_i}$。而元素组元素指标自身不需要进行比较，故各元素组 G_i 的局部超矩阵主对角线元素为0。由此，可得控制层元素组 G_i 的局部超矩阵：

$$\boldsymbol{W}_i=\begin{bmatrix} 0 & w_{j1}^{i2} & \cdots & w_{j1}^{i6} \\ w_{j2}^{i1} & 0 & \cdots & w_{j2}^{i6} \\ \vdots & \vdots & & \vdots \\ w_{j6}^{i1} & w_{j6}^{i2} & \vdots & 0 \end{bmatrix} \tag{3-2}$$

同理可求解指标层其他元素组局部超矩阵，元素组 G_i 元素不受其他组 G_j 组元素影响（其中 $i\neq j$），即 $w_{ij}=0$，由此可得超矩阵：

$$\boldsymbol{W}=\begin{bmatrix} W_{11} & W_{12} & \cdots & W_{1m} \\ W_{21} & W_{22} & \cdots & W_{2m} \\ \vdots & \vdots & & \vdots \\ W_{n1} & W_{n2} & \cdots & W_{nm} \end{bmatrix} \tag{3-3}$$

超矩阵子矩阵块 $\boldsymbol{W}_{ii}$ 即为元素组局部超矩阵。

2. 项目融资风险评估

在运用网络层次分析法进行风险评估时，为了体现风险因素间的相互依赖性，需要对超矩阵 $\boldsymbol{W}$ 进行自相乘，直到收敛为止。即求 $\boldsymbol{W}$ 极限超矩阵 $\overline{\boldsymbol{W}}=\lim\limits_{n\to\infty}\boldsymbol{W}^n$，已有文献证明该极限收敛，此时矩阵 $\overline{\boldsymbol{W}}$ 行向量元素相等且有 $\overline{\boldsymbol{W}}=\overline{\boldsymbol{W}}*\overline{\boldsymbol{W}}$，其任一列即为风险指标权重。

3. 多专家评估意见综合

由于专家自身知识结构、立场以及观点的不同，对同样的风险要素的重要性的判断也存在差异甚至相反。因此，需要对专家意见进行综合。已有文献给出了基于加权欧氏距离的双层目标规划模型来对专家意见进行综合。设有 n 个专家 E_n 对 m 个风险指标 R_m 进行评估，用 $E^{R_j}(i)$ 表示第 i 位专家对第 j 个风险指标的评估值，由此得出专家决策矩阵：

$$\begin{bmatrix} E^{r_1}(1) & E^{r_1}(2) & \cdots & E^{r_1}(n) \\ E^{r_2}(1) & E^{r_2}(2) & \cdots & E^{r_2}(n) \\ \vdots & \vdots & & \vdots \\ E^{r_m}(1) & E^{r_m}(2) & \cdots & E^{r_m}(n) \end{bmatrix} \tag{3-4}$$

令 E^{R^+} 和 E^{R^-} 分别表示式(3-4)的理想解和劣理想解,则评估结果与相应的 E^{R^+} 距离越小越好,而与 E^{R^-} 的距离则是越大越好。风险指标 R_j 在专家 E_i 评估下理想解与劣理想解的加权欧氏距离为

$$\begin{cases} e_j^+(\omega) = \sqrt{\sum_{i=1}^n (E^{r_j}(i) - E^{R^+})^2 \omega_j} \\ e_j^-(\omega) = \sqrt{\sum_{i=1}^n (E^{r_j}(i) - E^{R^-})^2 \omega_j} \end{cases} \tag{3-5}$$

由此建立基于加权欧氏距离的双层目标规划模型如下:

$$\begin{cases} \min e_j^+(\omega) = \sqrt{\sum_{i=1}^n (E^{r_j}(i) - E^{R^+})^2 \omega_j} \\ \max e_j^-(\omega) = \sqrt{\sum_{i=1}^n (E^{r_j}(i) - E^{R^-})^2 \omega_j} \end{cases} \tag{3-6}$$

3.4.3　实例仿真

对景谷威远江水电站 PROT 项目进行风险评估,评估指标如图3-3所示。

1. 建立加权矩阵

分别以 $R_1, R_2, \cdots, R_6$ 为准则,构建控制层局部优势度矩阵。例如,以 R_1 为准则,控制层其他元素相对重要性比较如表3-5所示。

表3-5　控制层相对重要性矩阵

R_1	R_2	R_3	R_4	R_5	R_6	归一化权重向量
R_2	1	4	6	2	3	0.412 1
R_3	1/4	1	3	1/4	1/3	0.089 3
R_4	1/6	1/3	1	1/5	1/4	0.047 3
R_5	1/2	4	5	1	2	0.275 8
R_6	1/3	3	4	1/2	1	0.175 5

最大特征值 $\lambda_{max} = 5.172\ 4 > n$，$CR = CI/RI = ((\lambda_{max} - n)/(n-1))/RI = 0.038 < 0.1$，通过一致性检验，即 $\boldsymbol{W}^1 = (0.412\ 1, 0.089\ 3, 0.047\ 3, 0.275\ 8,$ $0.175\ 5)^T$。同理可求得控制层其他元素为准则归一化权重向量，由此得加权矩阵 $\boldsymbol{A}^U$，$\boldsymbol{A}^U$ 自相乘到稳定为止得加权矩阵 $\overline{\boldsymbol{A}^U}$。

$$\boldsymbol{A}^U = \begin{bmatrix} 0.000\ 0 & 0.432\ 3 & 0.394\ 2 & 0.422\ 4 & 0.461\ 4 & 0.488\ 9 \\ 0.412\ 1 & 0.000\ 0 & 0.240\ 3 & 0.260\ 6 & 0.296\ 2 & 0.197\ 6 \\ 0.089\ 3 & 0.072\ 2 & 0.000\ 0 & 0.041\ 8 & 0.070\ 5 & 0.078\ 9 \\ 0.047\ 3 & 0.050\ 5 & 0.035\ 0 & 0.000\ 0 & 0.040\ 3 & 0.041\ 0 \\ 0.275\ 8 & 0.260\ 2 & 0.125\ 3 & 0.167\ 9 & 0.000\ 0 & 0.193\ 6 \\ 0.175\ 5 & 0.184\ 8 & 0.205\ 2 & 0.107\ 3 & 0.131\ 6 & 0.000\ 0 \end{bmatrix}$$

$$\overline{\boldsymbol{A}^U} = \begin{bmatrix} 0.309\ 2 & 0.309\ 2 & 0.309\ 2 & 0.309\ 2 & 0.309\ 2 & 0.309\ 2 \\ 0.241\ 0 & 0.241\ 0 & 0.241\ 0 & 0.241\ 0 & 0.241\ 0 & 0.241\ 0 \\ 0.071\ 6 & 0.071\ 6 & 0.071\ 6 & 0.071\ 6 & 0.071\ 6 & 0.071\ 6 \\ 0.042\ 9 & 0.042\ 9 & 0.042\ 9 & 0.042\ 9 & 0.042\ 9 & 0.042\ 9 \\ 0.191\ 9 & 0.191\ 9 & 0.191\ 9 & 0.191\ 9 & 0.191\ 9 & 0.191\ 9 \\ 0.143\ 4 & 0.143\ 4 & 0.143\ 4 & 0.143\ 4 & 0.143\ 4 & 0.143\ 4 \end{bmatrix}$$

$\overline{\boldsymbol{A}^U}$ 列向量 $\boldsymbol{W}_U = (0.309\ 2, 0.241, 0.071\ 6, 0.042\ 9, 0.191\ 9, 0.143\ 4)^T$ 即为控制层元素相对权重向量。

2. 建立超矩阵

考虑到采用 ANP 模型进行风险分析所涉及的判断矩阵众多，以宏观经济不确定风险为例演示其计算过程。首先构建网络层元素组 R_{3j} 相对于控制层元素 R_3 的两两判断矩阵，见表 3 - 6。

表 3 - 6　两两判断矩阵

R_{3j}	R_{31}	R_{32}	R_{33}	R_{34}	归一化权重向量
R_{31}	1	1/5	1/3	1/7	0.058 9
R_{32}	5	1	2	1/2	0.279 3
R_{33}	3	1/2	1	1/4	0.147
R_{34}	7	2	4	1	0.514 8

由图 3-4 知,网络层元素组 R_{3j} 内部元素相互影响,利用 ANP 方法求解,确定以 R_{3j} 为准则其他元素相对重要性矩阵,各自求得权重后便可确定局部优势度矩阵。

表 3-7　R_3 局部优势度矩阵

R_{31}	R_{32}	R_{33}	R_{34}	R_{32}	R_{31}	R_{33}	R_{34}	R_{33}	R_{31}	R_{32}	R_{34}	R_{34}	R_{31}	R_{32}	R_{33}
R_{32}	1	2	1/2	R_{31}	1	1/2	1/6	R_{31}	1	1/3	1/6	R_{31}	1	1/3	1/2
R_{33}	1/2	1	1/4	R_{33}	2	1	1/4	R_{32}	3	1	1/2	R_{32}	3	1	2
R_{34}	2	4	1	R_{34}	6	4	1	R_{34}	6	2	1	R_{33}	2	1/2	1

由此可得网络层元素组 R_3 局部优势度矩阵,同理可得其他网络层组局部优势度矩阵。

$$W^1 = \begin{bmatrix} 0 & 0.610 & 0.525 \\ 0.547 & 0 & 0.475 \\ 0.453 & 0.390 & 0 \end{bmatrix}, \quad W^2 = \begin{bmatrix} 0 & 0.756 & 0.593 \\ 0.621 & 0 & 0.407 \\ 0.379 & 0.244 & 0 \end{bmatrix},$$

$$W^3 = \begin{bmatrix} 0 & 0.106\,1 & 0.1 & 0.163\,4 \\ 0.285\,7 & 0 & 0.3 & 0.539\,6 \\ 0.142\,9 & 0.192\,9 & 0 & 0.297\,0 \\ 0.571\,4 & 0.701\,0 & 0.6 & 0 \end{bmatrix}, \quad W^4 = \begin{bmatrix} 0 & 0.312 & 0.463 \\ 0.367 & 0 & 0.537 \\ 0.633 & 0.688 & 0 \end{bmatrix},$$

$$W^5 = \begin{bmatrix} 0 & 0.438 & 0.538 \\ 0.396 & 0 & 0.462 \\ 0.604 & 0.562 & 0 \end{bmatrix}, \quad W^6 = \begin{bmatrix} 0 & 0.243 & 0.268 & 0.329 \\ 0.196 & 0 & 0.202 & 0.255 \\ 0.281 & 0.212 & 0 & 0.426 \\ 0.523 & 0.545 & 0.530 & 0 \end{bmatrix}$$

代入式(3-3)可得超矩阵。局部优势度矩阵自相乘直到收敛,得相应稳定矩阵:

$$\overline{W^1} = \begin{bmatrix} 0.363\,2 & 0.363\,2 & 0.363\,2 \\ 0.339\,8 & 0.339\,8 & 0.339\,8 \\ 0.297\,0 & 0.297\,0 & 0.297\,0 \end{bmatrix}, \quad \overline{W^2} = \begin{bmatrix} 0.408\,2 & 0.408\,2 & 0.408\,2 \\ 0.351\,4 & 0.351\,4 & 0.351\,4 \\ 0.240\,4 & 0.240\,4 & 0.240\,4 \end{bmatrix},$$

$$\overline{W^3} = \begin{bmatrix} 0.113\ 9 & 0.113\ 9 & 0.113\ 9 \\ 0.301\ 9 & 0.301\ 9 & 0.301\ 9 \\ 0.192\ 2 & 0.192\ 2 & 0.192\ 2 \\ 0.392\ 0 & 0.392\ 0 & 0.392\ 0 \end{bmatrix}, \quad \overline{W^4} = \begin{bmatrix} 0.283\ 7 & 0.283\ 7 & 0.283\ 7 \\ 0.318\ 0 & 0.318\ 0 & 0.318\ 0 \\ 0.398\ 3 & 0.398\ 3 & 0.398\ 3 \end{bmatrix},$$

$$\overline{W^5} = \begin{bmatrix} 0.330\ 2 & 0.330\ 2 & 0.330\ 2 \\ 0.301\ 1 & 0.301\ 1 & 0.301\ 1 \\ 0.368\ 7 & 0.368\ 7 & 0.368\ 7 \end{bmatrix}, \quad \overline{W^6} = \begin{bmatrix} 0.224\ 5 & 0.224\ 5 & 0.224\ 5 \\ 0.182\ 2 & 0.182\ 2 & 0.182\ 2 \\ 0.246\ 1 & 0.246\ 1 & 0.246\ 1 \\ 0.347\ 2 & 0.347\ 2 & 0.347\ 2 \end{bmatrix}$$

稳定矩阵的每一列即为网络层元素组内部元素的相应权重。限于篇幅,本书未采用双层目标规划模型对专家意见进行综合。

3. 结果分析

分别对每一个指标进行排序,见表3-8。

表3-8　仿真结果分析

控制层指标	权重	排序	网络层指标	权重	排序
政治风险 R_1	0.309 2	1	R_{11}	0.112 3	1
			R_{12}	0.105 1	2
			R_{13}	0.091 8	4
法律风险 R_2	0.241	2	R_{21}	0.098 4	3
			R_{22}	0.084 7	5
			R_{23}	0.057 9	8
宏观经济不确定风险 R_3	0.071 6	5	R_{31}	0.008 2	20
			R_{32}	0.021 6	15
			R_{33}	0.013 8	17
不可抗力风险 R_4	0.042 9	6	R_{41}	0.012 2	19
			R_{42}	0.013 6	18
			R_{43}	0.017 1	16
市场风险 R_5	0.191 9	3	R_{51}	0.063 4	7
			R_{52}	0.057 8	9
			R_{53}	0.070 8	6
运营风险 R_6	0.143 4	4	R_{61}	0.032 2	12
			R_{62}	0.026 1	14
			R_{63}	0.035 3	11
			R_{64}	0.049 8	10

3.5　基于着色随机 Petri 网的风险评估模型

3.5.1　模型建立

1. 风险因素对特许经营期影响过程

　　根据对 TOT 特许经营期风险识别及风险因素对决策因素的影响过程的分析,得出 TOT 特许经营期风险因素影响过程模型,如图 3 - 5 所示。

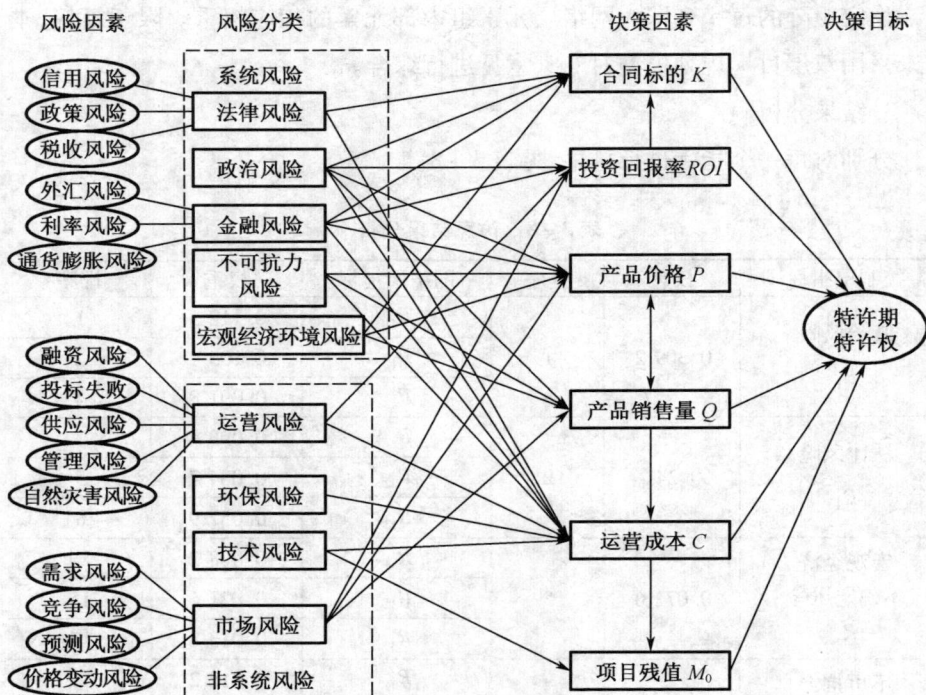

图 3 - 5　风险因素与特许经营期决策因素影响关系

2. 风险变量选取

本书采用 TOT 风险因素作为风险变量,见表 3 - 9。

表 3 - 9　模型风险变量

编号	风险类别	风险因素
1	政治风险 X_1	执政能力弱风险 X_{01}
2		政府越权干预风险 X_{02}
3		政府信任风险 X_{03}
4	政策法规风险 X_2	政策风险 X_{04}
5		法律风险 X_{05}
6	市场风险 X_3	需求风险 X_{06}
7		预测风险 X_{07}
8	社会文化及环保风险 X_4	社会文化风险 X_{08}
9		环保风险 X_{09}
10	金融风险 X_5	融资风险 X_{10}
11		汇率风险 X_{11}
12		利率风险 X_{12}
13		通货膨胀率风险 X_{13}
14	运营管理风险 X_6	运营风险 X_{14}
15		管理风险 X_{15}
16		财务风险 X_{16}

3. 特许经营期风险影响过程 CSPN 模型

为了简化着色随机 Petri 网模型,做以下假设:

(1)产品定价变动对销售量有影响,但是销售量的变动不会影响产品定价。

(2)风险因素的发生服从负指数分布、正态分布和随机分布。

(3)特许合同标的 K 以及特许结束项目残值 M_0 由合同谈判确定。即确定特许经营期的决策不考虑风险因素对 K 和 M_0 的影响,只考虑投资回报率 ROI、产品价格 P、销售量 Q 和运行成本 C。

将 TOT 项目风险权重分布分别用 ω_i 和 ω_{ij} 表示,则风险因素与特许经营期决策因素影响关系的着色随机 Petri 网如图 3 - 6 所示。

4. 模型描述

根据 CSPN 定义,图 3 - 6 用着色随机 Petri 网定义为 $\sum = (P, T; F, C, W, I, M_0, \lambda)$,其中:

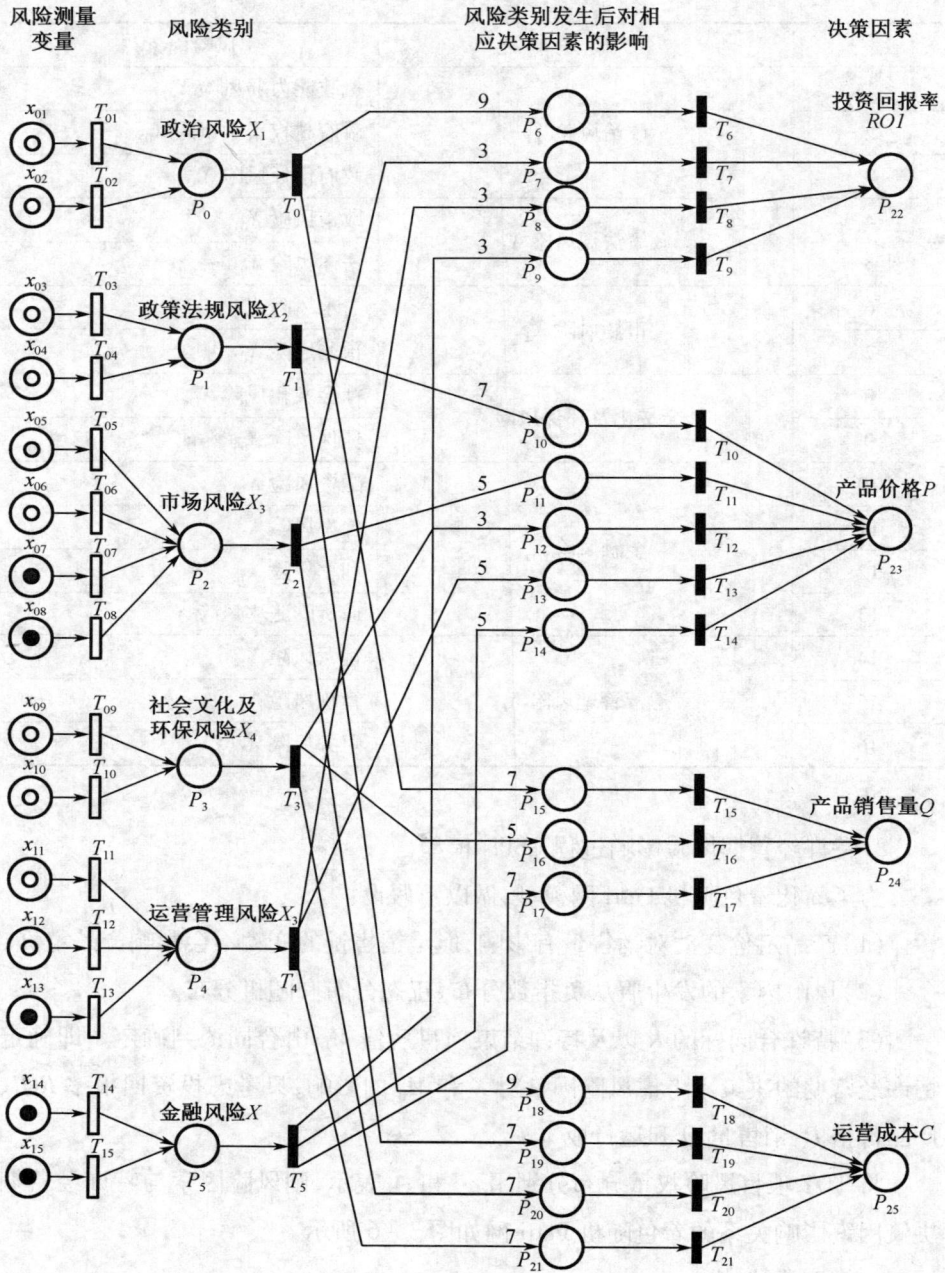

图 3－6　风险因素与特许经营期决策因素影响关系的着色随机 Petri 网

(1) $\sum = (P,T;F,W,M_0)$ 是一个 Petri 网；

(2) $P = \{x_{01}, x_{02}, \cdots, x_{16}, P_0, P_1, \cdots, P_{26}\}$；

(3) $T = \{T_{01}, T_{02}, \cdots, T_{15}, T_0, T_1, \cdots, T_{21}\}$；

(4) 颜色集合 $C = \{c_{01}, c_{02}, \cdots, c_{15}\}$；

(5) 变迁速率集合为 $\lambda = \{\lambda_{01}, \lambda_{02}, \lambda_{03}, \cdots, \lambda_{15}, 0, 0, \cdots, 0\}$，即 $T_{01} \sim T_{15}$ 变迁发生时延是参数为 λ_i 的随机变量，其他变迁均为瞬时变迁，变迁发生时延为 0。

弧关系为 F：

(x_{01}, T_{01})，(x_{02}, T_{02})，(x_{03}, T_{03})，(x_{04}, T_{04})，(x_{05}, T_{05})，(x_{06}, T_{06})，(x_{07}, T_{07})，(x_{08}, T_{08})，(x_{09}, T_{09})，(x_{10}, T_{10})，(x_{11}, T_{11})，(x_{12}, T_{12})，(x_{13}, T_{13})，(x_{14}, T_{14})，(x_{15}, T_{15})，

(T_{01}, P_0)，(T_{02}, P_0)，(T_{03}, P_0)，(T_{04}, P_1)，(T_{05}, P_2)，(T_{06}, P_1)，(T_{07}, P_2)，(T_{08}, P_2)，(T_{09}, P_3)，(T_{10}, P_3)，(T_{11}, P_4)，(T_{12}, P_4)，(T_{13}, P_4)，(T_{14}, P_5)，(T_{15}, P_5)，

(P_0, T_0)，(P_1, T_1)，(P_2, T_2)，(P_3, T_3)，(P_4, T_4)，(P_5, T_5)，

(T_0, P_6)，(T_0, P_{15})，(T_1, P_{10})，(T_1, P_{18})，(T_2, P_7)，(T_2, P_{11})，(T_2, P_{19})，(T_3, P_{12})，(T_3, P_{16})，(T_3, P_{20})，(T_4, P_8)，(T_4, P_{13})，(T_4, P_{21})，(T_5, P_9)，(T_5, P_{14})，(T_5, P_{17})，

(P_6, T_6)，(P_7, T_7)，(P_8, T_8)，(P_9, T_9)，(P_{10}, T_{10})，(P_{11}, T_{11})，(P_{12}, T_{12})，(P_{13}, T_{13})，(P_{14}, T_{14})，(P_{15}, T_{15})，(P_{16}, T_{16})，(P_{17}, T_{17})，(P_{18}, T_{18})，(P_{19}, T_{19})，(P_{20}, T_{20})，(P_{21}, T_{21})，

(T_6, P_{22})，(T_7, P_{22})，(T_8, P_{22})，(T_9, P_{22})，(T_{10}, P_{23})，(T_{11}, P_{23})，(T_{12}, P_{23})，(T_{13}, P_{23})，(T_{14}, P_{23})，(T_{15}, P_{24})，(T_{16}, P_{24})，(T_{17}, P_{24})，(T_{18}, P_{25})，(T_{19}, P_{25})，(T_{20}, P_{25})，(T_{21}, P_{25})

弧权重 W，除了下列弧之外，权重都是 1，即：

$F = \{f | f \in (T_{01}, P_0), (T_{02}, P_0), (T_{03}, P_1), (T_{04}, P_1), (T_{05}, P_1), (T_{06}, P_2), (T_{07}, P_2), (T_{08}, P_3), (T_{09}, P_3), (T_{10}, P_4), (T_{11}, P_4), (T_{12}, P_4), (T_{13}, P_4), (T_{14}, P_5), (T_{15}, P_5), (T_{16}, P_5), (T_0, P_6), (T_0, P_{13}), (T_0, P_{16}), (T_0, P_{18}), (T_1, P_{10}), (T_1, P_{15}), (T_1, P_{19}), (T_2, P_9), (T_2, P_{14}), (T_2, P_{17}), (T_3, P_{12}), (T_3, P_{21}), (T_4, P_7), (T_4, P_{11}), (T_4, P_{20}), (T_4, P_{21}), (T_5, P_8), (T_5, P_{22})\}$

$w(f) = 1, f \notin F$

$$w(T_{01},P_0)=\omega_{11},w(T_{02},P_0)=\omega_{12}$$

$$w(T_{03},P_0)=\omega_{13},w(T_{04},P_1)=\omega_{21},w(T_{05},P_1)=\omega_{22}$$

$$w(T_{06},P_2)=\omega_{31},w(T_{07},P_2)=\omega_{32}$$

$$w(T_{08},P_3)=\omega_{41},w(T_{09},P_3)=\omega_{42}$$

$$w(T_{10},P_4)=\omega_{51},w(T_{11},P_4)=\omega_{52},w(T_{12},P_4)=\omega_{53},w(T_{13},P_4)=\omega_{54}$$

$$w(T_{14},P_5)=\omega_{61},w(T_{15},P_5)=\omega_{62},w(T_{16},P_5)=\omega_{63}$$

$$w(T_0,P_6)=w(T_0,P_{13})=w(T_0,P_{16})=w(T_0,P_{18})=\omega_1$$

$$w(T_1,P_{10})=w(T_1,P_{15})=w(T_1,P_{19})=\omega_2$$

$$w(T_2,P_9)=w(T_2,P_{14})=w(T_2,P_{17})=\omega_3$$

$$w(T_3,P_{12})=w(T_3,P_{21})=\omega_4$$

$$w(T_4,P_7)=w(T_4,P_{11})=w(T_4,P_{20})=\omega_5$$

$$w(T_5,P_8)=w(T_5,P_{22})=\omega_5$$

初始标识 $M_0=\{c_{01},c_{02},\cdots,c_{15},0,0,\cdots,0\}$

5.模型静态含义

$x_{01}\sim x_{15}$分别表示选取的风险测量变量,$T_{01}\sim T_{15}$分别表示随机变迁,即分别表示 $x_{01}\sim x_{15}$ 风险变量的随机发生分布。

Token 在 $x_{01}\sim x_{15}$ 分别表示对应的风险事件,通过颜色集 $\{c_1,c_2,\cdots,c_{15}\}$ 加以区分。

库所 $P_0\sim P_5$ 分别表示风险类别:政治风险(X_1)、政策法规风险(X_2)、市场风险(X_3)、社会文化及环保风险(X_4)、金融风险(X_5)和运营管理风险(X_6)。

瞬时变迁 $T_0\sim T_5$ 分别表示风险类别中某个风险测量变量发生。

库所 $P_6\sim P_9$ 分别表示风险类别政治风险(X_1)、金融风险(X_5)、运营管理风险(X_6)和市场风险(X_3)对决策变量投资回报率的影响度;同样,$P_{10}\sim P_{14}$ 分别表示风险类别政策法规风险(X_2)、金融风险(X_5)、社会文化及环保风险(X_4)、政治风险(X_1)和市场风险(X_3)对决策变量产品销售价格的影响度,库所 $P_{15}\sim P_{17}$ 分别表示风险类别政策法规风险(X_2)、政治风险(X_1)和市场风险(X_3)对决策变量产品销售量的影响度,库所 $P_{18}\sim P_{22}$ 分别表示风险类别政治风险(X_1)、政策法规风险(X_2)、金融风险(X_5)、社会文化及环保风险(X_4)和运营管理风险(X_6)对决策变量运营成本的影响。这些影响通过变迁 $T_6\sim T_{21}$ 体现。

风险类别对决策因素的影响度通过对应弧上的数字表示,例如政治风险 X_1

对投资回报率 ROI 的影响度为 ω_1，表现为 $T_0 \sim P_6$ 弧上的数字"ω_1"。

不同颜色的 Token 在库所 $P_{22} \sim P_{26}$ 分别表示风险测量变量对相应决策变量的影响度。

6. 模型动态含义

模型通过 Token 在库所中的流动（变迁的发生将导致 Token 的流动）来模拟系统的动态性。

系统初态只有库所 $X_{01} \sim X_{15}$ 有 Token，并染色相应颜色。$M_0 = \{c_{01}, c_{02}, \cdots, c_{15}, 0, 0, \cdots, 0\}$。

当系统运行时，变迁 $T_{01} \sim T_{15}$ 等待一个随机时间 λ_i 后，变迁 $T_{01} \sim T_{15}$ 激发，变迁激发将消耗变迁输入库所的 Token，并向输出库所增加 Token，这样，随着变迁的不断激发，变迁 $T_0 \sim T_{21}$ 先后激发，从而相应的 Token（不同颜色的 Token 代表不同的风险因素，不能累加）会出现在库所 P_{22}、P_{23}、P_{24} 和 P_{25} 上，库所 P_{22}、P_{23}、P_{24} 和 P_{25} 分别对应特许经营期的决策变量：投资回报率、产品价格、产品销售量以及运营成本。

重复上述步骤，直到系统处于稳态状态，则库所 P_{22}、P_{23}、P_{24} 和 P_{25} 包含的相应颜色的 Token 数便是特许经营期的决策变量（投资回报率、产品价格、产品销售量以及运营成本）受到风险影响的平均状态。即通过分析库所 P_{22}、P_{23}、P_{24} 和 P_{25} 包含的相应颜色的 Token 数分析风险因素对决策因素的影响。

7. 模型变迁发生规则

变迁 T_i 激发之后，Token 在 CSPN 中的分布会发生变化，即标识 $M \rightarrow M'$：

$$M'(s) = \begin{cases} M(s) - W(s,t) & s \in \dot{t} - \ddot{t} \\ M(s) + W(s,t) & s \in \ddot{t}. -t \\ M(s) - W(s,t) + W(t,s) & s \in \dot{t} \cap \ddot{t} \\ M(s) & s \notin \dot{t} \cup \ddot{t} \end{cases} \qquad (3-7)$$

式中　$\dot{t}$——变迁 t 的输入集；

　　　$\ddot{t}$——变迁 t 的输出集。

3.5.2　模型仿真

1. 仿真过程

模型的仿真首先需要建立基于着色随机 Petri 网的风险影响过程模型，然后根据风险发生的平均值及标准差,通过计算机随机产生服从正态分布的随机数,然后对该着色随机 Petri 网的影响过程模型进行仿真。每一次仿真过程都会将随机产生的风险因素(用相应颜色的 Token 表示)根据风险影响过程模型体现到特许经营期的决策变量上(用相应库所包含相应颜色的 Token 表示),这样,在仿真次数足够多的情况下,可以模拟出风险因素对决策因素的影响情况,以及风险因素的发生概率分布。详细仿真过程如图 3 - 7 所示。

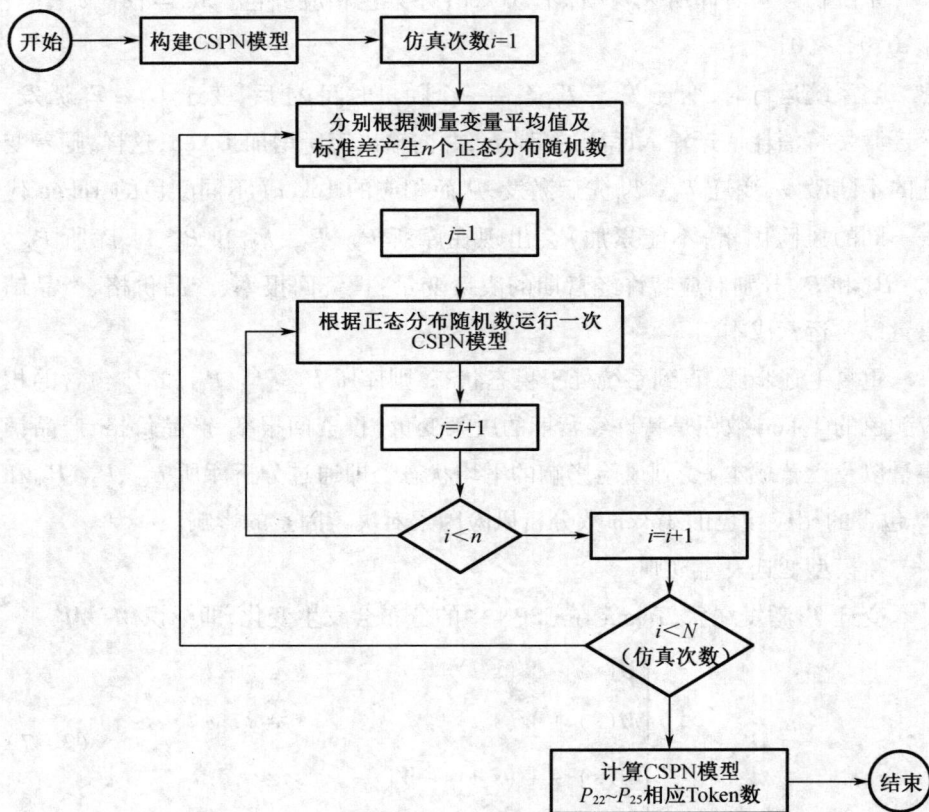

图 3 - 7　基于 CSPN 的风险影响模型仿真过程

2. 正态分布 C#算法

根据正态分布随机数产生算法以及计算机仿真过程,给出正态分布 C#算法如下:

```
using System. IO;
using System;
```

```
using System. Data;
public class GaussianRNG
{
    int iset;
    double gset;
    Random r1, r2;
    public GaussianRNG()
    {
        r1 = new Random(unchecked((int)DateTime. Now. Ticks));
        r2 = new Random( ~ unchecked((int)DateTime. Now. Ticks));
        iset = 0;
    }
    public double Next()
    {
        double fac, rsq, v1, v2;
        if (iset = = 0) {
            do {
                v1 = 2. 0 * r1. NextDouble() - 1. 0;
                v2 = 2. 0 * r2. NextDouble() - 1. 0;
                rsq = v1 * v1 + v2 * v2;
            } while (rsq > = 1. 0 || rsq ==0. 0);

            fac = Math. Sqrt( - 2. 0 * Math. Log(rsq)/rsq);
            gset = v1 * fac;
            iset = 1;
            return v2 * fac;
        } else {
            iset = 0;
            return gset;
        }
}
```

```
        }
    }
```

3. 风险发生概率与影响度

风险发生概率的数据来源于杨卫华对政治风险、政策法规风险、市场风险、社会文化及环保风险、金融风险和运营管理风险 6 类风险因素发生情况的调查研究。

正态分布是最重要的概率分布之一,在正态分布中,如果估计出风险变量变化在任意范围之间,平均值出现的可能性及各种数值出现的机会均等,则可用正态分布来描述。构成正态分布的 3 个条件包括:

(1)某些取值是最有可能(分布平均值);

(2)随机变量可能在平均值之上,也可能在平均值之下(与平均值对称);

(3)随机变量更可能接近平均值而不是远离平均值。

本书采用杨卫华的调查结果作为风险发生概率,如表 3 – 10 所示。

表 3 – 10   风险类别与风险测量变量均值及标准差

编号	风险类别	风险因素	均值	标准差
1	政治风险 X_1	执政能力弱风险 X_{01}	2. 279 1	0. 872 4
2		政府越权干预风险 X_{02}	2. 629 8	0. 575
3		政府信任风险 X_{03}	2. 826 7	0. 756 2
4	政策法规风险 X_2	政策风险 X_{04}	3. 246 5	0. 688 7
5		法律风险 X_{05}	2. 279 1	0. 870 7
6	市场风险 X_3	需求风险 X_{06}	3. 302 3	0. 872 9
7		预测风险 X_{07}	3. 726 7	0. 865 7
8	社会文化及	社会文化风险 X_{08}	2. 947 7	0. 893 5
9	环保风险 X_4	环保风险 X_{09}	2. 351 7	0. 606 8
10	金融风险 X_5	融资风险 X_{10}	2. 398 3	0. 483 5
11		汇率风险 X_{11}	2. 255 8	0. 555 4
12		利率风险 X_{12}	2. 325 6	0. 528 5
13		通货膨胀率风险 X_{13}	2. 476 7	0. 566 7
14	运营管理风险 X_6	运营风险 X_{14}	2. 875	0. 725 7
15		管理风险 X_{15}	3. 034 9	0. 954 5
16		财务风险 X_{16}	2. 976 7	0. 752 8

风险因素对决策因素的影响程度与项目特征有关,采用表 3 – 8 中 TOT 项

目风险权重分布作为风险度。

3.5.3 仿真结论

仿真 10 万次,得出如下结果:

1. 决策因素受风险测量变量的影响情况分析

决策因素受风险测量变量的影响情况见表 3 – 11。

表 3 – 11　决策因素受风险测量变量的影响情况

决策因素	风险类别	风险因素	风险颜色	风险发生数	发生率/%
投资回报率 ROI	政治风险(X_1)	执政能力弱风险 X_{01}	c_1	2 733 440	4.059
		政府越权干预风险 X_{02}	c_2	2 369 960	3.519
		政府信任风险 X_{03}	c_3	2 035 400	3.022
	市场风险(X_3)	需求风险 X_{06}	c_6	848 610	1.171
		预测风险 X_{07}	c_7	923 400	1.327
	金融风险(X_5)	融资风险 X_{10}	c_{10}	988 170	1.170
		汇率风险 X_{11}	c_{11}	788 120	1.170
		利率风险 X_{12}	c_{12}	790 600	1.174
		通货膨胀率风险 X_{13}	c_{13}	790 830	1.174
	运营管理风险(X_6)	运营风险 X_{14}	c_{14}	787 720	1.170
		管理风险 X_{15}	c_{15}	789 790	1.173
		财务风险 X_{16}	c_{16}	785 400	1.166
产品价格 P	法律法规风险(X_2)	政策风险 X_{04}	c_4	2 141 600	2.735
		法律风险 X_{05}	c_5	1 844 710	2.739
	市场风险(X_3)	需求风险 X_{06}	c_6	1 314 340	1.952
		预测风险 X_{07}	c_7	1 489 000	2.211
	社会文化及环保风险(X_4)	社会文化风险 X_{08}	c_8	595 910	1.330
		环保风险 X_{09}	c_9	494 320	1.328
	金融风险(X_5)	融资风险 X_{10}	c_{10}	1 513 620	1.951
		汇率风险 X_{11}	c_{11}	1 313 530	1.950
		利率风险 X_{12}	c_{12}	1 317 660	1.957
		通货膨胀率风险 X_{13}	c_{13}	1 318 060	1.957
	运营管理风险(X_6)	运营风险 X_{14}	c_{14}	1 312 860	1.949
		管理风险 X_{15}	c_{15}	1 316 310	1.955
		财务风险 X_{16}	c_{16}	1 309 000	1.944

表 3-11（续）

决策因素	风险类别	风险因素	风险颜色	风险发生数	发生率/%
产品销售量 Q	政治风险(X_1)	执政能力弱风险 X_{01}	c_1	2 126 010	3.157
		政府越权干预风险 X_{02}	c_2	1 843 300	2.737
		政府信任风险 X_{03}	c_3	2 847 320	4.228
	市场风险(X_3)	需求风险 X_{06}	c_6	1 940 080	2.732
		预测风险 X_{07}	c_7	2 184 600	3.095
	社会文化及环保风险(X_4)	社会文化风险 X_{08}	c_8	1 293 190	2.217
		环保风险 X_{09}	c_9	1 090 540	2.213
运营成本 C	法律法规风险(X_2)	政策风险 X_{04}	c_4	2 367 770	3.516
		法律风险 X_{05}	c_5	2 371 770	3.522
	社会文化及环保风险(X_4)	社会文化风险 X_{08}	c_8	1 690 460	3.104
		环保风险 X_{09}	c_9	1 486 750	3.099
	金融风险(X_5)	融资风险 X_{10}	c_{10}	2 139 070	2.731
		汇率风险 X_{11}	c_{11}	1 838 940	2.731
		利率风险 X_{12}	c_{12}	1 844 730	2.739
		通货膨胀率风险 X_{13}	c_{13}	1 845 280	2.740
	运营管理风险(X_6)	运营风险 X_{14}	c_{14}	1 838 010	2.729
		管理风险 X_{15}	c_{15}	1 842 830	2.736
		财务风险 X_{16}	c_{16}	1 832 610	2.721

2. 决策因素受风险类别的影响情况分析

决策因素受风险类别的影响情况见表 3-12。

表 3-12　决策因素受风险类别的影响情况

决策因素	风险类别	风险发生数	发生率/%
投资回报率 ROI	政治风险(X_1)	7 138 800	10.762
	市场风险(X_3)	1 682 010	2.671
	金融风险(X_5)	3 157 720	5.062
	运营管理风险(X_6)	2 362 910	3.562

表3-12(续)

决策因素	风险类别	风险发生数	发生率/%
产品价格 P	政策法规风险(X_2)	3 686 310	6.009
	市场风险(X_3)	2 803 340	4.226
	社会文化及环保风险(X_4)	1 790 230	1.644
	金融风险(X_5)	5 262 870	8.235
	运营管理风险(X_6)	3 938 170	5.937
产品销售量 Q	政治风险(X_1)	6 816 630	10.276
	市场风险(X_3)	3 924 680	6.218
	社会文化及环保风险(X_4)	2 983 730	3.593
运营成本 C	政策法规风险(X_2)	4 739 540	7.145
	社会文化及环保风险(X_4)	4 177 210	4.790
	金融风险(X_5)	7 368 020	11.559
	运营管理风险(X_6)	5 513 450	8.311

风险类别对决策变量的影响分布情况如图3-8所示。

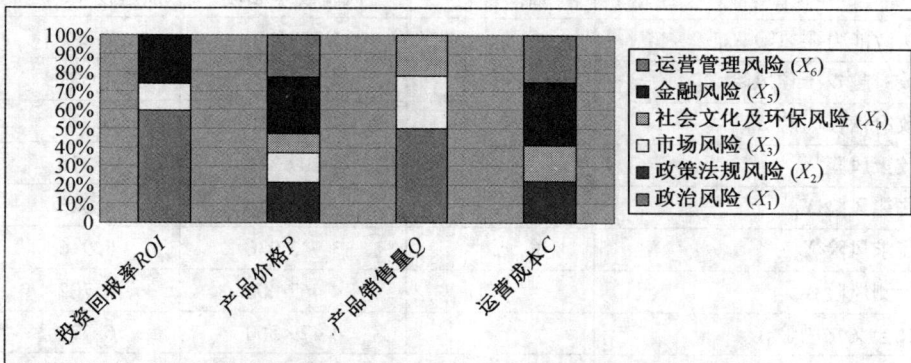

图3-8 风险类别对决策变量的影响分布情况

3. 风险类别对决策变量的影响情况分析

风险类别对决策变量的影响情况如图3-9所示。

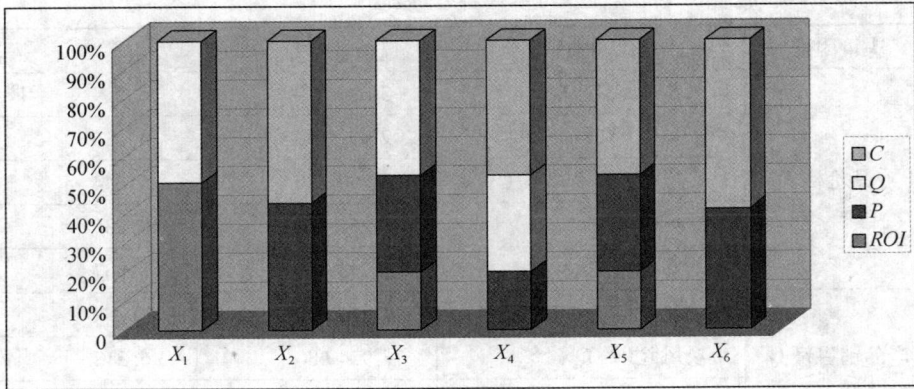

图3-9　风险类别对决策变量的影响情况

4. 风险测量变量对特许经营期的影响情况分析

风险测量变量对特许经营期的影响情况见表3-13。

表3-13　风险测量变量对特许经营期的影响情况

风险名称	风险颜色	风险发生频数	风险发生率/%
执政能力弱风险 X_{01}	c_1	4 859 450	7.291
政府越权干预风险 X_{02}	c_2	4 213 260	6.322
政府信任风险 X_{03}	c_3	4 186 510	6.281
政策风险 X_{04}	c_4	4 209 370	6.316
法律风险 X_{05}	c_5	4 216 470	6.326
需求风险 X_{06}	c_6	3 943 030	5.916
预测风险 X_{07}	c_7	4 467 000	6.702
社会文化风险 X_{08}	c_8	4 479 560	6.721
环保风险 X_{09}	c_9	4 471 610	6.709
融资风险 X_{10}	c_{10}	3 940 870	5.913
汇率风险 X_{11}	c_{11}	3 940 580	5.912
利率风险 X_{12}	c_{12}	3 952 990	5.931
通货膨胀率风险 X_{13}	c_{13}	3 954 170	5.933
运营风险 X_{14}	c_{14}	3 938 590	5.909
管理风险 X_{15}	c_{15}	3 948 930	5.925
财务风险 X_{16}	c_{16}	3 927 010	5.892

3.5.4　风险评估

风险评估见表3-14至表3-16。

表3-14　风险测量变量对特许经营期影响评估表

编号	风险因素	风险影响度	风险影响率/%	风险等级
1	政府信任风险 X_{03}	4 882 720	7.361	一级风险
2	执政能力弱风险 X_{01}	4 859 450	7.326	
3	融资风险 X_{10}	4 640 860	6.996	二级风险
4	预测风险 X_{07}	4 597 000	6.930	
5	政策风险 X_{04}	4 509 370	6.798	
6	法律风险 X_{05}	4 216 480	6.356	三级风险
7	政府越权干预风险 X_{02}	4 213 260	6.351	
8	需求风险 X_{06}	4 103 030	6.185	
9	通货膨胀率风险 X_{13}	3 954 170	5.961	四级风险
10	利率风险 X_{12}	3 952 990	5.959	
11	管理风险 X_{15}	3 948 930	5.953	
12	汇率风险 X_{11}	3 940 590	5.940	
13	运营风险 X_{14}	3 938 590	5.937	
14	财务风险 X_{16}	3 927 010	5.920	
15	社会文化风险 X_{08}	3 579 560	5.396	五级风险
16	环保风险 X_{09}	3 071 610	4.630	

表3-15　风险类别对特许经营期影响评估表

风险类别	风险影响度	风险影响率/%	风险等级
金融风险(X_5)	16 488 610	24.856	一级风险
政治风险(X_1)	13 955 430	21.038	
运营管理风险(X_6)	11 814 530	17.810	二级风险
政策法规风险(X_2)	8 725 850	13.154	
市场风险(X_3)	8 700 030	13.115	
社会文化及环保风险(X_4)	6 651 170	10.027	三级风险

表 3 – 16　决策变量受风险影响情况表

编号	决策变量	受风险影响情况	影响率/%
1	投资回报率 ROI	12 306 030	0.197 0
2	产品价格 P	17 480 930	0.279 9
3	产品销售数量 Q	10 877 710	0.174 1
4	运营成本 C	21 798 210	

3.6　项目集成融资风险动态集成化管理研究

2010 年,叶晓甦在系统论、全寿命周期理论和全面风险管理理论的基础上,结合 PPP 项目特点,建立了风险管理流程的功能模块,综合有风险管理流程支撑的风险管理数据库和风险管理要素集成系统这两个子系统,提出了动态集成化风险管理模型,将 PPP 项目融资风险管理的动态性和集成化相结合,为 PPP 模式的风险管理提供了具有普适性的模式。

3.6.1　基于全生命周期理论的动态集成化风险管理

1. 动态风险管理

对于 PPP 项目而言,结合 PPP 项目的特殊性,其动态风险管理主要体现在以下几个方面:①风险管理活动自身的动态性;②从项目立项到可行性研究阶段、招投标阶段、融资阶段、建设阶段、运营移交直至项目寿命终点为止的全过程的风险管理;③和项目管理一样,风险管理贯穿于项目整个生命周期始终,是各阶段连续的风险管理,从理论上讲,其风险管理的各要素均是时间的函数;④只存在于某特定阶段的阶段性风险和贯穿项目始终的全过程风险共同存在于 PPP 项目的全生命周期内,而且这些风险体现在不同阶段的影响程度具有差异性;⑤每一个 PPP 项目都是一个新的开始,而且不同项目表现出来的动态的状态也会有所不同,主导因素也不同,对于 PPP 项目没有完全相同的或是固定的 PPP 项目风险管理模式;⑥动态的风险管理活动则需要有动态的风险管理的要素与之相应。于是,在已有的将风险管理与项目实施全过程相结合的动态的面向过程的风险管理框架体系的基础上,运用动态风险管理的思想,结合 PPP 项目全生命周期的界定,融入 PPP 项目动态风险管理的思想,构成 PPP 项目的面向过程的动态风险管理体系框架,如图 3 - 10 所示。

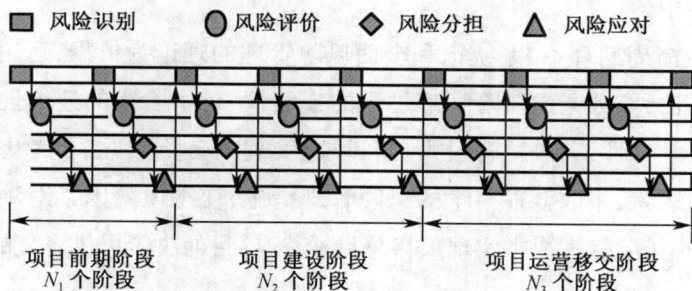

图 3 - 10　PPP 项目面向过程的动态风险管理体系框架

2. 集成化风险管理

对于集成,可以理解为两个或两个以上的要素集合成为一个有机整体,这种集成不是要素之间的简单叠加,而是要素之间的有机组合,即按照某一集成规则进行的组合和构造,其目的在于提高系统的整体功能。近年来,随着项目管理方法和技术的发展,项目管理也开始向集成化和一体化方向发展,并以系统论为基础,对项目集成化管理的基础、方法、基本要求和信息系统的建立等方面做了初步的研究。

风险管理作为项目管理的重要内容之一,贯穿项目的全寿命周期,与项目管理在信息的产生、处理等方面属于同一过程,因此也向综合、集成化方向发展。集成化风险管理实质上就是将集成化思想创造性地应用于项目风险管理活动中。集成化风险管理以系统论和全面风险管理的理论为依据,运用风险管理的技术和方法,通过对投入项目风险管理的有限的人力、物力、财力等资源进行有效整合,综合考虑影响项目的各个风险因素,采取合理科学的风险管理措施,使得风险因素对项目的影响最小,实现风险管理成本最小化的目标,为项目的决策提供充分的依据。

3. 动态集成化风险管理

基于以上分析的全寿命周期理论的动态风险管理和全面风险管理理论的集成化风险管理,结合 PPP 项目融资的特点,认为应对 PPP 项目进行基于全生命周期的动态集成化风险管理。动态集成化风险管理的实质就是在项目的整个寿命周期内,考虑时间变化的因素和项目发展的连续性,全方位管理风险的影响因素,将集成化思想创造性地应用于面向项目全过程的、全方位的动态风险管理活动中。

以全生命周期理论、系统论和全面风险管理的理论为依据,运用风险管理的技术和方法,充分考虑风险管理过程的连续性、各个阶段的连续性以及风险管理活动的动态性,有效整合投入项目风险管理的各要素,综合考虑影响项目的各个风险因素,采取合理科学的风险管理措施,使得风险因素对项目的影响最小,以最小风险管理成本实现项目总目标,为项目的决策提供充分的依据。

3.6.2　PPP 项目动态集成化风险管理模式的建立

1. 风险管理数据库系统的构建

PPP 项目融资风险管理就是对 PPP 融资项目风险进行识别、分析和应对的系统性过程。它既包括将负面事件的概率和影响结果压缩到最小,又包括把正面事件的概率和影响结果扩展到最大。作为 PPP 项目动态集成化风险管理,应该基于系统思维的角度来认识和分析项目风险,从系统过程的视角来管理项目风险。

按照系统论的观点,PPP 项目动态集成化风险管理过程要经由若干主要阶段来实现。因此,结合国内学者针对我国实际情况提出的项目风险管理流程,特别是结合大型高风险项目管理的实践,本书将 PPP 项目集成化风险管理流程体系分为风险管理规划、风险识别、风险评价、风险应对、风险监控、风险管理评审 6 个阶段,如图 3 - 11 所示(图中单向箭头表示风险管理操作流程,双向箭头表示信息流)。由此,构建一个风险管理数据库,各环节组成相应的功能模块,数据库中心从各功能模块上收集信息,进行整合和调整,再发出信息,然后再信息反馈,通过这样一个循环反复的过程来实现风险管理的全面性和持续性。

2. 风险管理要素集成系统的构建

风险管理强调目标、组织、方法、信息及文化等要素的集成性。以系统工程论为依据,PPP 项目风险管理系统包括管理的目标、组织、方法、信息及文化 5 大要素的系统性和集成性,于是,本书构建 PPP 项目风险管理 5 大要素的集成:集成风险管理目标、集成风险管理组织、集成风险管理方法、集成风险管理信息、集成风险管理文化。PPP 项目风险管理要素集成如图 3 - 12 所示。

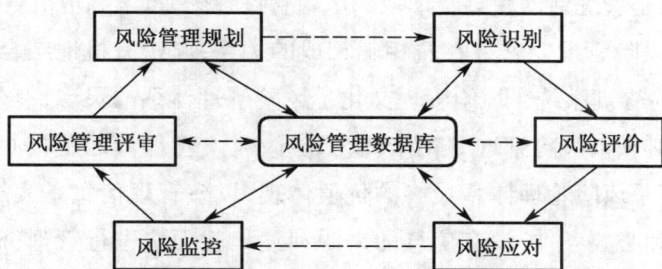

图 3 – 11　PPP 项目集成化风险管理流程图

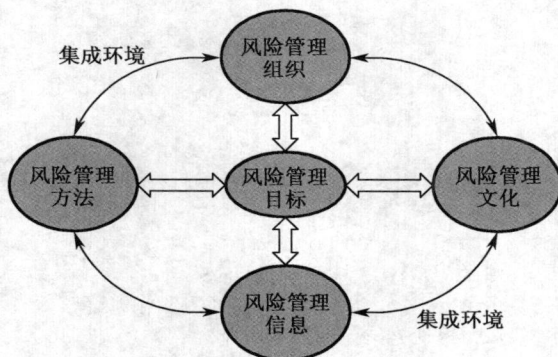

图 3 – 12　PPP 项目风险管理要素集成

　　PPP 项目风险管理的目标是综合考虑全生命周期内影响项目的各个风险因素,采取科学合理的风险管理措施,以最小的风险管理成本实现项目的全寿命周期目标。PPP 项目的全寿命周期目标主要包括成本目标、进度目标、质量目标以及不可忽视的社会目标,以及各目标之间的相互作用和影响。就 PPP 项目的目标而言,从目标层次分解来看 PPP 项目的目标有两种:一是低层次目标,指特定项目的短期目标;二是高层次目标,指引入私人部门参与基础设施建设的综合长期合作的目标。公共部门是为了有效利用资金、改善设施/服务水平、提高效率,民营部门是为了增加市场占有份额,而总体是以提供高效设施/服务为目标。PPP 项目风险管理组织包括组织结构、组织形式、组织制度和组成成员。风险管理方法分为定性分析方法和定量分析方法,包括德尔菲法和蒙特卡洛模拟法等。风险管理信息则包括了影响风险管理活动的数据与资料。风险管理文化是通过风险管理战略、风险管理制度以及风险管理行为表现出来的一种整体文化,是管理活动中逐步形成的风险管理理念、哲学和价值观。

这5个风险管理要素存在着相辅相成的关系,紧密有机地结合,共同组成 PPP项目风险管理系统。风险管理文化是风险管理体系的灵魂,有效的风险管 理体系建设必须以风险管理文化培育为先导;风险管理目标是核心,又是管理 活动的动力,是风险管理体系最终的价值体现;风险管理信息是实施风险管理 活动的基础和必要条件,没有信息的来源和搜集就无法进行管理;而风险管理 组织则是前提和基础,风险管理方法则是手段。组织、方法、信息和文化共同组 成实现目标的环境系统,以实现PPP项目全寿命周期的总体目标。

第4章 PPP 项目融资利益相关者利益关系

4.1 PPP 项目融资利益相关者分析

PPP 项目融资中的利益相关者是指在 PPP 项目融资的全过程中,能够影响项目融资的实现或受项目融资影响的团体或个人,通常包括政府、项目公司、项目使用方、贷款方、保险商、运营商、供应商、信托公司等。PPP 项目融资的每个参与者都有自己的目的和动机,例如:政府采用 PPP 的动机通常是利用民间资金解决基础设施资金短缺的问题,以及发挥民营公司的高效率,获得项目所带来的社会经济效益,改善设施和服务水平;而民营企业的动机主要是通过资金和管理优势,获得项目的经营权,赚取利润,并进一步扩大市场占有率。本章重点分析政府、项目公司和项目使用方对 PPP 项目融资的影响。

图 4－1 为 PPP 项目融资的典型合同结构。

4.1.1 政府对 PPP 项目融资的影响因素分析

政府是经营性公共基础设施的真正拥有者。政府将选定的经营性公共基础设施项目以公开招标的方式向社会投资者进行 PPP 模式的招标,政府不仅在招标文件中对于项目的特许经营期、特许经营权、项目单价等进行了规定,同时还会提供法律法规、政策等方面的支持。一般来说,政府可以为项目融资提供减免税收或者特许兑换外币等优惠政策,提供土地、水电等配套基础设施,同时政府也可以成为项目产品的买主或者用户。由于政府在 PPP 项目融资中有着重要的作用,一定程度上会为 PPP 项目融资实施带来较大的政治风险。政府在 PPP 项目融资过程中的表现也是融资能否成功的关键。政府对 PPP 项目融资的影响因素见表 4－1。

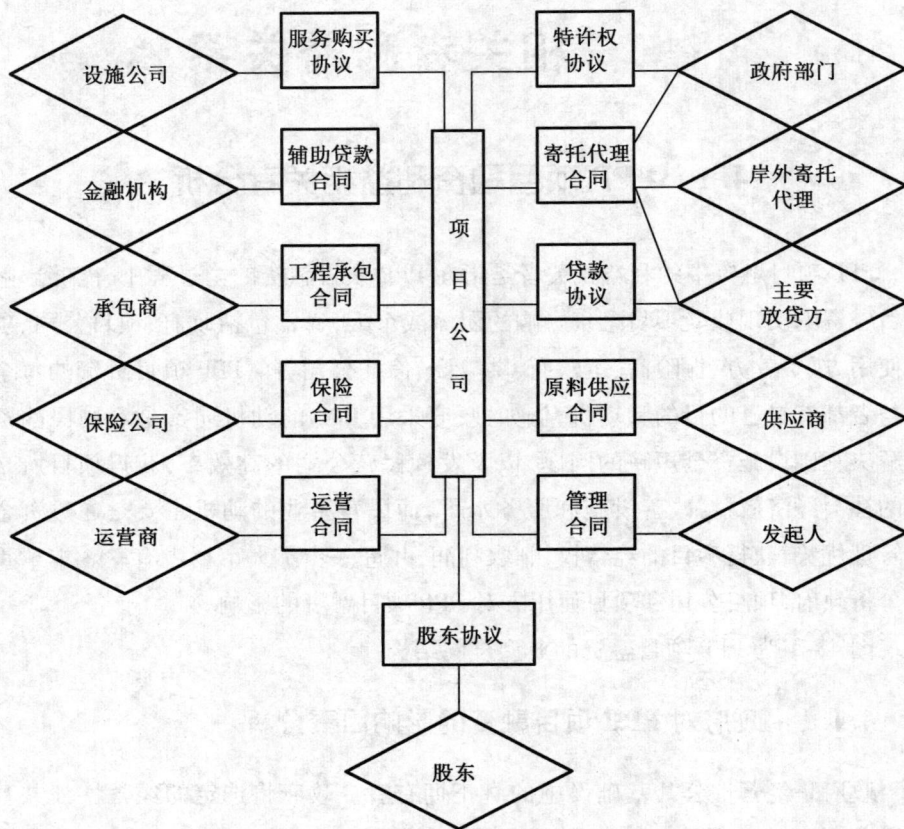

图4-1　PPP项目融资的典型合同结构

表 4 –1　政府对 PPP 项目融资的影响因素

因素	内容
法律规制与 政策支持情况	PPP 项目融资发展的宏观政策的稳定性和连续性 PPP 项目融资的操作程序规范程度 特许权协议的规范程度 政府义务的明确程度 PPP 项目融资的专业人员培养支持
环境保障与 资金支持情况	投融资环境稳定性 经济体制 针对投资者利益的相关法律 国内资本市场完善度 国内投标环境竞争规范程度 政治环境 政府信誉
政府保证与政府信用	项目投资的后勤保证 禁止同一地区同类项目竞争保证 投资回报率的保障程度 利率和汇率担保
政府 PPP 项目融资的 管理水平	政府相关专业融资人员数量和素质 政府相关案例经验 政府合作意识 政府对项目的规划、设计和建设 主管部门的方针和目标 政府对项目融资过程的控制情况

4.1.2　项目公司对 PPP 项目融资的影响因素分析

项目公司是指项目在特定期限内的全部或部分经营权协议达成之后,项目的中标者与 SPV 或直接与项目所在国政府成立的一个负责项目的经营管理和日常维护的公司,并且由项目公司向政府支付资金。政府可以利用获得的资金进行新项目的建设,也可以用其偿还其他项目的欠款。项目公司根据所获得的授权对实施 PPP 融资方式的项目进行运营,而项目公司的资金来源主要是项目在特许经营期内所获得的收入。这笔收入既是项目公司偿还借款的保证,又是项目公司获得利润的保证。因此,项目公司对 PPP 项目融资的影响因素主要与中标企业有关。

企业在做出参与 PPP 项目的决策时必须要保证投资决策的科学性和投资的成功率,切忌盲目投资。在政府对项目公开招标后,企业是否参与投资除了招标文件的内容外,必须要考虑项目所在地的政治环境、经济环境和行业现状、企业自身条件、项目现状等内容,并进行技术和经济的可行性研究以便获得贷款。

结合对国内外 PPP 项目融资案例的研究,中标企业对于 PPP 项目融资的影响因素主要有以下几个:

(1)财务方案对于项目财务分析的合理性;

(2)技术方案是否满足最低技术规范要求;

(3)从事 PPP 项目融资以及运营和维护项目的相关经验;

(4)项目融资所必备的股本金或筹措股本金的能力以及在建议书中的肯定程度;

(5)银行的支持程度;

(6)项目单价;

(7)法律方案。

上述因素也是社会投资者参与 PPP 项目融资投标时政府所关注的重点。

4.1.3　项目使用方(用户)对 PPP 项目融资的影响因素分析

项目使用方(用户)是项目的最终环节。项目运营阶段的收益是项目公司还本付息取得利润的主要来源,而项目的收益主要取决于项目使用方的总支付,因此项目使用方对 PPP 项目融资的影响因素主要包括:

(1)项目使用方对项目单价的接受程度;

(2)项目使用方对项目的使用频率;

(3)项目使用方对项目的使用量;

(4)项目产品的需求弹性。

如果运营期预期收益不足以保证项目公司还本付息的要求,项目对于社会资本的吸引力将大大降低,很有可能使得项目融资无法实现。

4.1.4 贷款方对 PPP 项目融资的影响因素分析

一般来看,采用 PPP 融资方式的项目,项目的贷款金额比较大,贷款人承担的风险较大,因此经常采用辛迪加贷款,即由来自不同国家的多家银行组成银团对项目贷款,从而降低项目的政治风险。

对于项目公司来说,选择合适的贷款方也是一个关键的环节。首先,要选择与项目发起人有业务往来,对公司较为了解和友好的银行。尽管贷款方只考虑项目融资的可行性和收益是否能够如期偿还贷款,但经验表明,如果贷款方与项目公司合作关系良好,并且对公司的还款能力、盈利能力有充足信心,那么在项目运营过程中发生不利情况(如资金短缺或其他事故等)时,也比较容易获得贷款方的理解和支持。其次,要选择对项目所属行业有一定了解的银行,这样能够较为清楚地判断项目的风险。因此,贷款方对 PPP 项目融资的影响因素包括:

(1)贷款方对项目所属行业的了解程度;

(2)贷款方与项目公司的合作关系;

(3)贷款方对项目公司的评价和信心。

4.1.5 保险商对 PPP 项目融资的影响因素分析

PPP 融资方式的项目的巨大资金数额以及未来许多难以预料的不利因素,要求项目融资的各个参与方确定各自所面临的主要风险,并根据需要进行投保。因此,保险商成了项目风险的主要分担方。许多国家的政府设立了官方或半官方的保险机构,如美国的 OPIC 海外私人投资公司,法国的法国保险公司,英国的出口信贷担保署等对本国的对外投资或贷款等提供保险,承保一般商业保险公司所不承保的商业、政治和外汇风险。有的私营公司往往把取得这种保险作为向外投资或贷款的先决条件。因此,保险商对 PPP 项目融资的影响因素包括:

(1)保险合同范围;

(2)保险有效性;

(3)保险收费。

4.1.6 其他利益相关者

1.运营商

对于项目的运营和维护,项目公司既可以自己进行,也可以交给专业的运营商,由运营商承担项目运营、管理和维护工作,这样可以转移部分项目运营风险,如原材料供应和价格风险、市场需求风险和销售量风险。

2. 供应商

供应商包括原材料供应商和设备供应商等,其收益主要来源于供应合同,因此对项目的经济效益不太关心,这样便使得项目公司通常将供应合同作为决策手段之一。例如,设备的供应一般与贷款捆绑在一起,一方面放贷方可以为本国企业开辟国外市场,另一方面借款方可以获得出口信贷等优惠贷款。

3. 信托公司

信托公司是指那些能为 PPP 项目公司融资提供担保服务的机构,主要包括国内外的基金组织、金融机构和公司等。

4.2 PPP 现金流决策因素分析

4.2.1 决策模型

PPP 项目时间与净现值关系如图 4－2 所示,图中,$0 \sim t_0$ 为项目建设期,$t_1 \sim t_2$ 为特许经营期。

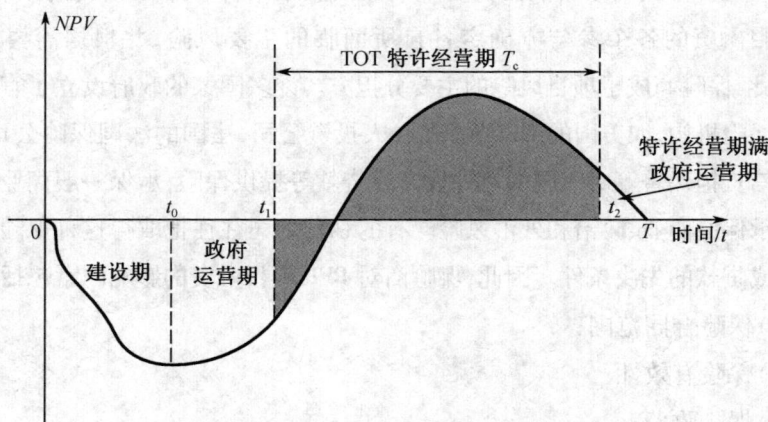

图 4－2 PPP 项目时间与净现值关系

由特许经营期 NPV(Net Present Value,净现值)计算公式:

$$NPV = \sum_{i=1}^{T_c} \frac{CI_i - CO_i}{(1+r)^i} = \sum_{i=1}^{T_c} \frac{P_i \times Q_i - C_i}{(1+r)^i} \quad (i = 1, 2, 3, \cdots, T_c) \quad (4-1)$$

$$r = \frac{1+i}{1+I} - 1$$

式中 i——银行贷款利率;

$\quad\quad I$——通货膨胀率。

NPV 的影响因素是产品定价 P、项目销售量 Q、贴现率 r、运营成本 C,以及特许经营期 T_c。

对于政府来说,需要计算自己运营和特许运营的项目净现值。

政府自己运营:

$$NPV_G = \sum_{i=t_1}^{T} \frac{CI_i - CO_i}{(1+r)^i} \quad\quad (4-2)$$

式中 T——项目生命周期。

采用特许方式:

$$NPV'_G = K + \frac{M_0}{(1+r)^{T_c}} \quad\quad (4-3)$$

式中 K——特许权价值。

对政府来讲,必须满足式 $NPV_G \geqslant NPV'_G$,即

$$K + \frac{M_0}{(1+r)^{T_c}} \geqslant \sum_{i=t_1}^{T} \frac{CI_i - CO_i}{(1+r)^i} \quad\quad (4-4)$$

对于项目公司而言,需要满足:

$$K \geqslant \sum_{i=1}^{T_c} \frac{CI_i - CO_i}{(1+ROI)^i}$$

或

$$K \times ROI \geqslant \sum_{i=1}^{T_c} \frac{CI_i - CO_i}{(1+r)^i} \quad\quad (4-5)$$

式中 ROI——投资回报率。

则式(4-4)和式(4-5)的解便是特许经营期的可行域。

4.2.2 PPP 项目净现金流分析

按照系统工程方法论,把特许经营期内的 PPP 项目视作一个独立系统,将系统的净现金流量作为测量 PPP 项目经济强度和特许经营期长度的重要指标。

PPP 项目特许经营期内的净现金流受系统相关变量的影响,这些变量包括:

(1)项目投资费用;

(2)项目产品的销售收入(数量×价格)及其他市场因素;

(3)项目的非现金成本,包括折旧、摊销等;

(4)其他项目成本,如管理费用、技术专利使用费、市场营销费用等;

(5)流动资金需求量与周转时间;

(6)公司所得税及其他各种税收,如资源税、营业税等;

(7)通货膨胀因素;

(8)融资成本,包括利率、金融租赁成本等;

(9)其他不可预见费用。

这些变量之间的关系如图 4 - 3 所示。

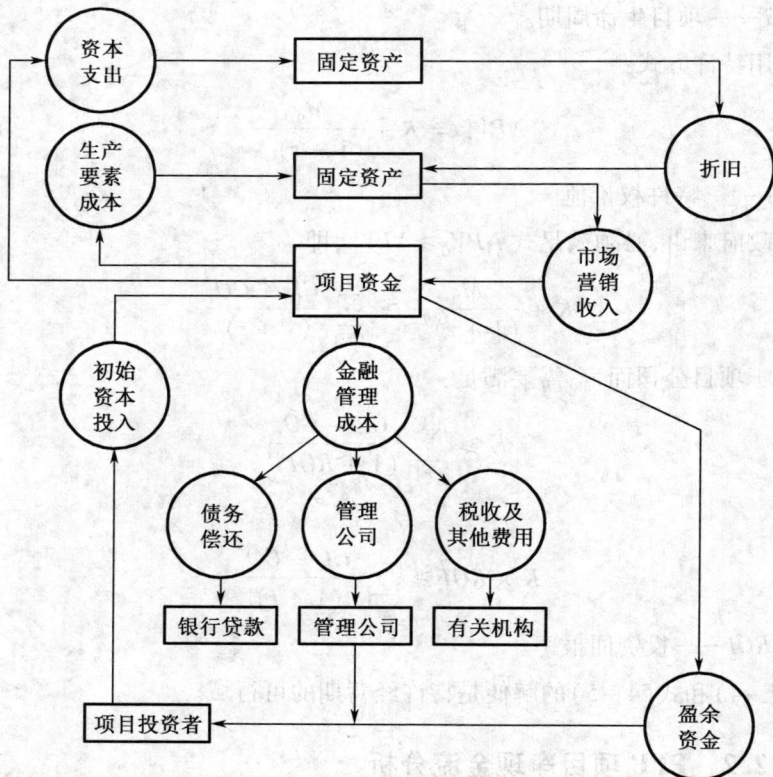

图 4 - 3　PPP 项目特许经营期内净现金流模型结构

4.2.3　特许经营期决策因素

1. PPP 项目决策因素分析

综合文献,结合 PPP 特许经营期 NPV 模型,经营性公共基础设施特许经营期的影响因素除了政府特许经营的主要目标外,还有以下影响因素:

(1)特许权价值,即特许合同标的 K;

(2)项目残值 M_0;

(3)产品销售价格(产品定价)P。

影响产品销售价格的因素:

①需求量;

②分红;

③外汇;

④运营成本;

⑤通货膨胀率;

⑥利率;

⑦市场供应状况;

⑧国家价格政策;

⑨投资回报率。

(4)项目销售量 Q

影响项目销售量的因素:

①收费价格;

②市场供应情况;

③经济发展状况。

(5)运营成本 C

影响运营成本的因素:

①对于公共交通而言,运营成本的主要影响因素:设施养护成本,大修成本,收费业务成本(主要是收费业务过程中的人员成本),安全、通信及监控设施的维护成本,财务费用,税费。其中,财务费用主要包括筹集资金发生的各项费用、利息支出、汇兑损失、买卖外汇差价、手续费等,税费主要由营业税、所得税、教育费附加及城市建设维护税等组成。总结而言,公共交通的运营成本的主要

影响因素:交通量(影响收费业务成本)、财务费用、大修成本。

②对于污水处理而言,运营成本主要有:$C = f(Q, n, L)$,Q 为进水量,n 为污染物特征,L 为污染物浓度,n 和 L 最终体现为能源及原材料成本;收费价格 = 单位处理成本/(1 + 净资产利润率)。总而言之,污水的运营成本主要有:进水量、能源及原材料成本、财务费用。

(6)贴现率 r

由 $r = \dfrac{1+i}{1+I} - 1$ 可知,影响贴现率的因素有利率和通货膨胀率。

(7)投资回报率 ROI

(略)

2. PPP 项目决策因素间的相互关系

在以上决策因素之中,特许权价值决策因素主要有现金流入、现金流出、投资回报率以及特许经营期,即 P、Q、C、ROI 及 T_c。特许双方指定产品价格时,通常按照一定的投资回报率计算产品销售收入和运营费用,即影响产品定价的因素有 ROI、P、Q 和 C。项目销售量的影响因素主要是产品定价,由于市场替代产品对目前 PPP 项目的销售量造成的影响都较小,因此决定项目销售量的因素主要是受宏观经济影响的需求量。项目销售量影响运营成本,对于交通项目,项目销售量主要是指交通量;对于污水处理项目而言,项目销售量指污水处理量。运营成本对项目残值又有一定影响,例如,对于公共交通而言,大修费用的投入将影响项目移交后的运营能力。

3. PPP 决策因素与特许经营期的关系

根据价格需求理论与成本理论,设 CI 为销售收入,$CI = PQ$,P 是销量为 Q 时的产品价格,销量是价格的函数,$Q = f(P) = Q_0 - kP$,其中,Q_0 为价格 $P = 0$ 时的销量,μ 为销量对价格的敏感系数,C 为运营成本。设运营成本由固定成本 C_f 和可变成本 C_v 组成,即 $C = C_f + C_v = C_f + \lambda Q$,$\lambda$ 为可变成本系数。则:

项目的现金流入:

$$CI = PQ = P(Q_0 - kP) = PQ_0 - kP^2$$

项目的现金流出:

$$CO = C_f + \lambda Q = C_f + \lambda(Q_0 - kP) = C_f + \lambda Q_0 - \lambda kP$$

项目的净现金流:

$$CI - CO = PQ_0 - kP^2 - C_f - \lambda Q_0 + \lambda kP$$

项目的净现值：

$$NPV = \sum_{i=t_1}^{T_c} \frac{CI_i - CO_i}{(1+r)^i} = \sum_{i=t_1}^{T_c} \frac{P_i Q_0 - kP_i^2 - C_{f_i} - \lambda Q_0 + \lambda kP_i}{(1+r)^i}$$

对项目公司而言，要求 $K - \sum\limits_{i=t_1}^{T_c} \dfrac{CI_i - CO_i}{(1+ROI)^i} \geqslant 0$，因此项目公司可以接受的

临界条件是：

$$K - \sum_{i=t_1}^{T_c} \frac{P_i Q_0 - kP_i^2 - C_{f_i} - \lambda Q_0 + \lambda kP_i}{(1+ROI)^i} = 0 \qquad (4-6)$$

对于政府而言，要求 $K + \dfrac{M_0}{(1+r)^{T_c}} - \sum\limits_{i=t_1}^{T_c} \dfrac{CI_i - CO_i}{(1+r)^i} \geqslant 0$，因此政府可以接受

的临界条件是：

$$K + \frac{M_0}{(1+r)^{T_c}} - \sum_{i=t_1}^{T_c} \frac{P_i Q_0 - kP_i^2 - C_{f_i} - \lambda Q_0 + \lambda kP_i}{(1+r)^i} = 0 \qquad (4-7)$$

由式(4-6)和式(4-7)可知，特许经营期与决策因素有如下关系。

(1)特许权价值，即特许合同标的 K 越大，项目公司投入的资金就越多，政府所融资金也就越多。因此，特许权价值越大，相应的特许经营期就应该越长，即 $\partial K/\partial T_c > 0$。

(2)项目残值 M_0 通常是特许双方通过特许合同进行约定的，项目残值越大，说明项目移交后的运营能力就越强，给政府带来的现金收入也越高。同时，项目公司在特许运营期间所投入的运营成本(例如大修成本)也越高。因此，特许合同规定的项目残值越大，投入运营成本越高，则特许经营期就应该越长。即 $\partial M_0/\partial T_c > 0$。

(3)产品销售价格(产品定价)P 的提高，会导致项目公司现金流入的增加，社会效益的减少。因此产品销售价格越高，相应的特许经营期应该缩短，即 $\partial P/\partial T_c < 0$。

(4)项目销售量 Q 的提高，会导致项目公司现金流入的增加，因此项目销售量越大，相应的特许经营期应该缩短，即 $\partial Q/\partial T_c < 0$。

(5)运营成本 C 增加，特许经营期应该延长，才能保证投资者的合理利润，即 $\partial C/\partial T_c > 0$。

(6)贴现率 $r = \dfrac{1+i}{1+I} - 1$ 增加，特许经营期应该延长，即 $\partial r/\partial T_c > 0$。

（7）投资回报率 ROI 增加,特许经营期应该延长,即 $\partial ROI / \partial T_c > 0$。

4.3 基于随机 Petri 网的现金流分析模型

考察项目在特许经营期 T_c 内的现金流,由现金流入 CI 和现金流出 CO 组成,而 $CI = PQ$。在第 3 章中,风险因素对决策变量的影响分析并没有分析决策变量之间的相互影响,以及对现金流的影响。本节通过构建 PPP 项目现金流入 CI、现金流出 CO 的随机 Petri 网模型,求解 PPP 项目现金流的马尔可夫过程在稳态概率情况下 CI 和 CO 的平均变化率。

4.3.1 模型建立

根据前面的分析可以得出,在变迁的激发时延服从负指数分布时,随机 Petri 网等价于马尔可夫链 MC。考察现金流的影响因素——产品销售价格(产品定价)、产品销售量和运营成本,三者受风险因素的相对影响率分别为:0.279 9、0.174 1 和 0.349 0。在特许经营期内,项目运营过程中,产品销售价格(产品定价) P、产品销售量 Q 和运营成本 C 受风险因素影响而造成的变动具有随机性和并发性,为此建立随机 Petri 网以反映 P、Q 和 C 的关系。风险因素对 P、Q 及 C 的影响关系如图 4-4 所示。

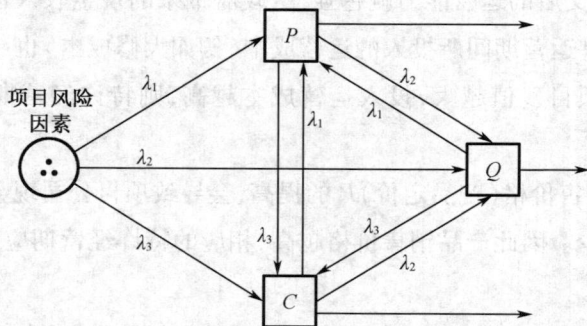

图 4-4   风险因素对 P、Q 及 C 的影响关系

对应的随机 Petri 网如图 4-5 所示。

此模型在 PIPE 软件中求解可达图时,由于系统较为复杂,出现了状态空间爆炸的情况。因此,本书将变量 P 和 Q 合并,即 $CI = PQ$,只考虑 CI 和 CO 两个

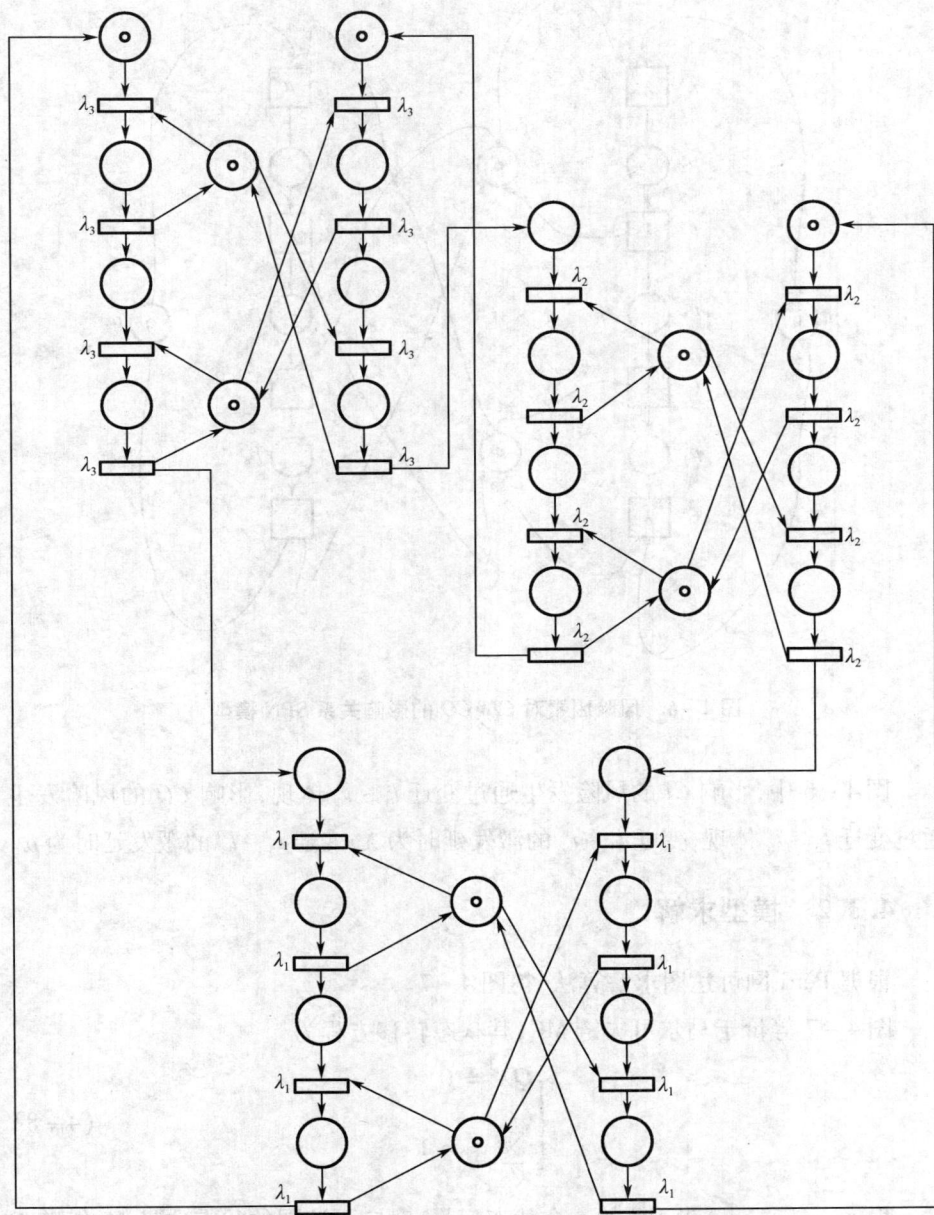

图4-5 风险因素对 P、Q 及 C 的影响关系 SPN 模型

变量的情形,化简后的 SPN 如图 4 - 6 所示。

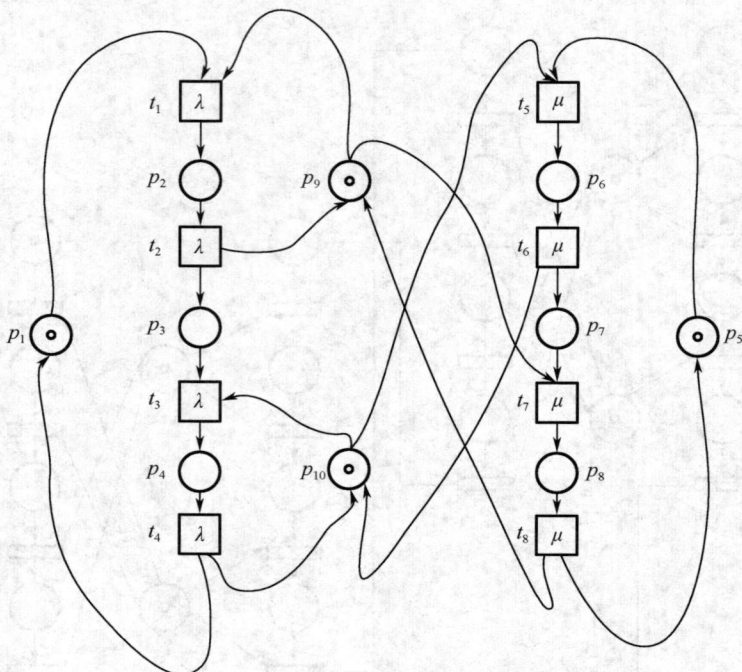

图 4 - 6   风险因素对 *CI&CO* 的影响关系 SPN 模型

图 4 - 6 中,影响 *CI* 的风险发生通过变迁 $t_1 \sim t_4$ 体现,影响 *CO* 的风险发生通过变迁 $t_5 \sim t_8$ 体现,变迁 $t_1 \sim t_4$ 的激发延时为 λ,变迁 $t_5 \sim t_8$ 的激发延时为 μ。

4.3.2   模型求解

根据 Petri 网可达图求解算法,得图 4 - 7。

图 4 - 7 等价于马尔可夫链 MC,其状态转移方程为

$$\begin{cases} \boldsymbol{QX} = 0 \\ \sum_{i}^{n} x_i = 1 \end{cases} \tag{4-8}$$

$\boldsymbol{X}(x_1, x_2, \cdots, x_n)$ 为 MC 的 n 个状态变量,对应可达图的状态向量 $\boldsymbol{M}$,矩阵 $\boldsymbol{Q}$ 为 MC 的稳态概率矩阵。根据文献中的求解矩阵 $\boldsymbol{Q}$ 算法,结合图 4 - 7 求得 $\boldsymbol{Q}$:

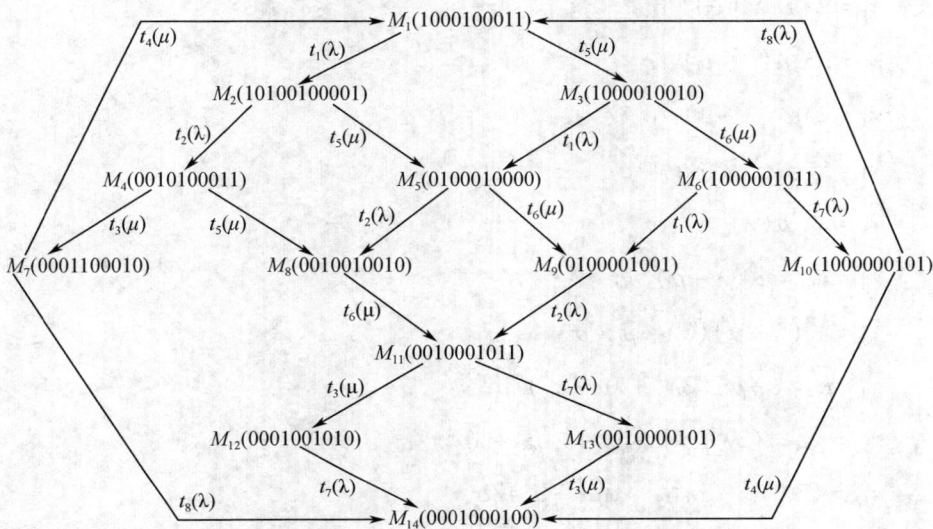

图 4-7 随机 Petri 网模型的可达图

$$
\begin{pmatrix}
-\lambda-\mu & 0 & 0 & 0 & 0 & 0 & \mu & 0 & 0 & \lambda & 0 & 0 & 0 & 0 \\
\lambda & -\lambda-\mu & 0 & 0 & 0 & 0 & 0 & 0 & 0 & 0 & 0 & 0 & 0 & 0 \\
\mu & 0 & -\lambda-\mu & 0 & 0 & 0 & 0 & 0 & 0 & 0 & 0 & 0 & 0 & 0 \\
0 & \lambda & 0 & -2\mu & 0 & 0 & 0 & 0 & 0 & 0 & 0 & 0 & 0 & 0 \\
0 & \mu & 0 & 0 & -\lambda-\mu & 0 & 0 & 0 & 0 & 0 & 0 & 0 & 0 & 0 \\
0 & 0 & \mu & 0 & 0 & -2\lambda & 0 & 0 & 0 & 0 & 0 & 0 & 0 & 0 \\
0 & 0 & 0 & \mu & 0 & 0 & \mu & 0 & 0 & 0 & 0 & 0 & 0 & 0 \\
0 & 0 & 0 & \mu & \lambda & 0 & 0 & -\mu & 0 & 0 & 0 & 0 & 0 & 0 \\
0 & 0 & 0 & 0 & \mu & \lambda & 0 & 0 & -\lambda & 0 & 0 & 0 & 0 & 0 \\
0 & 0 & 0 & 0 & 0 & \lambda & 0 & 0 & 0 & -\lambda & 0 & 0 & 0 & 0 \\
0 & 0 & 0 & 0 & 0 & 0 & \mu & \lambda & 0 & -\lambda-\mu & 0 & 0 & 0 & 0 \\
0 & 0 & 0 & 0 & 0 & 0 & 0 & 0 & 0 & \mu & -\lambda & 0 & 0 & 0 \\
0 & 0 & 0 & 0 & 0 & 0 & 0 & 0 & 0 & 0 & \lambda & 0 & -\mu & 0 \\
0 & 0 & 0 & 0 & 0 & 0 & 0 & 0 & 0 & 0 & 0 & \lambda & \mu & -\lambda-\mu
\end{pmatrix}
$$

解方程（4-8）可得稳态概率，即方程（4-8）的解为 $\boldsymbol{X} = \{x_i\}$：

$$x_1 = 2\lambda\mu(\lambda+\mu)^3/\sigma$$

$$x_2 = 2\lambda^2\mu(\lambda+\mu)^2/\sigma$$

$$x_3 = 2\lambda\mu^2(\lambda+\mu)^2/\sigma$$

$$x_4 = x_7 = \lambda^3(\lambda+\mu)^2/\sigma$$

$$x_5 = 2\lambda^3\mu(\lambda+\mu)/\sigma$$

$$x_6 = x_{10} = \mu^3(\lambda+\mu)^2/\sigma$$

$$x_8 = \lambda^3(\lambda+\mu)(3\lambda+\mu)/\sigma$$

$$x_9 = \mu^2(\lambda+\mu)(2\lambda^2+\lambda\mu+\mu^2)/\sigma$$

$$x_{11} = x_{14} = (3\lambda^4\mu+3\lambda^3\mu^2+\lambda^2\mu^3+\lambda\mu^4)/\sigma$$

$$x_{12} = (3\lambda^3\mu^2+3\lambda^2\mu^3+\lambda\mu^4+\mu^5)/\sigma$$

$$x_{13} = (3\lambda^5+3\lambda^4\mu+\lambda^3\mu^2+\lambda^2\mu^3)/\sigma$$

其中，$\sigma = 3\lambda^5+16\lambda^4\mu+29\lambda^3\mu^2+29\lambda^2\mu^3+16\lambda\mu^4+3\mu^5$。

图 4-7 中 14 个状态的稳态概率 $P[M_i]=x_i$，接下来，可以通过变迁利用率即变迁的发生概率来计算项目风险对 CI 和 CO 的影响率。首先，根据 $U(T) = \sum_{m \in E} P[M]$ 求解变迁 $t_1 \sim t_8$ 的发生概率，由图 4-7 可以得出：

使变迁 t_1 可以发生的标识有 M_1、M_3 和 M_6；

使变迁 t_2 可以发生的标识有 M_2、M_5 和 M_9；

使变迁 t_3 可以发生的标识有 M_4、M_{11} 和 M_{13}；

使变迁 t_4 可以发生的标识有 M_7 和 M_{10}；

使变迁 t_5 可以发生的标识有 M_1、M_2 和 M_4；

使变迁 t_6 可以发生的标识有 M_3、M_5 和 M_8；

使变迁 t_7 可以发生的标识有 M_6、M_{11} 和 M_{12}；

使变迁 t_8 可以发生的标识有 M_7 和 M_{10}；

变迁 $t_1 \sim t_8$ 的利用率 $U(T_i) = \sum_{m \in E} P[M]$ 分别为

$$U(t_1) = P[M_1]+P[M_3]+P[M_6] = x_1+x_3+x_6 = 0.262$$

$$U(t_2) = P[M_2]+P[M_5]+P[M_9] = x_2+x_5+x_9 = 0.212$$

$$U(t_3) = P[M_4]+P[M_{11}]+P[M_{13}] = x_4+x_{11}+x_{13} = 0.276$$

$$U(t_4) = P[M_7]+P[M_{10}] = x_7+x_{10} = 0.088$$

$$U(t_5) = P[M_1] + P[M_2] + P[M_4] = x_1 + x_2 + x_4 = 0.316$$

$$U(t_6) = P[M_3] + P[M_5] + P[M_8] = x_3 + x_5 + x_8 = 0.252$$

$$U(t_7) = P[M_6] + P[M_{11}] + P[M_{12}] = x_6 + x_{11} + x_{12} = 0.193$$

$$U(t_8) = P[M_7] + P[M_{10}] = x_7 + x_{10} = 0.088$$

由此,可以得出项目风险因素对 CI 和 CO 的影响率。

影响 CI 和 CO 的期望概率:

$$\overline{\lambda} = P(CI/\sum) = U(T_1) + U(T_2) + U(T_3) + U(T_4) = 0.838$$

$$\overline{\mu} = P(CO/\sum) = U(T_5) + U(T_6) + U(T_7) + U(T_8) = 0.649$$

4.4　基于 Petri 网的项目 NPV 模型

由图 4-2 可以看出,项目从 t_0 年开始运营,政府运营 $t_0 \sim t_1$ 年后,移交给项目公司运营。在 t_1 年,投资者从政府那里接手项目运营,并向政府支付项目的特许权价值(即特许合同标的 K),项目公司运营 T_c 年后,即到 t_2 年,项目公司把能够持续运营的项目无偿移交给政府,通常在 t_2 年时刻的项目可运营性通过项目残值 M_0 来体现,项目残值 M_0 由特许双方在签订特许合同时约定。

在特许经营期 T_c 期间,项目公司负责项目的运营,项目的现金流作为项目公司的收入。对于投资者而言,项目每年的现金流是最主要的财务指标。从一个项目的运行过程来看,PPP 项目特许运营期较长,一般在 20 ~ 30 年左右。在特许经营期内,项目具有滚动开发的特征,即在期初初始投入以后,以后每年均有一定的继续投入量和产出量,而后在期末收回残值。本节通过建立特许经营期内项目公司的现金流入与现金流出着色 Petri 网模型,在考虑项目投入产出相互影响的同时,考虑了项目风险对现金流入和现金流出的影响,以及决策者风险偏好;通过计算机模拟方式对特许经营期内现金流进行仿真模拟,在得出现金流概率分布同时,得出特许经营期的概率分布。

4.4.1　模型建立

假设项目在 t_1 年年末移交给项目公司运营,在 t_1 年年末投资者一次性向政府支付项目特许权价值 K,项目从 t_{1+1} 年开始由项目公司运营,每年都有一定的收入和支出,其收入取决于项目本身的盈利能力和市场状况,项目盈利能力越好,当年市场状况越好,当年产出量越大;反之则当年产出量越小。当年的现金流出与现金流入有关,项目产出越大,相应的成本也越高。同时,现金流出与项目公司的运营管理水平有关,而且当年的项目支出越高,项目的运维水平也就越好,将导致第二年的收入有所增加。当然,项目的支出与决策者对市场的预期以及决策者的风险偏好也有关系。项目的再生产能力取决于项目本身的特性,决策者对市场的预期取决于市场运行状况、宏观经济和决策者的市场敏感度,决策者的风险偏好取决于决策者的个性特征。

1. 项目 NPV 动态 Petri 网模型

设特许经营期为 T_c 年,基准贴现率 r,项目移交时的项目残值为 M_0,对投资者而言,项目净现值(NPV)计算公式如下:

$$NPV = \sum_{i=1}^{T_c} \frac{CI_i - CO_i}{(1 + r)^i} = \sum_{i=1}^{T_c} \frac{P_i \times Q_i - C_i}{(1 + r)^i} \ (i = 1, 2, 3, \cdots, T_c) \quad (4-9)$$

则项目 NPV 动态模型可以用下述 Petri 网描述。

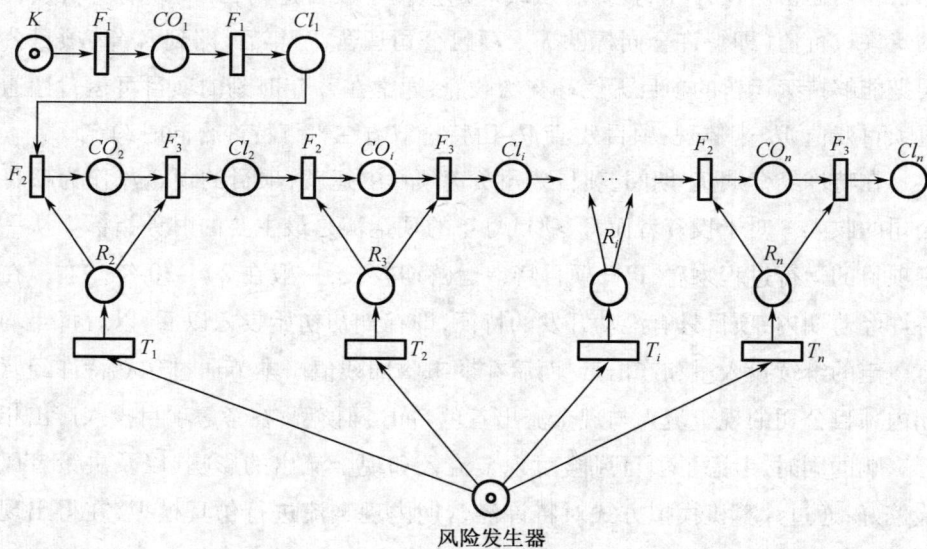

图 4-8　项目 NPV 动态 Petri 网模型

2. 模型描述

变迁发生函数 F_1、F_2 和 F_3 定义如下：

$$F_1: \begin{cases} CO_1 = S_1 \times CO_0 \\ CI_1 = S_2 \times CI_0 \end{cases}$$

$$F_2: CO_{i+1} = C_f + S_3 \times CI_{i+1} + S_4 \times CI_i + S_5 \times f(x) \times CO_i \qquad f(x) = N(0,1)$$

$$F_3: CI_{i+1} = CI_i + S_6 \times CO_i + S_7 \times g(x) \times CI_i \qquad\qquad g(x) = N(0,1)$$

其中，S_1 和 S_2 反映了项目公司接手项目后的运营能力，一般情况下，项目公司的运营效率会高于政府运营项目时的效率。

C_f 为固定成本，S_3 为可变成本系数（可以通过之前项目运营计算得出），$S_4(\mu)$ 反映上年收入对下一年度投入的影响，也反映了决策者对市场的预测和风险偏好，S_5 是风险因素对运营成本的影响系数，风险对运营成本的影响有正影响和负影响，既有可能导致运营成本增加，也有可能导致运营成本下降，通过 $N(0,1)$ 正态分布体现。

$S_6(\lambda)$ 反映项目投入对当年产出的影响，S_7 反映风险因素对项目收入的影响情况。同样，由于风险对项目收入的影响有正影响和负影响，既有可能导致项目收入增加，也有可能导致项目收入下降，通过 $N(0,1)$ 正态分布体现。

3. 模型含义

库所 K 表示在 t_1 年投资者一次性向政府支付金额为 K 的特许经营权费用；F_1 表示项目公司项目运营能力，第一年运营后，系统便产生了第一年项目收入 CI_1 和运营支出 CO_1；特许经营期内的每年，项目运营都会有项目收入 CI 和运营支出 CO，第 i 年的运营支出 CO_i 由固定成本、可变成本、上一年度项目收入 CI_{i-1} 以及风险因素对上一年度运营支出 CO_{i-1} 的影响度构成，此关系通过变迁 F_2 体现；第 i 年的运营收入 CI_i 由上一年度运营收入 CI_{i-1}、上一年度运营支出 CO_{i-1} 以及风险因素对上一年度项目收入 CI_{i-1} 的影响度构成，此关系通过变迁 F_3 体现。

4.4.2　模型仿真

1. 仿真过程

项目投资 NPV 仿真模拟过程如下：

（1）首先输入特许经营权的价值 K 以及贴现率，然后确定待定系数 $S_1 \sim S_7$

以及仿真次数 N;

（2）对每次仿真过程,产生随机数,模拟第 $1 \sim 30$ 年的项目收入 CI 和 CO,并求解累积净现值 $S_{NPV} = \sum_{k=1}^{i} \dfrac{(CI_k - CO_k)}{(1 + r)^k}$,若 $S_{NPV} \geqslant K$,则 $T_c = i$,本次仿真模拟结束;

（3）重复步骤（2）,直到仿真次数达到 N;

（4）拟合 NPV 曲线,求 T_c 概率分布。

2. 待定系数的确定

（1） S_1 和 S_2 反映的是项目公司的运营能力,根据项目公司自己运营项目的经验或对同类型项目特许经营权移交前后东道国运营水平和项目公司运营水平的比较便可确定。通常情况下,项目公司的运营效率会高于政府运营项目时的效率。

（2） S_3 为可变成本系数,可以根据项目运营时的可变成本进行估算,也可以根据同类型项目可变成本系数进行确定。

（3） S_4 反映上年收入对下一年度投入的影响,取第 3 章通过随机 Petri 网求解得出的 CI 平均变化率。

（4） S_5 为风险因素对运营成本的影响系数,取第 3 章风险评估结果风险对运营成本 C 的影响度。

（5） S_6 反映项目投入对当年产出的影响,取第 3 章通过随机 Petri 网求解得出的 CO 平均变化率。

（6） S_7 反映风险因素对项目收入的影响情况,取第 3 章风险评估结果风险对销售量 Q 及销售价格 P 影响度之和。

3. 误差估计

采用中心极限定理估计法估计仿真结果的误差,误差估计公式为

$$\varepsilon = \frac{U\delta}{\sqrt{n}} \tag{4-10}$$

式中　n——仿真次数;

　　　δ——样本均方差;

　　　U——在给定置信度（取 $\beta = 0.99$）下的标准正态分布上侧分位数,其求解公式为

$$\phi(U) = (\beta + 1)/2 \tag{4-11}$$

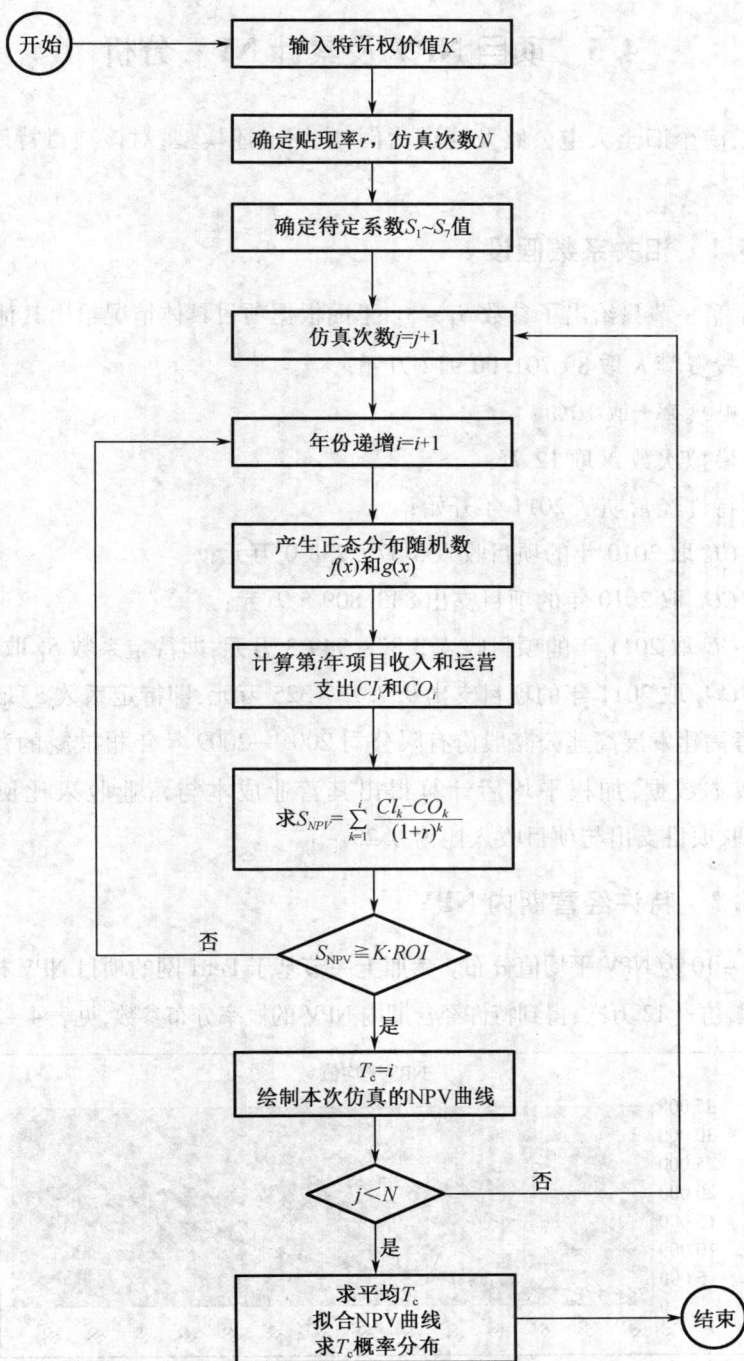

图 4－9 项目投资 NPV 仿真过程

4.5　项目 NPV 及累计 NPV 分析

以云南个旧至大屯公路及隧道为例,应用上述模型,对该项目特许经营期进行确定。

4.5.1　相关系数假设

本章第一节只给出了参数 $S_4 \sim S_7$,下面根据项目具体情况给出其他参数:

(1)投资额 K 取 89 701.00 912 万元;

(2)贴现率 r 取 10%;

(3)模拟次数 N 取 12 万;

(4)特许经营期从 2011 年开始;

(5)CI_0 取 2010 年的项目收入 3 375.238 0 万元;

(6)CO_0 取 2010 年的项目支出 843.809 5 万元;

(7)CI_1 取 2011 年的项目收入 3 828.949 3 万元,即待定系数 S_1 取 1.13;

(8)CO_2 取 2011 年的项目支出 957.237 325 万元,即待定系数 S_2 取 1.13。

参考福建发展高速公路股份有限公司 2001—2009 年年报披露的营业收入和营业成本数据,加权平均后计算得出其营业成本与营业收入比例关系为 25%,即取项目支出与项目收入比为 0.25。

4.5.2　特许经营期内 NPV

图 4-10 为 NPV 平均值分布。参照上一节基于 Petri 网的项目 NPV 模型及其仿真过程,仿真 12 万次,得到特许经营期内 NPV 的概率分布参数,见表 4-2。

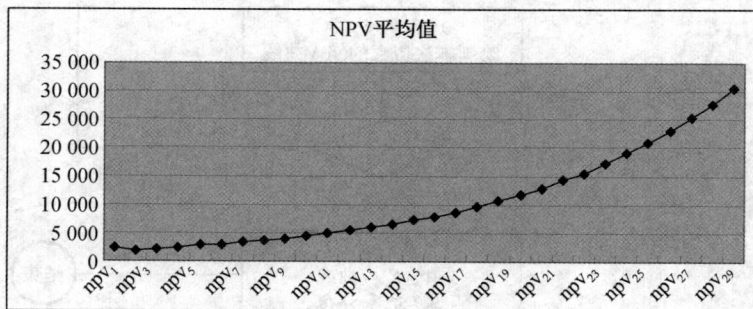

图 4-10　NPV 平均值分布

表 4 – 2　特许经营期内 NPV 的概率分布参数

NPV	模拟次数	最大值	最小值	平均值	标准偏差
NPV_1	120 000	2 301. 299	2 301. 299	2 301. 299	0
NPV_2	120 000	2 108. 163	1 485. 98	1 811. 253	71. 259 065
NPV_3	120 000	2 538. 895	1 694. 66	2 127. 47	101. 89 361
NPV_4	120 000	2 930. 196	1 688. 186	2 265. 651	142. 442 27
NPV_5	120 000	3 813. 513	1 949. 701	2 799. 304	208. 136 54
NPV_6	120 000	4 343. 395	1 990. 947	2 993. 906	255. 044 6
NPV_7	120 000	5 061. 875	2 223. 964	3 436. 823	322. 490 73
NPV_8	120 000	5 825. 047	2 352. 026	3 765. 397	383. 673 24
NPV_9	120 000	6 320. 474	2 443. 781	3 989. 907	435. 908 94
NPV_{10}	120 000	7 329. 464	2 741. 159	4 459. 701	518. 381 3
NPV_{11}	120 000	8 290. 006	2 792. 013	4 842. 193	594. 637 17
NPV_{12}	120 000	10 083. 23	3 210. 73	5 487. 078	708. 568 3
NPV_{13}	120 000	10 900. 46	3 352. 909	5 886. 186	795. 825 24
NPV_{14}	120 000	12 357. 59	3 550. 437	6 566. 181	926. 055 27
NPV_{15}	120 000	13 203. 18	3 778. 158	7 194. 35	1 055. 798 1
NPV_{16}	120 000	14 408. 23	4 216. 798	7 955. 531	1 209. 007
NPV_{17}	120 000	16 256. 73	4 416. 538	8 690. 842	1 364. 819 3
NPV_{18}	120 000	18 916. 78	4 709. 484	9 584. 664	1 554. 209 1
NPV_{19}	120 000	22 140. 81	4 932. 008	10 656. 04	1 777. 947 4
NPV_{20}	120 000	24 391. 55	5 339. 808	11 750. 95	2 014. 157 8
NPV_{21}	120 000	26 156. 25	5 710. 188	12 885. 1	2 266. 985 2
NPV_{22}	120 000	29 364. 35	5 908. 847	14 255. 48	2 572. 556 5
NPV_{23}	120 000	32 176. 17	6 125. 182	15 537. 07	2 872. 335 2
NPV_{24}	120 000	38 455. 12	6 887. 357	17 276. 16	3 266. 723 4
NPV_{25}	120 000	42 504. 6	7 772. 328	18 982. 88	3 667. 730 2
NPV_{26}	120 000	47 845. 86	8 759. 547	20 863. 96	4 117. 835 6
NPV_{27}	120 000	55 546. 75	9 837. 685	22 953. 26	4 624. 189 8
NPV_{28}	120 000	63 157. 55	10 568. 13	25 288. 69	5 193. 980 5
NPV_{29}	120 000	71 044. 64	10 902. 95	27 733. 73	5 803. 726 9
NPV_{30}	120 000	79 259. 26	11 917. 52	30 689. 89	6 542. 539

4.5.3 特许经营期内累计 NPV 分析

根据 $\sum\limits_{i=1}^{T_c} NPV_i$，求出特许经营期 T_c 分别为 10～30 年的 $\sum\limits_{i=1}^{T_c} NPV_i$ 概率分布参数，如图 4 – 11 和表 4 – 3 所示。

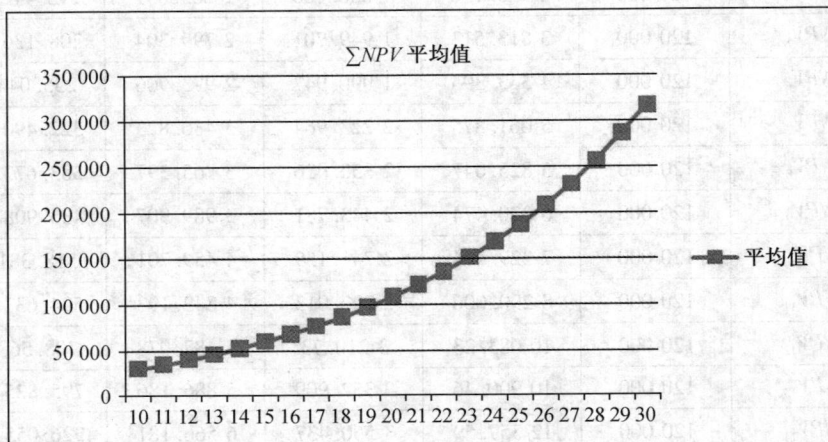

图 4 – 11 $\sum NPV_i$ 平均值分布

表 4 – 3 T_c 分别为 10～30 年的概率分布参数

特许经营期/年	模拟次数	最大值	最小值	平均值	标准偏差
10	120 000	40 719.7	21 412.86	29 950.71	2 206.247 5
11	120 000	48 712.3	24 658.82	34 792.91	2 743.577 3
12	120 000	58 795.53	28 384.89	40 279.98	3 385.063 8
13	120 000	69 695.99	31 842.87	46 166.17	4 106.892 2
14	120 000	82 053.57	35 540.82	52 732.35	4 948.488 9
15	120 000	95 256.76	39 726.4	59 926.7	5 910.435 6
16	120 000	109 656.1	44 187.89	67 882.23	7 014.056 8
17	120 000	124 753	48 951.93	76 573.07	8 262.231 4
18	120 000	140 998.5	54 145.04	86 157.74	9 686.628 7
19	120 000	158 544.8	59 161.85	96 813.78	11 319.948
20	120 000	182 787	64 501.66	108 564.7	13 173.502

表4-3(续)

特许经营期/年	模拟次数	最大值	最小值	平均值	标准偏差
21	120 000	208 943.3	70 211.85	121 449.8	15 263.371
22	120 000	238 015.7	76 120.7	135 705.3	17 639.182
23	120 000	268 625.6	82 245.88	151 242.4	20 295.505
24	120 000	304 375.6	89 133.24	168 518.5	23 322.141
25	120 000	345 063.9	96 905.56	187 501.4	26 726.327
26	120 000	390 249.3	105 665.1	208 365.4	30 552.759
27	120 000	439 045.5	115 585.6	231 318.6	34 856.283
28	120 000	494 386	126 605	256 607.3	39 698.769
29	120 000	556 714	138 674	286 786.1	45 629.461
30	120 000	635 973.2	150 866.7	317 476	51 771.864

　　根据 $\sum NPV$ 的均值分布,按照特许权价值 K 取 89 701.009 12 万元,特许经营期最低应该为 19 年,才能保证私人投资者在 10% 的贴现率下收回成本。

　　1. 不同特许经营期内累计净现值概率统计参数

　　表4-4 分别对特许经营期取值为 10~30 年时 $\sum NPV$ 最大值、最小值、平均值、标准偏差、区间、直方图柱数、直方图组距等统计参数进行了描述,这些统计参数的样本空间是通过 12 万次模拟得出的。

表4-4　不同特许经营期内累计净现值概率统计参数

特许期取值	最大值	最小值	平均值	标准偏差	区间	直方图柱数	直方图组距
10	40 719.7	21 412.86	29 950.71	2 206.248	19 306.83	347	55.800 1
11	48 712.3	24 658.82	34 792.91	2 743.577	24 053.47	347	69.518 71
12	58 795.53	28 384.89	40 279.98	3 385.064	30 410.64	347	87.892 01
13	69 695.99	31 842.87	46 166.17	4 106.892	37 853.12	347	109.402 1
14	82 053.57	35 540.82	52 732.35	4 948.489	46 512.75	347	134.429 9
15	95 256.76	39 726.4	59 926.7	5 910.436	55 530.36	347	160.492 4
16	109 656.1	44 187.89	67 882.23	7 014.057	65 468.21	347	189.214 5
17	124 753	48 951.93	76 573.07	8 262.231	75 801.06	347	219.078 2

表 4 - 4(续)

特许期取值	最大值	最小值	平均值	标准偏差	区间	直方图柱数	直方图组距
18	140 998.5	54 145.04	86 157.74	9 686.629	86 853.41	347	251.021 4
19	158 544.8	59 161.85	96 813.78	11 319.95	99 382.91	347	287.233 9
20	182 787	64 501.66	108 564.7	13 173.5	118 285.4	347	341.865 3
21	208 943.3	70 211.85	121 449.8	15 263.37	138 731.4	347	400.957 9
22	238 015.7	76 120.7	135 705.3	17 639.18	161 895	347	467.904 6
23	268 625.6	82 245.88	151 242.4	20 295.5	186 379.7	347	538.669 7
24	304 375.6	89 133.24	168 518.5	23 322.14	215 242.4	347	622.087 8
25	345 063.9	96 905.56	187 501.4	26 726.33	248 158.4	347	717.220 7
26	390 249.3	105 665.1	208 365.4	30 552.76	284 584.2	347	822.497 7
27	439 045.5	115 585.6	231 318.6	34 856.28	323 459.9	347	934.855 2
28	494 386	126 605	256 607.3	39 698.77	367 781	347	1 062.951
29	556 714	138 674	286 786.1	45 629.46	418 040	347	1 208.208
30	635 973.2	150 866.7	317 476	51 771.86	485 106.6	347	1 402.042

2. 不同特许经营期累计净现值概率分布

特许经营期 T_c 取值为 18 ~ 22 年的 $\sum NPV$ 分布图如图 4 - 12 至图 4 - 16 所示。

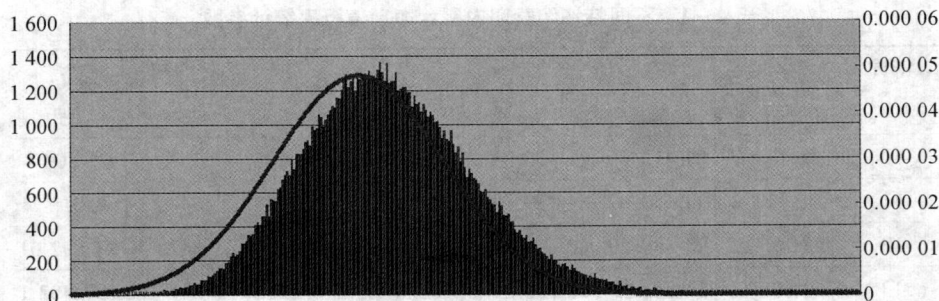

图 4 - 12 $T_c = 18$ 年的 $\sum NPV$ 概率分布

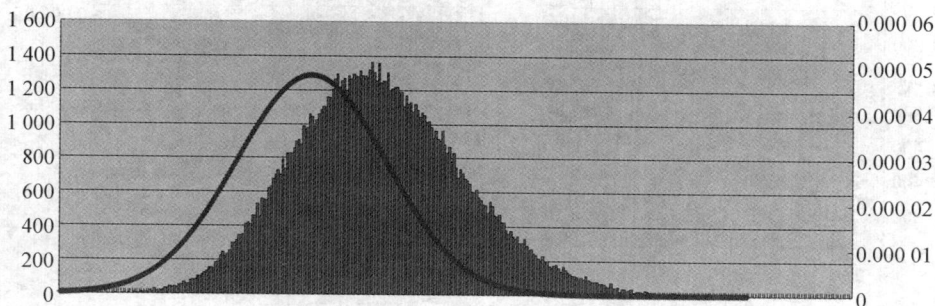

图 4 – 13 T_c = 19 年的 $\sum NPV$ 概率分布

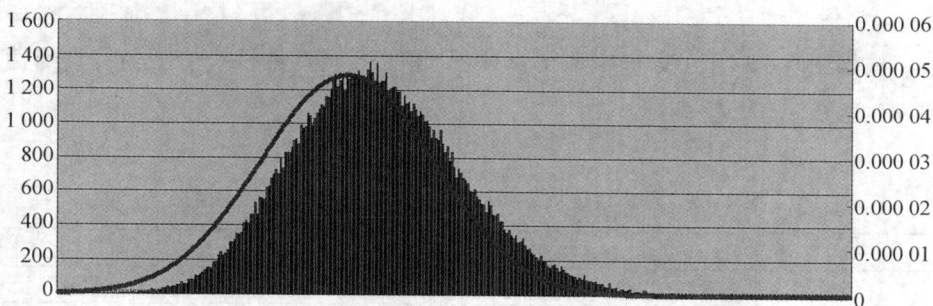

图 4 – 14 T_c = 20 年的 $\sum NPV$ 概率分布

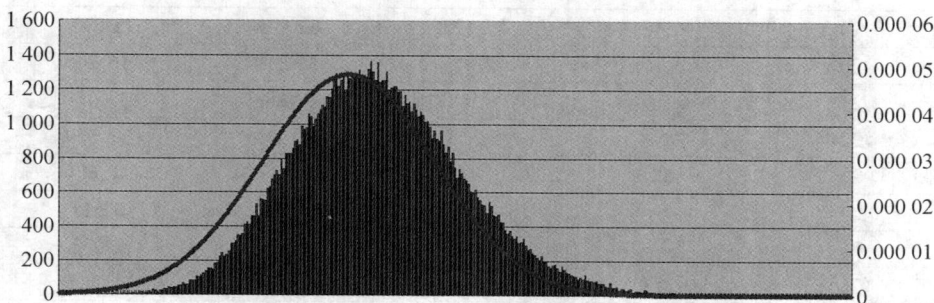

图 4 – 15 T_c = 21 年的 $\sum NPV$ 概率分布

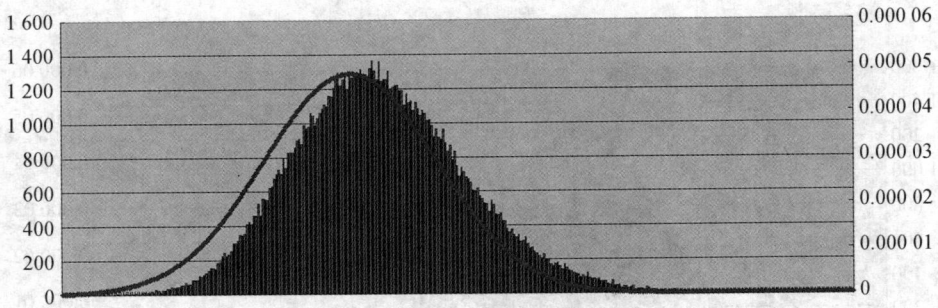

图 4 – 16　$T_c = 22$ 年的 $\sum NPV$ 概率分布

4.6　特许经营期的确定

根据图 4 – 9 项目投资 NPV 仿真过程,得出不同特许权价值下的特许经营期发生次数,见表 4 – 5。

表 4 – 5　特许权价值不同取值下的特许经营期发生次数

特许经营期	特许权价值			
	89 701.01	98 417.5	110 855.7	121 326.9
15	3	0	0	0
16	361	15	0	0
17	7 333	1 011	28	1
18	32 811	11 846	1 269	126
19	46 481	37 423	12 114	2 697
20	25 361	42 515	35 319	16 765
21	6 588	20 940	40 893	37 679
22	967	5 336	22 429	37 319
23	88	824	6 553	18 681
24	6	83	1 228	5 511
25	1	6	153	1 073
26	0	1	13	132
27	0	0	1	15
28	0	0	0	1
29	0	0	0	0
30	0	0	0	0

当特许权价值为 89 701.01 万元时,特许经营期的分布如图 4 - 17 所示。特许经营期 $T_c = 19$ 的概率最高,为 0.387 34,特许经营期取值区间为 [17,21] 的概率为 0.988 12,取值区间为 [18,20] 的概率为 0.872 11。

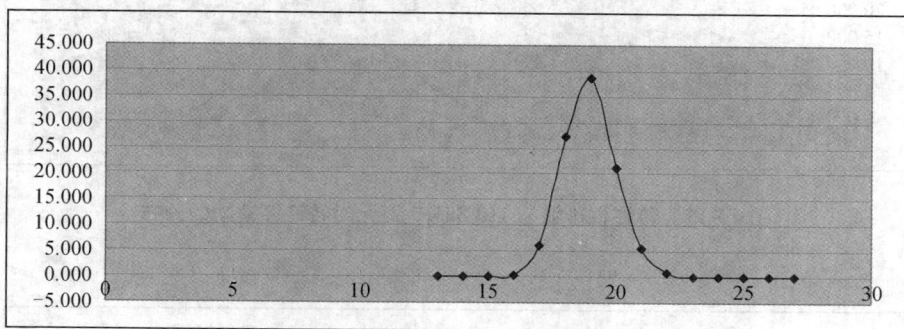

图 4 - 17   特许权价值为 89 701.01 万元时特许经营期的分布

当特许权价值为 98 417.5 万元时,特许经营期 $T_c = 20$ 的概率最高,为 0.354 2,特许经营期取值区间为 [18,22] 的概率为 0.983,取值区间为 [19,21] 的概率为 0.84,如图 4 - 18 所示。

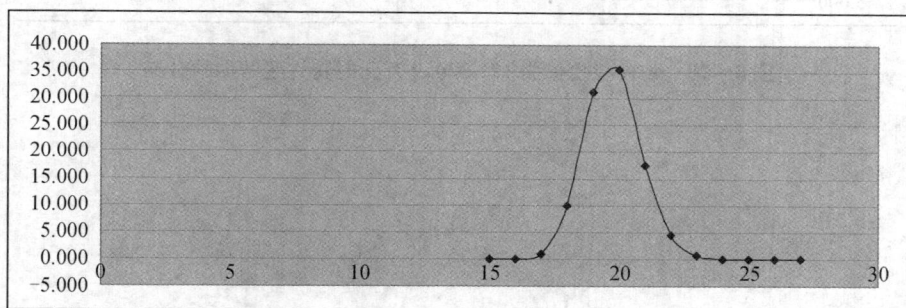

图 4 - 18   特许权价值为 98 417.5 万元时特许经营期的分布

当特许权价值为 110 855.7 万元时,特许经营期 $T_c = 21$ 的概率最高,为 0.340 8,特许经营期取值区间为 [19,23] 的概率为 0.977 6,取值区间为 [20,22] 的概率为 0.822 0,如图 4 - 19 所示。

当特许权价值为 121 326.9 万元时,特许经营期 T_c 取 21 或 22 的概率最高,分别为 0.314 0 和 0.311 0,特许经营期取值区间为 [19,23] 的概率为 0.966 3,如图 4 - 20 所示

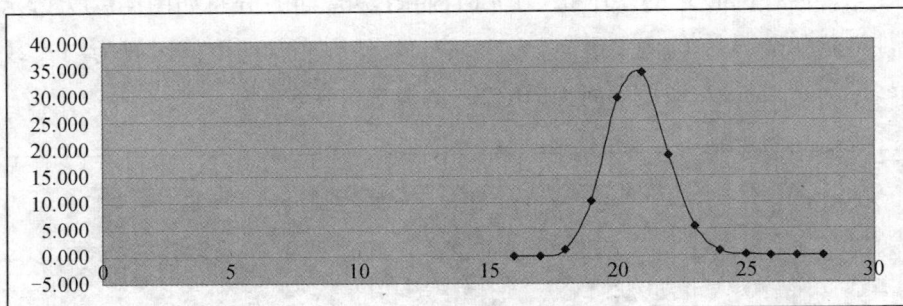

图 4 − 19　特许权价值为 110 855.7 万元时特许经营期的分布

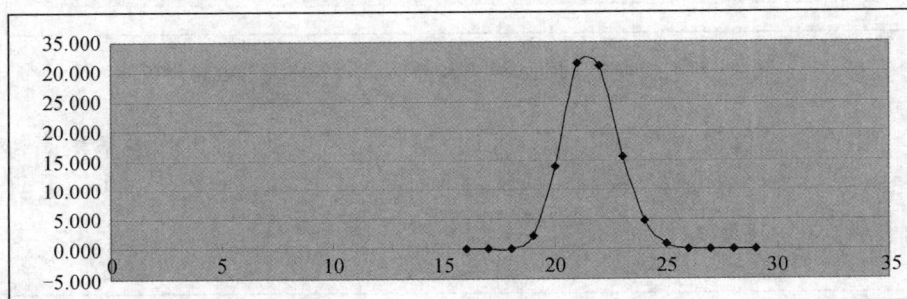

图 4 − 20　特许权价值为 121 326.9 万元时特许经营期的分布

第 5 章　PPP 项目资本结构研究

5.1　PPP 项目资本结构概述

PPP 项目融资的核心是资本结构,其直接关系到 PPP 项目的成本、收益和风险,是融资决策的重要组成部分。PPP 项目资本结构指债务资金和权益资金的关系,以及资金的来源和组成比例,主要包括股权结构(股东构成)及债本比例。因此,PPP 融资模式的核心问题是为项目选择合理的资本结构,明确各项资金来源和规模构成比例,以顺利实现项目融资的目的。

5.1.1　PPP 项目股权结构

PPP 项目股权结构是 PPP 项目资本结构的重要内容,在 PPP 项目中,发起人将组建项目公司,持有项目公司股权。PPP 项目公司的股权结构反映了项目公司中不同股东所占的比例及其相互关系,不同的股权结构决定了差异化的组织结构与管理结构,直接影响项目的运作效率。

PPP 项目股权资本来源的主要参与方为政府部门及私营部门,所谓项目股权结构即项目公司的股东构成及权益资本金构成,表明各参与方对项目公司的拥有比例和控制程度,是实现股东投资目标的一种项目资产所有权结构。

PPP 项目股权设置是 PPP 项目资本结构确定的重要问题,其直接涉及政府部门和社会资本在项目中的控制权问题。随着 PPP 模式在我国基础设施领域内的全面发展,私人资本希望在项目实施过程中拥有一定比例的股权,以获得话语权,提高自身的获利能力;如果股权过低,则无法实现预期目标或盈利能力。因此,股权结构的构成直接影响着社会资本的参与热情和政府部门的控制能力,进一步影响到社会福利的成功实现。

合理的股权结构在 PPP 项目的全面实施中具有重要作用:

1. 缓解政府财政压力,更好地降低成本

随着我国步入小康社会全面建设阶段,在基础设施领域引入 PPP 模式,并对项目进行合理的股权结构配置,可以让社会投资者分担在建设期的建设成本和风险,通过合同协议方式使其分担在运营期的设备维护和更新费用,甚至承担经营费用。在我国基础设施项目投资、运营仍在一定范围内受到计划经济体制约束的情况下,采用股权结构合理的 PPP 模式可以在一定程度上降低成本。

2. 合理的股权结构配置促使 PPP 项目实施的效率提升

在 PPP 基础设施项目中,股东权益的分布甚至其在实施过程中的调整,既反映了股东对项目的短期获利诉求,又体现了其长期战略目标。合理的股权结构配置,在项目的前期或建设期能够有效促进项目的实施,而在项目的运营期又能够提升项目公司的治理水平、管理效力和公司价值。PPP 模式下,合理的股权结构配置使得基础设施项目实施更有效率,既满足了人民生活需求,又为政府节省了单个项目的资本投入,还使得政府有能力提前实施其他项目。

3. 合理分配风险,降低融资难度

股权结构合理的 PPP 模式在项目早期就能够进行风险分配,这时一部分风险分配到政府部门,降低了私营部门参与投资的风险,进而提高了社会资本参与的积极性,风险分配更合理,降低了融资难度。在分担风险的同时,公共部门与私营部门双方各自拥有了一定比例的控制权。

5.1.2　PPP 项目债务结构

PPP 项目融资的核心是资本结构,而明确资金来源及规模构成比例又是资本结构的重点,因此在项目主体和其所对应的股权比例确定之后,PPP 资本结构的另一关键点就是确定合理的负债水平。通常情况下,股权资本成本相对较高,债务资本成本相对较低,所以对于自身盈利能力较强,且主体的信用级别较高的项目,或者固定资产投资规模较大的项目,其债本比例一般较高。

在确定发起人权益比例后,资本结构选择的后续关键就是确定合理的债务水平(债本比例或债务规模)和可行的债务资金来源。通过对国内外 13 个典型 PPP 项目案例的分析,汇总出了各类型项目的债本比例和债务资金来源,见表 5 – 1。

表 5-1　典型 PPP 项目的债本比例与债务资金来源

案例编号	项目类型	债本比例/%	债务资金主要来源
1	公路	4.3	政策性银行、商业银行、政府基金
2	公路	4.6	政策性银行、保险公司和商业银行
3	机场	11.5	政策性银行和商业银行、政府基金、投资机构
4	港口	1.1	商业银行、投资机构
5	铁路	8.7	政策性银行及政府补贴
6	铁路	8.1	政策性银行和商业银行、政府基金、投资基金
7	政府楼宇	9.2	商业银行、保险公司、投资基金
8	医院	19.0	商业银行、夹层基金
9	垃圾处理	0.8	政府基金
10	水电站	4.5	商业银行、投资机构
11	水电站	2.3	政策性银行
12	水电站	1.7	政策性银行
13	水处理	4.3	政策性银行、商业银行

由表 5-1 可见：

(1)通常债本比例体现了项目的投资规模。固定资产投资较大的项目,通常具有较高的债本比例,即权益资本偏低;投资量较小的技术型项目,通常具有较低的债本比例,即权益资本偏高。投资规模体现了投融资的难易度。

(2)债本比例从某种程度上也体现出发起人的融资能力和项目的偿债能力。一般而言,权益资本成本高、债务资本成本低,因为具有强融资能力(企业实力、信用等级)的发起人或发起人联合体可以获得更多低成本的债务资金,即债本比例偏高。项目自身盈利能力、偿债能力是获得债务资金的基础条件,偿债能力强的项目获得债务资金,更能体现项目融资的本质特征。

(3)案例表明,国际成熟市场的债务资金来源渠道较多,有政策性银行、商业银行、政府基金、保险公司、投资机构(资产管理机构)和投资基金等,这些渠道为 PPP 项目提供了重要的资金来源。

5.2　PPP 项目资本结构影响因素分析

5.2.1　PPP 项目资本结构影响因素识别

与公司资本结构选择紧密相关的经典理论主要包括考虑税收作用的 MM 理论、权衡理论、信号传递理论、代理成本理论、治理理论和产品市场理论等 6 种，各理论的主要影响因素见表 5-2。

表 5-2　资本结构理论的主要影响因素

理论	主要影响因素
MM 理论	负债的税盾价值
权衡理论	负债具有税盾价值，但加大了破产成本
信号传递理论	通过设定公司的债务融资规模向相关关系方传递信息
代理成本理论	合理控制负债比率达到代理成本和资产代替效益的平衡
治理理论	通过调节负债比率来调节对公司的控制权
产品市场理论	不同行业因其自身特点，具有各自的最优公司资本结构

由以上理论可以识别出 7 项影响公司资本结构的主要因素，分别是负债的税盾价值、负债的破产成本、资本结构传递信息、委托代理成本、公司控制权分配，以及行业特点决定的最优资本结构。

国内外关于资本结构影响因素的研究，主要以"资本结构—债务水平"或债务规模为基本指标，识别出的常规因素主要有税收、非债务税盾、破产成本等，非常规因素有国家差异、时间差异、行业差异等。其中，李悦、陆正飞、张灿等学者的 3 个实证研究《中国上市公司如何选择融资渠道——基于问卷调查的研究》《中国上市公司融资行为研究——基于问卷调查的分析》和《家电企业资本结构与融资行为调查研究》极具代表性。

与经典理论相比，实证研究考虑到代理成本理论关注因素外的所有因素，并且还考虑到公司运营中的实际问题，如股权和债权融资方式的难易、公司经营面临的市场风险及盈利能力、股权和债权的融资成本，以及对公司财务弹性的考虑等。在理论分析、文献调研及实证研究的基础上，识别汇总出影响 PPP

项目资本结构的因素,共7类18个,见表5-3。

表5-3 影响PPP项目资本结构的因素

分类	影响因素	编号
盈利能力	利息具有抵税作用	A
	增加负债比重能提高净资产收益率	B
偿债能力	负债过多会提高企业财务风险	C
	负债过多会降低信用评级	D
融资成本	股权和债权融资的交易费用及成本比较	E
行业比较	行业平均负债水平	F
经营策略	限制负债数量以使项目利益能流向股东	G
	财务弹性(保持一定的负债能力)	H
	不愿将利润让渡给债权人	I
	维持现有股东控股地位	J
	利用股东的专业特长,规避委托风险	K
宏观经济政策	宏观经济政策考虑	L
	各融资方式难易程度	M
相关参与方的考虑	限制负债比例,消除政府对项目破产的担忧	N
	限制负债比例,消除供应商对拖欠账款的担忧	O
	适当提高权益比例,提高投资者对项目成功的信心	P
	适当提高权益比例,增强银行等金融机构对项目偿债能力的信心	Q
	适当提高负债比例,降低总资产成本,从而降低未来服务或产品价格,提升政府和用户满意度	R

5.2.2 影响因素重要性排序

根据识别出的18个影响因素,运用李克特五点量表采用问卷研究方法对科研机构、政府部门、金融机构、施工企业、运营商、技术和设备供应商6类机构进行调研,对以上影响因素的重要性进行排序,结果汇总见表5-4。

表5-4　我国PPP项目资本结构影响因素重要性排序

编号	影响因素	类别	重要性	平均权重
1	提高权益比例,增加银行等金融机构对项目偿债能力的信心	相关参与方的考虑	73.80%	3.89
2	限制负债比例,消除政府对项目破产的担忧	相关参与方的考虑	73.70%	3.84
3	维持现有控股股东控股地位	经营策略	68.80%	3.79
4	负债过多会提高企业财务风险	偿债能力	63.90%	3.69
5	利用股东(运营商、技术提供商或金融机构等)的专业特长,规避委托风险	经营策略	62.30%	3.82
6	增加负债比重能提高净资产收益率	盈利能力	62.25%	3.75
7	宏观经济政策考虑	宏观经济政策	60.70%	3.89
8	股权和债券融资的交易费用和成本比较	融资成本	60.70%	3.61
9	财务弹性(保持一定负债能力)	经营策略	60.60%	3.62
10	各融资方式难易程度	宏观经济政策	55.70%	3.66
11	限制负债数量以使项目利益能流向股东	经营策略	32.80%	3.10
12	适当提高权益比例,增加投资者对项目成功的信心	相关参与方的考虑	32.80%	3.08
13	不愿将利润让渡给债权人	经营策略	26.20%	2.85
14	限制负债比例,消除供应商对拖欠账款的担忧	相关参与方的考虑	21.30%	3.03
15	适当提高负债比例,降低总资金成本,从而降低未来服务或产品价格,提高政府和用户满意度	相关参与方的考虑	21.30%	2.89
16	行业平均负债水平	行业比较	19.70%	2.80
17	利息具有抵税作用	盈利能力	3.30%	2.45
18	负债过多会降低信用评级	偿债能力	0.00%	2.33

　　注:表中"重要性"是调研对象认为该因素"相当重要"或者"极其重要"的比例,"平均权重"是调研对象认为该因素"重要性"的平均值。

　　从影响因素所属类别看,排名前五的影响因素分属相关参与方的考虑、经营策略和偿债能力,其中相关参与方的考虑的两项影响因素排名前两位,而经营策略也有两项影响因素排名前五,分列第 3 位和第 5 位。公司资本结构理论研究中重点关注的负债利息的税盾价值只排名第 17 位,说明其并不是确定 PPP 项目公司资本结构债务规模所重点考虑的因素。

　　与此同时,同一类别中不同因素的重要性可能存在较大差异。最为明显的是相关参与方的考虑这类因素。虽然项目公司或发起人对于金融机构和政府关注的考虑排名前两位,但是对供货商和用户关注的考虑却排名靠后,反映出项目公司或发起人对各参与方的重视程度明显不同。此外,由于 PPP 项目公司采用财务融资方式和策略的不同,致使在偿债能力类的两项因素中对财务风险的受重视程度明显高于公司信用评级。

5.3　PPP 项目股权结构研究

　　实践中,股权结构一般是指股份公司中不同性质的股份占总股本的比例关系。就上市公司而言,股权结构指的是各投资主体所持有股票的数量和种类在股票投资对象中的分布结构,其持股人可以是个人、政府、国外投资者,也可以是高层管理者或一般员工等。而对 PPP 项目公司 SPV 来说,其股东为政府和社会资本。对于特殊目的项目公司 SPV 而言,其股权结构就是政府和社会资本在项目总的资本金中的出资比例关系。

5.3.1　PPP 项目股权结构类型

　　根据公共部门资本和社会资本在某一 PPP 项目中所占比重,PPP 项目的股权结构类型可以分为以下 3 类:社会资本绝对控股、公共部门绝对控股以及公共部门和社会资本混合控股。

　　1. 社会资本绝对控股

　　PPP 项目中社会资本绝对控股是指社会资本占有某一 PPP 项目的所有股权,对某一项目具有绝对控制权,这一结构就是社会资本绝对控股的股权结构。这一股权结构下的项目是由政府授予社会资本特许经营权,再由社会资本根据特许经营权建立项目公司,由项目公司对某一 PPP 项目进行规划、投资、建设和运营,在特许经营期结束后将项目所有权转交给公共部门。这一股权结构下的社会资本对项目具有决策权,享有剩余控制权,政府只根据自身权利义务制定相关政策和规则,对项目实施进行监督。

2. 公共部门绝对控股

PPP 项目中公共部门绝对控股是指公共部门占有某一 PPP 项目的所有股权,对某一项目具有绝对控制权,这一结构就是公共部门资本绝对控股的股权结构。这一股权结构下的项目运营方式是由公共部门将部分合同外包给社会资本,社会资本进行参与。这一运营方式决定了公共部门对项目享有剩余控制权,而社会资本仅在具体事务上按照协议履行相关职责,获取相应协议报酬,对项目没有决策权,不享有项目剩余控制权。

3. 公共部门和社会资本混合控股

PPP 项目中公共部门和社会资本混合控股是指公共部门和社会资本共同出资设立 SPV,双方对 PPP 项目都具有一定控制权,此结构真正具备公共部门和社会资本"合作"的特征。公共部门和社会资本按照投资比例享有股权,对项目共同实施控制,分享项目收益。该结构的关键是剩余控制权在公共部门及社会资本间的分配,只有剩余控制权在双方之间得到合理分配后,当协议未约定的事项发生时,双方才可以进行有效决策,大大提高合作效率。

5.3.2　PPP 项目股权结构影响因素

控制权理论研究中指出,某一股权投资者投资某一项目或公司的完整所有权时一般包括占有、使用、处置及收益 4 种权利。由于 PPP 项目一般具有公共产品属性,因此在筹划时会将项目的所有权、经营权与控制权在政府与社会投资者之间进行分配,即同股未必同权。PPP 项目的股权资金比例需依照国家政策、项目总投资规模、社会投资者对项目风险及预期收益的判断、贷款方承受风险等因素进行确定。

根据国务院发布的相关通知,不同种类投资项目的资本金比例有所区别,例如城市轨道交通投资项目的最低股本比例为 25%。PPP 项目总投资规模是确定项目最佳资本结构的基础。经研究汇总,PPP 项目股权结构的确定受以下因素的影响。

1.项目融资决策者的态度

PPP项目融资决策最终由项目所有者及项目管理人员共同决定,而不同的决策者对待风险的态度各不相同,例如风险偏好型的决策者一般会选择资产负债率较高的融资模式,而风险厌恶型的投资者一般会将资产负债率控制在一定范围内,由此对项目资本结构产生截然不同的影响。

2.项目规模

在国内资本市场,PPP项目的规模与项目资产负债率一般会呈现正相关关系,资产规模效应主要表现在项目对抗风险能力及由此带来的获得投资的能力上,部分资本投资者一般将项目规模与项目对抗风险能力相联系,认为项目规模越大应对风险的能力就越强,其获得债权人支持的可能性就越大。

3.项目预期运营状况

由于PPP项目大都涉及公路、供水、供电、市政建设等领域,具有一定的行业特性,因此项目的运营较其他行业要稳定。与此同时,项目在不同时期的融资能力也不尽相同。项目盈利能力是投资者关注的焦点,因此成为影响项目融资的重要因素,盈利能力越强的项目越容易达到较高的项目盈余,用于满足项目后期的股权性融资。

4.项目财务及信用状况

PPP项目的财务状况越好,相对信用等级就越高,获得贷款的可能性就越高。PPP项目管理者权衡各方因素选择合理的融资方式,对负债经营所带来的收益与财务风险进行衡量后,在考虑资金综合成本的基础上使财务杠杆效应得到最大程度的发挥,使企业融资成本降到最低。

5.国家货币政策及税收政策

国家一般通过货币政策来对国内资本市场上的资本供给量进行把控,从而控制国内资本市场的资本供求,进而对资本利率造成影响。货币政策一般包括紧缩性货币政策和扩张性货币政策。当政府执行紧缩性货币政策时,市场利率会较高,此时会提高项目的负债成本,项目决策者就会在项目总投资中下调负债资金的比重;反之,当政府执行扩张性货币政策时,项目决策者就会在项目总投资中上调负债资金的比重。

5.3.3　潜在股东构成分析

PPP项目研究中将常见的项目划分为固定资产投入大、设备供应和专业技术要求高、运营管理复杂和运营能力要求高的 3 大特征类别是相对具有合理性的,并针对这些特征总结提出了 PPP 发起人应具备的相应核心能力。可以看出,想要成功运作 PPP 项目,离不开与项目特征和核心能力需求相一致的发起人,即项目公司的主要股东类型有:一是具备雄厚资金实力、投融资渠道优势的金融投资机构,例如银行、基金公司、保险公司、信托公司及私募基金等;二是具有丰富经验的专业承包商,如总承包商、工程专业分包/承包商等;三是可以提供关键设备系统或掌握项目涉及的关键技术的专业机构,例如污水处理、垃圾处理、电力改造等专业技术企业等;四是具有先进运营管理经验的机构,例如燃气、水利、电力及交通工程的运营维护企业等。

对上述类型的专业公司参与 PPP 项目的优劣势进行梳理,主要观点如下:

(1)对于大型的 PPP 项目,由于工程总承包合同额规模大、承包盈利空间和规模大等原因,工程承包商往往是公路、桥梁、铁路等重资产型的 PPP 基础设施项目的发起人之一。工程承包商作为发起人,有利于从技术层面加强对项目可行性的论证,降低投资失败的概率;有利于保障项目进度、质量和安全、成本控制,确保顺利完工;有利于对项目部分建设风险的规避;有利于项目的顺利交验。

当然,选择工程承包商作为 PPP 项目公司的股东,也可能给项目带来一定的委托成本,例如,工程承包商作为股东除了从项目公司收益中获取一定比例的利润分红外,更多的目标是在建造过程中获得施工利润,在建造成本的控制方面存在一定的利益冲突,因此有可能损害整个 PPP 项目公司的利益。

(2)PPP 项目的典型特征是一般有较长的特许经营期,运营管理商是项目长期经营的关键,也是运营管理商获得利益的机会。因此,在 BOT 项目中,运营管理商通常可作为项目公司的股东(并不一定是项目发起人,运营管理商可能在运营阶段入股项目公司),以更好地发挥其优秀技术、管理人才和既有运营管理经验的优势。总的来看,运营管理商作为股东,其经验、技术和人才优势有利于项目运营,其专业能力有利于项目公司适当规避经营风险。运营管理商还可以发挥前段作用,提前介入项目使得项目能够更顺利地最终交付。

同样,由于委托成本的存在,运营管理商作为 PPP 项目公司的股东,其追求项目公司正常利润分红的同时,还可能在运营管理过程中获得委托专业运营的服务利润,这就有可能损害 PPP 项目公司和其他股东的利益。

（3）具有对核心技术和关键设备的要求的 PPP 项目，设备和技术供应商通常是项目的发起人，在项目建设过程中提供关键设备系统及核心技术资源，并有可能在设备使用过程中提供维修服务或后续技术支持服务。吸纳设备和技术供应商作为 PPP 项目公司的股东能为项目带来以下好处：有利于项目公司所需核心设备（技术）的正常采购和交付，有利于项目公司所采购核心设备的正常运营、维护以及后期的移交。

同样，设备和技术供应商作为 PPP 项目公司的股东，由于其除了可以从项目公司的收益中获取一定比例的利润分红外，还能获得设备和技术支持服务的利润，在一定程度上存在着利益冲突，有可能损害项目公司的利益。

（4）金融机构作为项目发起人，在项目发起阶段将是项目公司权益资金的重要来源和债务资金筹集的重要牵头人，而在项目成熟运营阶段将是项目公司价值的重要体现和其他股东价值实现的重要途径。由于国外资本市场的直接融资渠道更多，投资的流动性更强，资金的资产配置更广泛，因此金融机构作为 PPP 项目公司股东的现象非常普遍。在基础设施投资方面，大量的养老基金、教育基金、主权基金和保险资金等低成本资金投向了基础设施领域，此外大量市场化专业化的私募基金，也投向了具有较高收益的基础设施项目。金融机构作为 PPP 项目的股东，主要的优势有：有利于提高项目公司的投融资能力和风险分担与承担能力，有效解决项目资金问题；在运营阶段引入金融机构，还可以实现部分股东的股权价值变现，提高项目投资市场的流动性。

当然，选择金融机构作为 PPP 项目公司的股东，由于金融机构在 PPP 项目建造、运营和管理方面的非专业性，其在项目公司的决策权可能反而会产生较不利的后果。由于其更关注所投资的本金的安全和较高收益，其可能会对项目的成本控制和运营管理等过于严格限制，从而在一定程度上影响整个 PPP 项目公司的效率。

总的来说，PPP 项目在发起阶段和运营阶段，发起人或股东都会有其各自的专业优势和利益目标，以期发起或参与项目，争取更多利益。不同类型的项目、不同发起人、不同阶段对项目公司股东的能力要求并不相同，因此项目公司股东也可能根据自身目标进行适当调整（如新股东进入或原股东退出等）。

经分析可知，不同发起人可以根据自身能力和目的的不同，在发起阶段作为项目公司股东单独发起项目，或由不同发起人组成联合体共同发起项目；也可以在运营阶段,根据自身能力和目的,新进入或退出项目公司,减持项目公司股份或增持项目公司股份,以获得项目公司相应的权益比例和价值。

　　在前述研究的基础上,可以总结出,不同类型和资产特征的PPP项目,项目公司中通常具有与项目特征相一致的主要股东,也可以具有与项目其他需求相应的其他股东,见表5-5。

表5-5　PPP项目常见股东构成

项目类型与特征	发起阶段的潜在股东构成	运营阶段调整后的潜在股东构成
固定资产投入大的固定资产投资类项目	金融机构+承包商+设备和技术供应商+运营管理商	金融机构+运营管理商+设备和技术供应商+承包商
对核心设备系统和关键技术要求高的核心设备技术类项目	核心技术和设备供应商+金融机构+承包商+运营管理商	运营管理商+金融机构+核心技术和设备供应商+承包商
对于运营管理复杂的综合运营管理类项目	运营管理商+承包商+金融机构+设备和技术供应商	运营管理商+金融机构+设备和技术供应商+承包商

　　综合上述已有相关研究成果和项目案例分析,可知:

　　第一,PPP项目公司股权结构影响项目实施的效率。承包商、设备和技术供应商、运营管理商等专业公司为获得项目合同,更加有动力发起项目,这也增强了各方对项目成功的信心和PPP项目对资金、建造和运营等阶段性风险的应对能力;具有综合开发实力的发起人更有利于项目实施;政府或公共部门的参股,对私营部门实施PPP项目既有保障也有风险。

　　第二,PPP项目公司的股东权益分布和调整,体现股东对项目短期利益或长期战略的目的。股东权益在项目前期或建设期的合理变化,能够有效促进项目实施;在项目商业运营期的合理变化,能够提高项目公司的治理效力、管理水平和公司价值。因此,合理的股权结构设计对提升PPP项目效率具有重要的应用价值。

5.3.4　股权结构调整分析

经大量研究发现,PPP 项目发起至运营前的阶段(通常为 3~5 年),是项目经受风险最大的阶段,融资、建造、技术等不确定性因素最多,对发起人的挑战最大。很多项目由于发起人不具备风险分担能力,而不得不被动地遭受资本结构的调整或优化。

项目发起至运营阶段,项目部分发起人的利益目标逐步实现(例如承包商完成了建造任务、设备供应商完成了设备供应任务),项目的运营逐步步入稳定阶段,可以形成稳定现金流。此时,出于项目公司价值或权益价值的考虑,PPP 项目资本结构的主动调整更具可能性。由于信息获取的限制,通常资本结构中股债比例的调整情况很难获得(融资非公开信息),而对于股权结构的调整信息,往往可以通过公司年报或新闻报道获得。

通过分析国内外经典 PPP 项目案例,对 PPP 项目的股权结构调整原因、调整情况等因素做出汇总,具体见表 5 - 6。

表 5 - 6　PPP 项目的股权结构调整分析汇总

编号	调整阶段	调整方式	调整原因
1	运营阶段	被动国有化	项目盈利能力差、项目公司陷入困境
2	运营阶段	一承包商股东退出,另一承包商股东接盘	退出股东自身价值考虑,实现权益价值
3	运营阶段	长期资金或投资基金的介入	原股东部分权益价值的兑现
4	发起阶段	运营商退出,综合承包商接盘	原发起人是运营商,建造和融资能力不足
4	运营阶段	长期资金或投资基金的介入	原股东部分权益价值的兑现
5	发起阶段	运营商减持、引入专业投资者	运营商融资能力不足
5	运营阶段	长期资金或投资基金的介入	原股东部分权益价值的兑现
6	运营阶段	长期资金或投资基金的介入	原股东部分权益价值的兑现
7	运营阶段	原承包商股东逐步退出	运营商逐步增持

表 5 – 6(续)

编号	调整阶段	调整方式	调整原因
8	运营阶段	政府增持、获得控制权,私人方被动减持	项目合作范围扩大
9	运营阶段	承包商增持,投资机构减持	承包商职能逐步向运营商转变,获得更多权益,投资机构逐步退出并获利
10	运营阶段	私人方减持,员工股权激励	激励员工

由表 5 – 6 可以看出,股权结构调整通常也对应了不同阶段或时期股东之间的职责调整、利益索求、战略需求,主要特征是:

(1)发起阶段的股权结构调整较少,反映了特许经营者的选择过程通常是有效的,即在没有出现融资困难等特殊情形时,项目发起人决定投资项目后,发起人在项目公司中的股权结构一般不作调整。

(2)发达的金融市场为原股东的投资退出或逐步减持提供了项目运营阶段的重要接盘资金支持,即有大量保险资金、养老基金、主权基金等长期资金的介入,适当减轻了原有股东的资金压力,可提前实现其股权价值,同时使长期资金配置了与其资金性质和需求相一致的优质项目资产。

(3)当项目失败时,通常政府或国有企业是 PPP、BOT 项目的最终持有人。

(4)原有股东的转型发展,如承包商转型为运营商,为股权结构调整即承包商增持提供了机会。

(5)项目公司员工股权激励带来的股权结构调整,是公司治理和激励理论在项目公司层面的应用,将促进项目运营效率和公司价值的提升。

5.4　PPP 项目债务水平研究

PPP 项目债务水平主要指在实施过程中项目所负担的债务状况,通常主要包括项目债务与权益比例(债本比例)设计、债务资金来源及债务资金成本分析等内容。

5.4.1　PPP 项目债务水平特征

不同类型、不同特征的 PPP 项目的股权结构、债本比例通常存在差异,并表现出一定的特征,通过对资本结构中"债本比例"的研究可以得出 PPP 项目资本结构的基本特征主要表现在以下 4 个方面。

1. 相同类型项目的债务水平表现有比例一致性或一致性趋势

由国际典型案例可以看出,项目的类型特征影响着发起人、投资者对债务水平的需求或选择。对于固定资产投资大的项目,由于总投资规模大,通常具有较高的债务水平;而对于投资规模较小的技术型项目,如垃圾处理、水处理、小型水电站等项目,通常具有较低的债务水平,权益资本偏高。与此同时,债务资本的规模大小,还体现了投资者或发起人在权益资本方面的融资能力和资本成本。

2. 项目的收益特征与债务水平表现具有关联性

项目收益、政府补贴、贷款偿还期是影响 PPP 项目本贷比例(E/D)的 3 个最重要因素,而这 3 个因素归结起来就是项目的盈利能力或收益特征。此外,PPP 项目的收益特征、市场风险等也影响着金融机构(银行)对债务水平的提供,放贷方对项目现金流的和项目杠杆比例的要求,对项目的债务水平提出了要求,具体建议见表 5 - 7。

表 5 - 7　项目类型与债务水平经验

项目类型	最高债务水平	市场风险
基本没有市场风险,已经签署项目购买或使用协议的基础设施项目,如医院和监狱等项目	90%	很低
已有包销协议的电厂或加工厂	85%	较低
有一定市场风险的基础设施项目,如收费公路或大型交通基础设施项目	80%	低
自然资源项目	70%	一般
无包销协议或价格对冲突安排的项目,如商业电厂	50%	大

可见,对于具有可靠和稳定现金流、市场风险相对较小的项目,例如已经签

订相关购买协议、包销协议或具有市场供应垄断性、政府定额补贴的项目,债务水平可以提高;而对于有一定市场风险的项目,例如收费型高速公路、无包销协议的商业电厂项目,放贷方愿意提供的债务水平则相对较低。

3. 项目的不同阶段表现有不同的债务水平

典型PPP项目包含准备阶段及招投标阶段(融资前阶段)、融资阶段和项目建造阶段(融资建造阶段)、运营管理阶段和移交后阶段。各个阶段均具有涉及"资本结构选择和调整"的具体工作,资本结构是贯穿全项目周期的核心问题,是履行特许经营权利和实现特许经营目标的关键要素。

PPP项目的融资建造、运营管理和移交的基本特征,决定了项目资本结构 – 债务水平的基本趋势,如图5 – 1所示。在融资建造阶段,由于发起人、政府、放贷方等基于项目的发起目标达成了一致,负债比例基本确定,除特殊情况外(如不可抗力因素),项目的负债比例变化较小。在运营管理阶段,随着项目的运营逐步成熟,虽然过程中可能出现补充经营性现金流、项目改扩建等导致负债比例短期上升,但是就总体趋势而言,由于移交无债务的前提条件,项目负债比例总体逐步降低,直至移交时点为零。项目移交后,公共部门或将根据项目改扩建、盘活存量资产等需要,可能逐步合理提高项目的负债比例,直至合理稳定的区间。

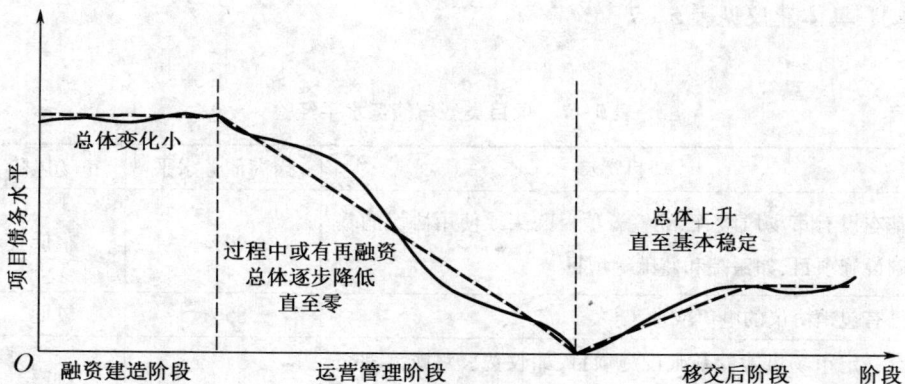

图5 – 1   PPP项目债务水平的变化过程示意图

4. 项目的目标债务水平表现为一定的区间特征

关于目标债务水平或目标最优资本结构的取值,实际应用界和学界一直有较大的争议,主要有两种观点:①目标债务水平或目标最优资本结构可以是一个具体的数值;②目标债务水平或目标最优资本结构更多体现在多因素影响下的合理区间。

由于受众多因素的影响,最优资本结构不是一个固定不变的值,而是一个变动区间,在这个区间内,企业的财务管理目标能够得到最大限度的实现,而财务管理目标的主流观点是企业价值最大化。对于PPP项目而言,PPP项目的最优资本结构同样表现为一个合理的区间,而不只是某一个固定的数值。根据经验总结了部分类型项目的常见债务水平,见表5-8。可以看出,在不同的行业中,融资项目的债务水平大致分布在30%~80%这一区间内,并且一般比重均在50%以上,在此区间内的债务水平更加符合投资者发起项目融资的利益诉求,也可以更好地发挥高杠杆的优势。

表5-8　部分类型项目的常见债务水平

项目类型	常见债务水平
通信	30%~40%
煤矿	40%~60%
电厂、高速公路	60%~70%
电力和煤气输送	70%~75%
已签订购买协议的燃气电站等项目	75%~80%

根据大量案例的研究成果,可以总结出不同类型基础设施项目债务水平经验区间,见表5-9。实际应用过程中,可以根据项目的特征、收益测算等情况,参考区间建议,提出项目的资本结构-债务水平初步建议。

表5-9　债务水平经验区间

项目类型	部分行业	常见债务水平
总投资较大的固定资产投资类	公路、港口、机场、轨道交通等	60%~90%
投入大、要求高的核心设备技术类	电厂、电站、污水处理、垃圾处理、环境工程	50%~70%
运营管理要求高的综合运营管理类	具有稳定收益的公用设施,水、燃气、供热等	50%~70%

表 5 - 9 中的经验区间值,在实际应用中,可以初步为 PPP 项目的各参与方提供资本结构 - 债务水平方案,并且为他们评估自身利益目标提供参考。

5.4.2　各方利益目标与关键指标分析

PPP 项目的发起人和参与人,都有自己的利益和目标。例如,政府主要关心社会福利、物有所值等社会效益,发起人则重点关心项目风险和收益,具体的用户则关心项目的收费价格,放贷方则关心项目的贷款偿还能力和自身资本的获利。PPP 项目的发起人投入权益资金,主要目的是便于项目公司进行外部融资,特别是债务融资,其代表了发起人努力成功运作项目的信心。债务提供人(放贷方)往往不懂专业的开发、运营和管理,政府通过项目引来了长期资金支持,发起人的权益资本将有利于各方的合作推进。但是由于权益投资相对的高风险,投资者必然要求相对的高回报,而 PPP 项目的回报主要基于项目未来的现金流,高风险、高回报必然要求项目具有高净现金流、具有较高的收费水平,投入大量的权益资本反而将影响产品或服务的效率。因此,在 PPP 项目中,合理的本贷比例(权益资本与债务资本的比例),是资本结构选择的关键。

总体来看,PPP 项目的资本结构体现了发起人(或发起人联合体,投资者)对项目公司价值的判断,体现了政府(公共方)实施项目对社会效益的判断,体现了放贷方(银行)对项目偿债能力的判断,也体现了用户对公平效应的判断。满足各方的利益目标,是确定项目负债比例的前提和基础。本部分基于财务分析及社会学理论,构建出实现各方利益目标函数和函数包括关键量化指标,为整体分析框架和计算模型提供了基础。

1. 基于自由现金流模型的发起人项目价值最大化

从发起人角度出发,项目公司的价值基于自由现金流(Free Cash Flow, FCF)的计算过程主要如下:

(1)加权平均资本成本 WACC

WACC(Weighted Average Cost of Capital)反映了权益资本成本和债务资本成本水平:

$$WACC = w_e r_e + w_d (1 - r_{tax}) r_d \qquad (5-1)$$

其中,w_e 为权益资本比例,w_d 为债务资本比例,r_e 综合反映了资本市场行情、利率风险水平和公司经营风险等内容,可通过 CAPM 模型进行计算。当权

益资本或债务资本有不同来源及不同结构时,可对各项进行加权,即

$$WACC = \sum_i w_{ei} r_{ei} + \sum_i w_{di}(1 - r_{tax}) r_{di} \qquad (5-2)$$

（2）自由现金流 FCF

计算企业的自由现金流量,目的是了解在不影响企业持续发展能力的条件下,企业可以分配给其资本提供者的最大现金金额。根据其基本概念,计算企业自由现金流的方法是:扣除企业所有经营支出、投资需要和税收之后,在清偿债务之前的剩余现金流量。即可以表达为

FCF = 息税前利润（1 - 税率）+ 折旧 - 资本性支出 - 追加运营资本

对于 PPP 项目而言,通常无资本性支出,因此可简化为

自由现金流 = 税后净收益 - 运营投资

PPP 项目是在政府特许经营授权下进行的,价格和实际公共服务或产品的需求是项目公司价值的根本,可以定义 P 为服务或产品价格、Q 为项目的产量或服务的需求,成本费用参数主要包括建安成本（C_{Ct}）、运营维护成本（C_{MOt}）及还本付息费用（C_{Lt}）。对于 PPP 项目而言,建安成本和运营维护成本通常与项目的设计规模（Capacity）和产量有关（Quantity）。

可以表述为

$$FCF = P_t Q_t - C_{Ct} - C_{MOt} - L_t = P_t Q_t - C_t \qquad (5-3)$$
$$L_t = K_t + I_t（本息之和）$$

其中,C_t 为第 t 年的成本费用总额。

（3）项目公司的获利价值 $Pvalue$：

$$Pvalue = \sum_{t=n}^{T_{op}} \frac{FCF_t}{(1 + WACC_t)^{t-n+1}} = \sum_{t=n}^{T_{op}} \frac{P_t Q_t - C_t}{(1 + WACC_t)^{t-n+1}} \qquad (5-4)$$

其中,T_{op} 为特许经营期年限（假定含建设期）,在第 T_{op} 年,项目将无偿移交给政府(无负债,不计剩余价值),即满足条件 $w_{dT_{op}} = 0$。同时 $Pvalue$ 还通常以项目的自有资金内部收益率 IRR 进行反映,即当 $Pvalue$ 值为零时的折现率。

基于现金流模型的发起人项目价值目标函数,可以进一步细化发起人的目标需求,更好地反映项目的经营效益、财务风险和盈利能力。其中,项目的资本成本、经营风险、财务风险和盈利能力可以通过以下指标列出,分别是:

（1）项目的资本成本,具体又包括权益资本成本 r_e、债务资本成本 r_d,以及加权平均资本成本 $WACC$。

（2）项目的经营风险,可用经营杠杆系数(Degree of Operating Leverage, DOL)表示:

$$DOL = \frac{Q_n(p_n - C_{vn})}{Q_n(p_n - C_{vn}) - C_{fn}}$$ (5-5)

其中,C_v 是单位变动成本,C_f 为固定成本,n 代表第 n 年。

（3）项目的财务风险,通常用财务杠杆系数(Degree of Financial Leverage, DFL)表示,反应项目负债对权益价值的影响:

$$DFL = \frac{EBIT_n}{EBIT_n - I_n}$$ (5-6)

式中 $EBIT_n$——第 n 年的息税前利润。

（4）项目的盈利能力,主要指标是自有资金投资的收益率和全投资内部收益率。

$$\sum_{t=1}^{T_{op}} (CI - CO)_t(1 + IRR)^{-t} = 0(或 Pvalue = 0 时, WACC = IRR)$$

(5-7)

式中 CI——自有资金投资现金流量中的现金流入;

CO——现金流出;

IRR——自有资金投资的内部收益率。

$$\sum_{t=1}^{T_{op}} (CI' - CO')_t(1 + IRR')^{-t} = 0$$ (5-8)

式中 CI'——项目全投资现金流量中的现金流入;

CO'——现金流出;

IRR'——项目全投资的内部收益率。

2. 基于福利经济学的政府社会效益最大化

从政府角度看,采用 PPP 模式的作用是减轻财政压力,目标是提升社会效益、引进专业服务和提升服务质量和效率,最终的目标是最大化项目的社会效益。社会效益的评价有定性和定量分析。对于 PPP 项目而言,其社会效益应全面考虑项目的阶段特征,即对政府来说,社会效益的最大化,应包括运营管理阶段和移交后的阶段,将其目标函数表述为

$$Svalue = \sum_{t=n}^{T_{life}} \frac{p'_t Q'_t}{(1 + r_t)^{t-n+1}} - \sum_{t=n}^{T_{life}} \frac{p_t Q_t}{(1 + r_t)^{t-n+1}} -$$

$$\sum_{t=n}^{T_{\text{op}}} \frac{C_t}{(1+r_t)^{t-n+1}} + \sum_{t=T_{\text{op}}}^{T_{\text{life}}} \frac{CF_t}{(1+r)^t} \tag{5-9}$$

基于公共方的目标函数,构建评价社会效益的可量化指标,分别为:

(1)项目在特许期运营阶段的社会价值获得,即社会成本节约(SCS,即运营期内社会效益的净现值)集中反映了项目对社会成本(价格)和效率(量)的贡献:

$$SCS = \sum_{t=n}^{T_{\text{op}}} \frac{p_t' Q_t'}{(1+r_t)^{t-n+1}} - \sum_{t=n}^{T_{\text{op}}} \frac{p_t Q_t}{(1+r_t)^{t-n+1}} - \sum_{t=n}^{T_{\text{op}}} \frac{C_t}{(1+WACC_t)^{t-n+1}}$$
$$\tag{5-10}$$

(2)项目在移交后阶段的经济价值获得,即移交后价值 NPV_{trans}:

$$NPV_{\text{trans}} = \sum_{t=T_{\text{op}}}^{T_{\text{life}}} \frac{CF_t}{(1+r)^t} \tag{5-11}$$

(3)项目寿命周期内的社会效益内部收益率 IRR:

$$\sum_{t=1}^{T_{\text{life}}} \frac{p_t' Q_t'}{(1+IRR)^{t-n+1}} - \sum_{t=1}^{T_{\text{life}}} \frac{p_t Q_t}{(1+IRR)^{t-n+1}} -$$
$$\sum_{t=1}^{T_{\text{op}}} \frac{C_t}{(1+IRR)^{t-n+1}} + \sum_{t=T_{\text{op}}}^{T_{\text{life}}} \frac{CF_t}{(1+IRR)^t} = 0 \tag{5-12}$$

3. 基于偿债能力的放贷方债权价值最大化

PPP项目的债务资本大部分从商业银行和金融机构融得,如商业银行、出口信贷、多边机构(世界金融公司、世界银行、亚洲开发银行、欧洲开发银行)等。随着金融市场的逐步完善,越来越多的债务资本来源还包括养老基金、保险资金、政府基金和市场化专业化运作的基础设施基金等。显然,项目融资的有限追索、关注完工担保、未来现金流偿还本息等特点,决定了其与商业银行普通贷款有较大的区别。作为债务资金提供方,项目融资的安排行或参与方,关心的内容主要可以从3个方面进行考虑,分别是自身资本的获利能力(银行经营项目债务资本的获利)、项目每年的偿债覆盖率和项目的贷款期覆盖率。以银行为例:

$$Lvalue = \sum_{t=n}^{T_{\text{op}}} \frac{K_t + I_t}{(1+WMCF_t)^{t-n+1}} - \sum_{t=n}^{T_{\text{op}}} \frac{D_t}{(1+WMCF_t)^{t-n+1}} \tag{5-13}$$

式中　K_t——第 t 年的本金偿还;

　　　I_t——第 t 年的利息偿还;

D_t——第 t 年的贷款余额(含新增贷款);

$WMCF$——放贷方的资金边际成本,反映了银行风险资本与债务资本的
综合。

$$WMCF_t = R_w k_e \lambda + IR(1 - R_w \lambda)(1 - r_{tax}) \tag{5-14}$$

式中　IR——银行同业利率;

r_{tax}——银行企业税率;

k_e——银行权益资本成本;

λ——银行最小资本充足率;

R_w——交易风险权重,可以通过监管机构就银行资本化要求的百分比
得出。

当 $Lvalue$ 值为零时,体现了银行在此交易的 IRR。放贷方实现价值最大化,
一定程度上反映了 PPP 项目的整体偿债能力。实际上,考量项目全过程,同样
的价值目标可以通过不同的现金流量组合得以实现。然而,就具体时点而言,
由于债务的刚性支付特征,项目的经营现金流是否与项目的债务特征相匹配,
是评估债务融资的关键。目前,通常用来评估偿债能力的指标主要有偿债覆盖
率(Debt Service Coverage Ratio,DSCR)和贷款期偿债覆盖率(Loan Life Coverage
Ratio,LLCR)。

$$DSCR = \frac{OCF_n}{K_n + I_n} \tag{5-15}$$

式中,OCF_n——第 n 年的经营现金流量。

此外,除单独计算具体时点 n 的偿债覆盖率以外,实际中还会计算出一定
时间段的平均偿债覆盖率(AVDSCR),以更好地评价项目在一定区间内的偿债
能力。

在考察某个时点或某个时间区间的偿债覆盖率的基础上,还应考虑在时点
n 时,项目剩余经营现金流的折现值与在时点 n 的未偿还债务的比率关系,即贷
款期偿债覆盖率(LLCR)。

$$LLCR = \frac{\sum_{t=n}^{n+T_d} \frac{OCF_t}{(1+r)^t} + DR_n}{\sum_{t=n}^{n+T_d} \frac{K_t}{(1+r_d)^t}} \tag{5-16}$$

式中　DR_n——项目公司的可用偿债储备(如有);

K_t——第 t 时间点的贷款本金偿还量；

r_d——项目的贷款利率。

显然,对于放贷方而言,在项目全过程中,$DSCR$ 和 $LLCR$ 均应大于 1。其中,$DSCR$ 反映的是某个时间点或区间,经营现金流与债务本息之间的关系,现金流对于放贷方有利的债务清偿能力;$LLCR$ 反映的是时间点之后,发起人自由可用的现金盈余对于放贷方的债务偿还能力。

经汇总,不同项目类型的偿债覆盖率和贷款期偿债覆盖率经验值见表 5 – 10,在实际应用中,可以根据不同放贷方的要求和项目实际进行综合确定。

表 5 – 10 不同项目类型的偿债覆盖率和贷款期偿债覆盖率经验值

项目类型	平均 $DSCR$	平均 $LLCR$
电力:商业电厂(无包销协议)	2.0 ~ 2.25	2.25 ~ 2.75
仅一个收费合同	1.5 ~ 1.7	1.5 ~ 1.8
在涉及管制的业务的情况下	1.3 ~ 1.5	1.3 ~ 1.5
交通/运输	1.25 ~ 1.5	1.4 ~ 1.6
电信	1.2 ~ 1.5	—
水	1.2 ~ 1.3	1.3 ~ 1.4
废能发电	1.35 ~ 1.4	1.8 ~ 1.9
其他民间融资行为	1.35 ~ 1.4	1.45 ~ 1.5

此外,对于 PPP 项目而言,另外的重要约束条件是,在移交时刻,即 T_{op} 年,财务模型中的项目债务归零。即 $n = T_{op}$ 时,

$$L_{T_{op}} = K_{T_{op}} = I_{T_{op}} = D_{T_{op}} = 0 \qquad (5-17)$$

对于放贷方而言,基于其目标函数和对项目公司偿债能力的要求,其关键量化指标是:

(1)放贷方在项目中获得的投资收益率(IRR_t):

$$\sum_{t=1}^{T_{op}} (CI_t - CO_t)_t (1 + IRR_t)^{-t} = 0 \qquad (5-18)$$

(2)放贷方要求项目具备的 $DSCR$:

$$DSCR = \frac{OCF_n}{K_n + I_n} \qquad (5-19)$$

（3）放贷方要求项目具备的 *LLCR*：

$$LLCR = \frac{\sum_{t=n}^{n+T_d} \frac{OCF_t}{(1+r)^t} + DR_n}{\sum_{t=n}^{n+T_d} \frac{K_t}{(1+r_d)^t}} \qquad (5-20)$$

5.4.3　PPP 项目资本结构 – 债务水平确定流程

在确定债务水平的过程中,简单来讲,各方目标总体表现为项目的 3 种能力和 3 方面的目标需求,即基于发起人角度的盈利能力和价值需求,基于公共方角度的社会福利能力和社会效益需求、基于放贷方角度的偿债能力和资本盈利需求,三者表现出的逻辑关系如图 5 – 2 和图 5 – 3 所示。按照层次分析法的思路,三者构成的 PPP 项目资本结构 – 债务水平选择指标体系如图 5 – 4 所示,由于目标体系均为客观指标,因此可采用熵权理论进行综合评价,从而避免目前大多研究中采用的 AHP 综合评价方法的主观性。

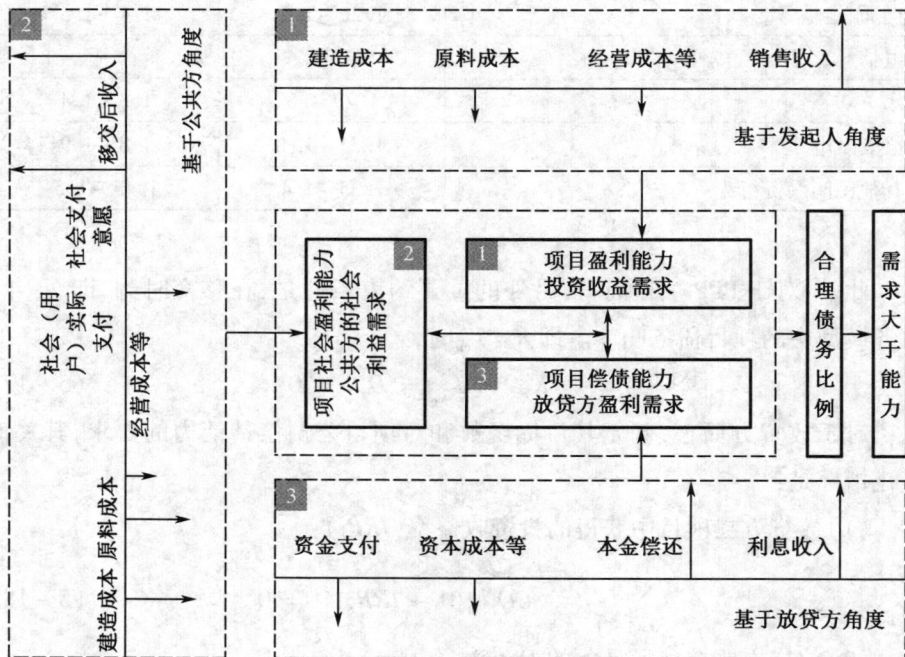

图 5 – 2　确定资本结构—债务水平的各方能力与需求逻辑

经分析,对 PPP 项目资本结构中的债务水平(即债务/权益组合值)按照"四步法"进行确定,最优债务水平的确定过程如下:

(1)提出初步建议方案。根据本书研究的项目类型、项目阶段和实际经验值,由各方分别提出债务水平的多个初步建议方案;

(2)筛出建议可行方案。根据图 5-3 所示流程,筛选提出分别符合三方目标的债务/权益组合的多个建议方案,完成对第一阶段初步建议方案的筛选。

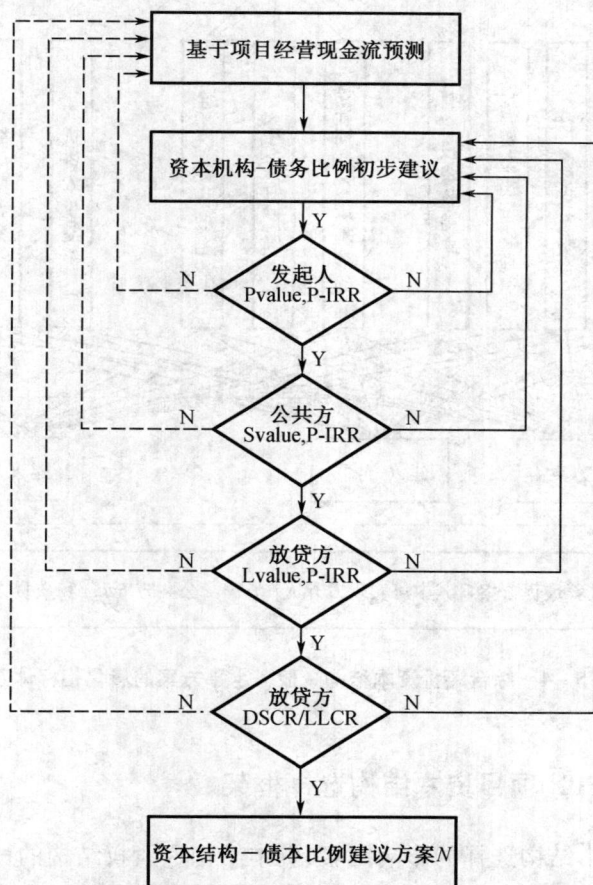

图 5-3　资本结构—债务水平建议方案的工作流程

(3)综合评价最优方案。通过熵权理论的多目标决策方法(客观量化赋权),对步骤(2)提出的多个建议方案进行多目标下的综合评价,评价得出项目的最优债务水平方案(最优债务/权益组合);

（4）动态调整与优化。针对项目的不同阶段进行动态监控、评价或调整（重复步骤（1）和步骤（3））。

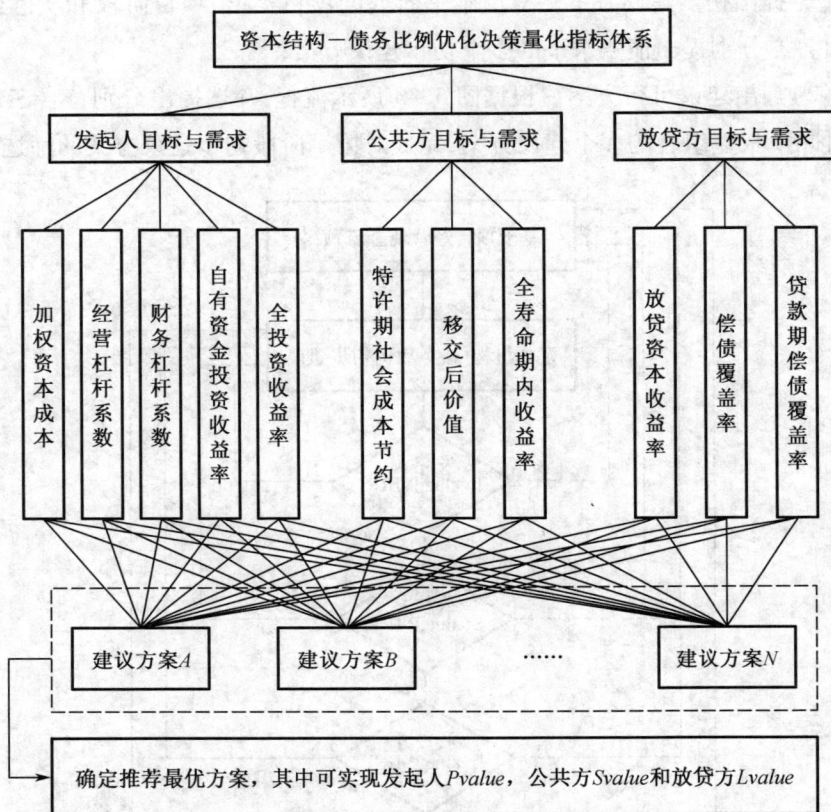

图 5-4　综合评价资本结构－债务水平方案的量化指标体系

5.4.4　PPP 项目资本结构选择框架

通过对资本结构选择的影响因素、资本结构－股权结构的选择和调整、资本结构－债务水平的选择等内容的研究,梳理出 PPP 项目资本结构选择的工作框架,如图 5-5 所示。

第1步：观察影响因素、了解项目特征

资本结构选择影响因素

(1)明确自身角色对应的目标
(2)了解其他方的需求和项目目标
(3)了解资本市场项目市场环境
(4)细化项目的特征和能力分析

第2步：确定发起人和股权结构

资本结构－股权结构选择

(1)明确项目类型与项目阶段
(2)明确项目关键能力需求
(3)确定发起人或发起人联合体
(4)根据模型合理确定股权结构比例

第4步：动态调整项目股权结构

资本结构－股权结构调整

(1)明确项目阶变化
(2)明确项目关键能力需求变化
(3)根据模型合理调整股权结构

第3步：合理确定项目债务水平

资本结构－债务比例选择

(1)根据项目特征提出初步建议方案
(2)按计算模型确定各方利益目标
(3)按模型筛选提出可行建议方案
(4)根据熵权理论决定最优方案

第5步：动态调整优化项目债务水平

资本结构－债务比例调整

(1)明确项目阶变化
(2)按模型调整各方目标
(3)按模型筛选负债比例调整方案
(4)根据熵权理论决定最优方案

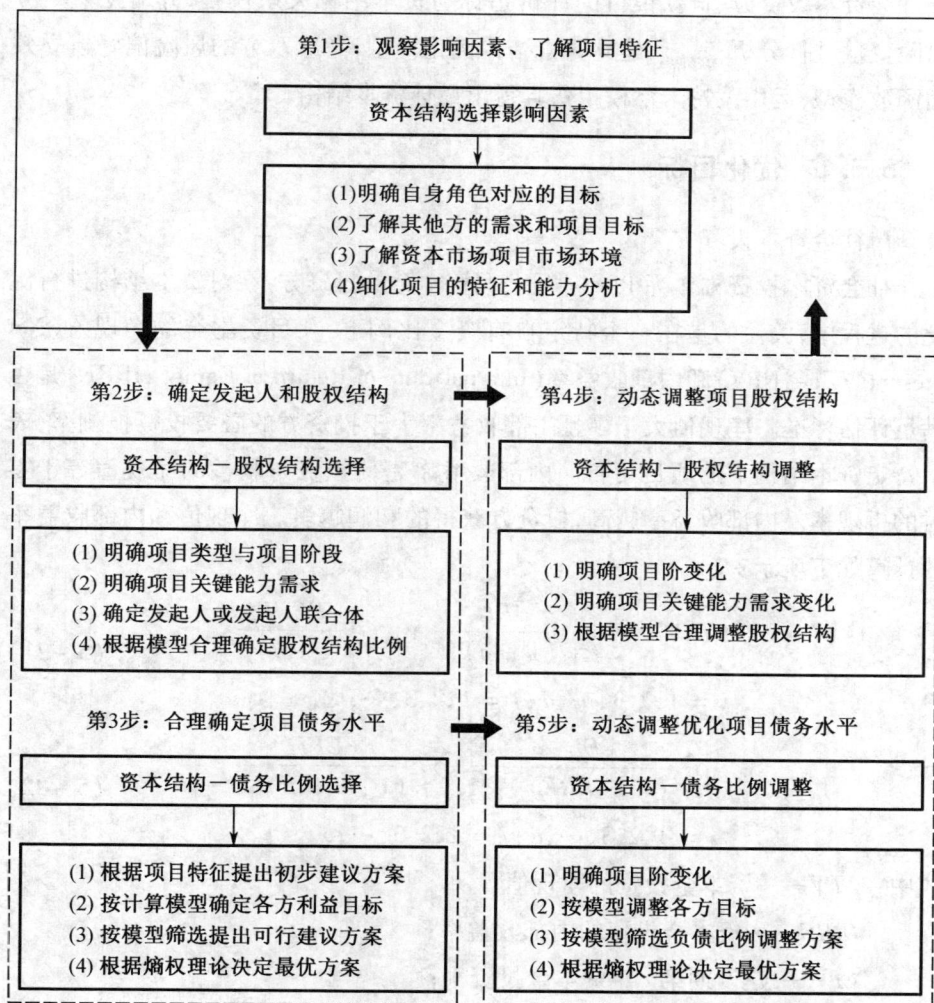

图 5－5　PPP 项目资本结构选择的工作框架

5.5　PPP 项目资本结构优化研究

资本结构优化是指社会资本投资方投入的股本(即资本金)占项目公司长期资本的比例达到最优。资本结构需要满足社会资本投资方与贷款银行的财务需求。结合基础设施 PPP 项目的特征,其优化策略主要包括两部分:其一,建立社会资本投资方、贷款银行的评价指标与资本结构关系模型,并对主要财务风险变量进行分析;其二,建立资本结构优化模型,考虑双方的风险偏好建立效用函数模型,运用蒙特卡洛模拟仿真得出最佳资本结构。

5.5.1　优化目标

1. 社会资本投资方

社会资本投资方作为 PPP 项目公司资本金的投资方,在对资本结构进行优化的过程中,关注的是在一个特定自有资金比例下,项目资本金的净现值(Net Present Value,NPV)和内部收益率(Internal Rate of Return of Equity,IRRE)是否满足评估标准。净现值大于零且内部收益率大于投资方的必要投资报酬率,表示特定资本结构下的项目可行。内部收益率是使投资与收益的净现值等于零时的折现率。内部收益率越高,投资方获得的利润越多。净现值和内部收益率的计算如下所示:

$$NPV = - \sum_{i=1}^{a} \frac{EI_i}{(1+d)^{i-1}} + \sum_{j=1}^{b} \frac{FCFE_j}{(1+d)^{j+a}} \quad (5-21)$$

$$i = 1,2,3,\cdots,a\,;j = 1,2,3,\cdots,b$$

$$\sum_{i=1}^{a} \frac{EI_i}{(1+IRRE)^{i-1}} = \sum_{j=1}^{b} \frac{FCFE_j}{(1+IRRE)^{j+a}} \quad (5-22)$$

$$i = 1,2,3,\cdots,a\,;j = 1,2,3,\cdots,b$$

式中　NPV——资本金投资的净现值;

$\qquad IRRE$——资本金投资的内部收益率;

$\qquad EI_i$——建设期第 i 年资本金投资额;

$\qquad FCFE_j$——运营期第 j 年股东自由现金流量;

$\qquad a$——建设期;

$\qquad b$——运营期。

2. 贷款银行

贷款银行贷款给 PPP 项目投资方时,贷款额度主要与贷款银行的风险承受能力有关。由于 PPP 项目具有有限追索或无追索的特征,且经营期的现金流入是项目公司还本付息的唯一来源,因此贷款银行在对项目贷款进行评估时,尤为关注项目经营期的现金流量是否足以让自己收回贷款并获得相应利息。国际通用的评估指标为偿债覆盖率。偿债覆盖率也称偿债保障比率,是指当年的自由现金流量与还本付息额的比率。债权人要求的偿债覆盖率(即 $DSCR_{req}$)取决于项目所在国、项目的行业领域、市场状况以及债权人的类型等。偿债覆盖率的计算公式为

$$DSCR_k = \frac{EBIT_k + DEP_k - TAX_k}{DI_k}$$

$$k = 1,2,3,\cdots,c$$

(5-23)

式中 $DSCR_k$——还款期第 k 年的偿债覆盖率;

$EBIT_k$——还款期第 k 年的息税前利润;

DEP_k——还款期第 k 年的折旧摊销额;

TAX_k——还款期第 k 年的所得税;

DI_k——还款期第 k 年的还款付息额;

c——还款期。

3. 公共部门

公共部门运用 PPP 项目融资方式向公众提供城市基础设施时,其最关注的是在合理预算的基础上,公众是否能够以较低的价格享用公共服务。为避免社会资本投资方逃避风险责任,不适当运用财务杠杆获取利润,我国政府对基础设施 PPP 项目的资本金比例最低限额做出了一系列规定,具体情况见表5-11。

表5-11 国家对各类 PPP 项目规定的最低资本金限额

项目类型	最低资本金限额
城市轨道交通项目	25%
港口、沿海及内河航运、机场项目	25%
铁路、公路项目	25%
房地产开发项目:保障性住房和普通商品住房项目	20%
其他房地产开发项目	30%
产能过剩行业项目:钢铁、电解铝项目	40%
水泥项目	35%
煤炭、电石、铁合金、焦炭等其他项目	30%

5.5.2 资本结构优化模型

优化是指在一定允许范围内使得函数达到最大或最小的值,根据 PPP 项目

特点选取社会资本投资方和贷款银行关注的财务指标,即资本金内部收益率和还款期平均偿债覆盖率,作为资本结构优化的目标。资本结构优化需要使多个目标得到最佳值,而不同的财务目标可能相互矛盾,难以求得同时满足优化目标的资本结构。因此,有必要引入风险效用函数代表不同参与方的风险承受能力和满意程度。为不同参与方设定不同权重,从而将多目标优化转化为求解总效用最大的有效解。

1. 内部收益率风险效用函数

建立内部收益率风险效用函数的基本假设:

(1)内部收益率需要大于银行贷款利率($IRRE_{min}$)。

(2)当内部收益率小于银行贷款利率时,效用为0;当内部收益率大于预期最大投资报酬率($IRRE_{max}$)时,效用为1。最大投资报酬率由社会资本投资方与政府通过谈判确定,最大投资报酬率需要考虑社会资本投资方的合理利润以及风险溢价。

(3)根据 Yun 的研究,假设投资方的风险效用函数属于风险偏好型。当内部收益率接近最大投资报酬率时,效用增长率比较高。表明内部收益率越接近最大投资报酬率,投资方越期待获得更高的利润。例如,内部收益率由 12% 提高至 13% 时,投资方获得的效用高于内部收益率由 6% 提高到 7% 的效用。内部收益率的风险效用函数形状如图 5−6 所示。

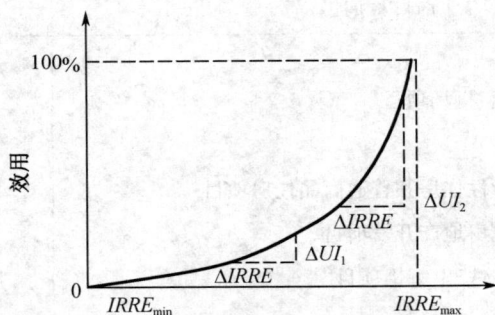

图 5−6　股东内部收益率的风险效用函数形状

根据 Clemen 的研究,风险偏好型风险效用函数用指数函数形式可表示如下:

$$UI = \alpha + \beta(1 - e^{IRRE}) \tag{5−24}$$

边界条件：

$$IRRE < IRRE_{min}, \; UI = 0, 0 = \alpha + \beta(1 - e^{IRRE_{min}}) \tag{5-25}$$

$$IRRE \geqslant IRRE_{max}, \; UI = 1, 1 = \alpha + \beta(1 - e^{IRRE_{max}}) \tag{5-26}$$

式中 UI——内部收益率的风险效用；

α——常数；

β——相关系数；

e^{IRRE}——内部收益率的指数。

以上式子可转化为

$$UI = \frac{e^{IRRE} - e^{IRRE_{min}}}{e^{IRRE_{max}} - e^{IRRE_{min}}} \tag{5-27}$$

因此，内部收益率的风险效用函数可表示为

$$UI = \begin{cases} 0 & IRRE < IRRE_{min} \\ \dfrac{e^{IRRE} - e^{IRRE_{min}}}{e^{IRRE_{max}} - e^{IRRE_{min}}} & IRRE_{min} \leqslant IRRE < IRRE_{max} \\ 1 & IRRE \geqslant IRRE_{max} \end{cases} \tag{5-28}$$

2. 偿债覆盖率风险效用函数

建立偿债覆盖率风险效用函数的基本假设：

（1）可用于还本付息的资金与当期还本付息额的比率应大于行业偿债覆盖率最低可接受值（$DSCR_{min}$）；

（2）当偿债覆盖率小于最低可接受值时，效用为0；当偿债覆盖率大于贷款银行要求偿债覆盖率（$DSCR_{req}$）时，效用为1。银行要求的偿债覆盖率与项目风险、政府担保条款等相关。

（3）假设偿债覆盖率的风险效用函数为风险厌恶型。这是因为，人们在面对严重损失风险时，通常是风险厌恶型。贷款银行希望项目的偿债覆盖率能够满足最低水平，以保证项目的偿债能力，避免破产风险。

偿债覆盖率的风险效用函数的形状如图5-7所示。当偿债覆盖率接近最低偿债覆盖率时，效用增长率比较高。表明贷款方的偿债覆盖率越低时，就越期待获得更高的保障。根据 Clemen 的研究，风险厌恶型风险效用函数用指数函数形式可表示如下：

$$UD = \alpha + \beta(1 - e^{-DSCR}) \tag{5-29}$$

$$DSCR < DSCR_{min}, \; UD = 0, 0 = \alpha + \beta(1 - e^{-DSCR_{min}}) \tag{5-30}$$

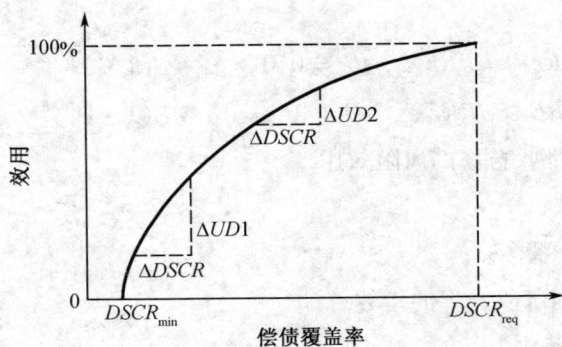

图 5 - 7　偿债覆盖率的风险效用函数形状

$$DSCR \geqslant DSCR_{\text{req}}, \ UD = 1, \ 1 = \alpha + \beta(1 - e^{-DSCR_{\text{req}}}) \qquad (5-31)$$

式中　UD——偿债覆盖率的风险效用;

　　　α——常数;

　　　β——相关系数;

　　　e^{-DSCR}——偿债覆盖率的指数。

以上式子可转化为

$$UD = \frac{e^{-DSCR} - e^{-DSCR_{\text{min}}}}{e^{-DSCR_{\text{req}}} - e^{-DSCR_{\text{min}}}} \qquad (5-32)$$

因此,偿债覆盖率的风险效用函数可以表示为

$$UD = \begin{cases} 0 & DSCR < DSCR_{\text{min}} \\ \dfrac{e^{-DSCR} - e^{-DSCR_{\text{min}}}}{e^{-DSCR_{\text{req}}} - e^{-DSCR_{\text{min}}}} & DSCR_{\text{min}} \leqslant DSCR < DSCR_{\text{req}} \\ 1 & DSCR \geqslant DSCR_{\text{req}} \end{cases} \qquad (5-33)$$

3. 资本结构多目标优化模型

资本结构优化需要满足两个目标:保持稳定的偿债覆盖率以及将股东内部收益率最大化。因此,在多目标优化模型中目标函数为 $IRRE$ 和 $DSCR$ 的效用乘以相应权重(p 和 q)之和。

$$\text{Maximize } TU = \max(pUI + qUD) \qquad (5-34)$$

$$\text{s. t.} \begin{cases} 0.25 \leqslant \omega < 1 \\ NPV \geqslant 0 \\ IRRE \geqslant IRRE_{\text{min}} \\ DSCR \geqslant DSCR_{\text{min}} \end{cases}$$

其中，$p + q = 1, 0 \leqslant p \leqslant 1$ 且 $0 \leqslant q \leqslant 1$，$TU$ 为效用。

5.5.3　资本结构优化步骤

资本结构优化主要包括以下 5 个步骤：

1. 数据收集与处理

这一步主要是基于给定 PPP 项目收集用于分析的数据，如项目条件、宏观经济数据以及建设期、运营期期限。

2. 风险分析

这一步主要是从收集的数据中选取带有不确定性的财务随机变量，定义其随机分布，运行蒙特卡洛模拟。

3. 财务报表预测

通过财务随机变量以及宏观经济数据等形成 PPP 项目的财务报表，分析项目现金流，并得出股东内部收益率和偿债覆盖率等资本结构优化指标。

4. 非线性效用函数分析

将资本结构优化指标转化为效用函数，以量化目标函数。

5. 多目标优化分析

在给定限制条件下，对目标函数进行优化。

5.5.4　融资结构优化流程图

假设公共部门的投资总额为 I_G，私营部门的投资总额为 I_S，考虑到公共部门一般为项目发起人，定义 $K = \dfrac{I_S}{I_G + I_S}(0 < K < 1)$。如此，优化融资结构本质上就是确定最佳的 K。传统的财务评价方法可以计算出融资结构 K，但是却未能考虑对项目起着重要影响作用的风险因素。确立最佳的融资结构，特别是考虑风险因素的融资结构，对项目目标的实现至关重要，是 PPP 项目成功运行的有力保障，是缩短谈判时间、降低前期费用、实现利益均衡，在大型准营利性基础设施中有效推广 PPP 模式的加速器。

利用蒙特卡洛模型建立基础设施 PPP 融资结构优化模型，流程如图 5-8 所示。该模型既考虑了对项目现金流有重要影响的风险因素，又能够直接求得满足决策者需要的最优融资结构。在模型中，先确定一个满足项目所在地法律政策规定的可行区间,并以该区间下界作为初始融资比例;然后根据风险因素的概率分布,计算每年营业净收入;由于预期投资回报率是投资者最关注的因素,因此可认定预期投资回报率已知,并以此作为折现率对每年营业净收入进行折现;计算特许经营期内的累积净现值,得到累计净现值的概率分布,并统计累计净现值大于 0 的概率 P,作出概率 P 随融资结构 K 变化的曲线图,按照要求的置信度 C,即可确定最佳融资结构 K。

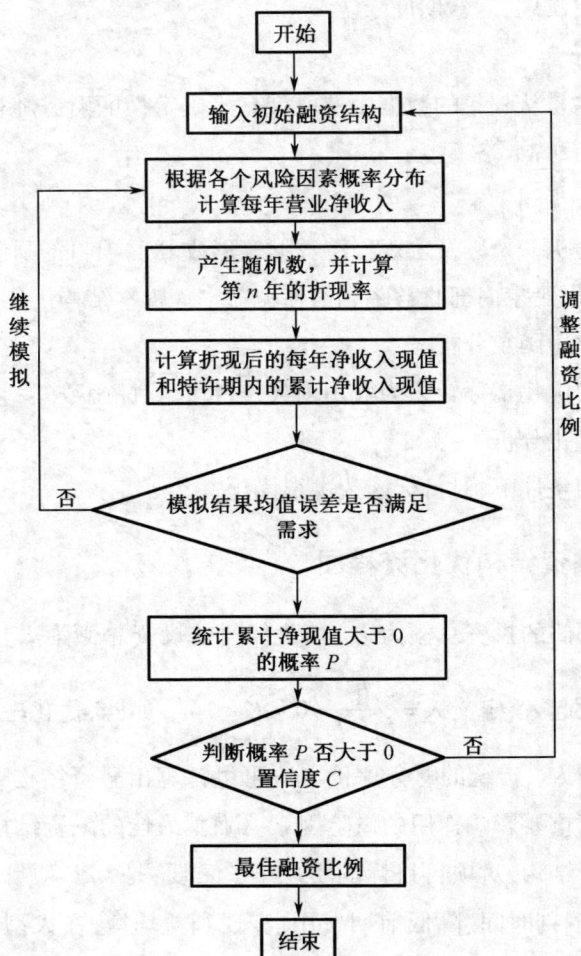

图 5-8　融资结构优化流程图

第6章 PPP 项目物有所值评价研究

6.1 PPP 项目物有所值评价理论基础

6.1.1 物有所值评价相关概念

"物有所值"的本意是钱花得值,通俗来讲就是少花钱、多办事、办好事。PPP 范畴下的"物有所值"是一个相对的概念,需要将 PPP 模式与传统的公共采购模式进行比较。假设两种模式的效果相同,比较投入的多少就可以判断哪种模式更能实现物有所值(VfM);假设两种模式的投入相同,比较所获得的效果就可以判断哪种模式更能实现物有所值。物有所值定量如图 6-1 所示。

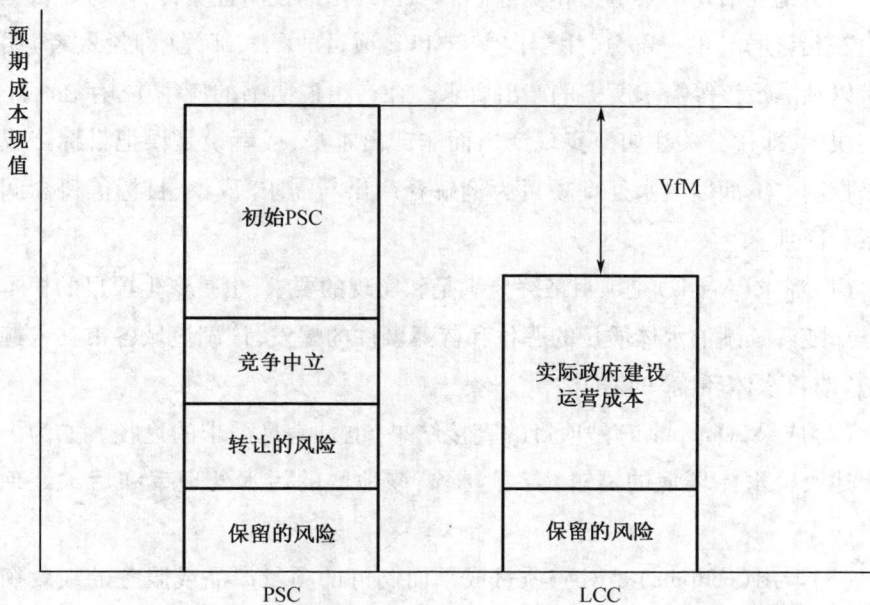

图 6-1 物有所值定量

1. PPP产出

狭义的PPP产出是指PPP的"项目产出"，即满足项目需求的基础设施项目资产、公共产品和服务等直观的产出，通过产出说明书的形式进行定义和规范。项目产出是一个绝对概念，强调不同模式对项目需求响应结果的一致性。也就是说，无论采用传统的公共采购模式还是采用PPP模式，项目产出均指向同一个对具体的基础设施建设、融资、运营服务等需求标准的满足，是结果导向的指标。

广义的PPP产出是指PPP的"模式产出"，即采用PPP模式相比传统的公共采购模式而言产生的效益差别，以货币化（定量化，可能为正值或负值）和非货币化（定性描述和判断）方式衡量。模式产出是个相对概念，基本原理与项目评估中的前后比较法类似，强调PPP模式与公共采购模式间的差异性的比较，因此同一个PPP项目的模式产出可能因不同的边界条件而异，没有一个绝对的标准。

2. 产出说明书

产出说明书是用来定义和规范PPP项目产出的说明性文件，作为项目纲要（或投资者须知）的一部分，用于向参与PPP项目的私人部门（即投资者）明确需求以及满足该等需求所需的产出要求。在产出说明书的应用中，存在一个常见的误区，即过分关注如何实现产出而非产出本身，或者说是误把目标当成产出来控制。下面以污水处理项目为例解释产出与需求、成果、目标等概念间的联系和区别。

（1）需求（Needs）是项目最终要满足和实现的要求，也是产生项目的根本原因。如随着某湖泊水体质量的恶化和蓝藻事件的爆发，该湖流域各市县普遍产生了"改善水体环境"的需求。

（2）成果（Outcomes）是项目的直接结果，也是满足需求的途径。如为了满足上述改善水体环境的需求，需要"提高该地区的污水处理率和污水处理标准"。

（3）产出（Outputs）是对应项目成果而制订的项目产品或服务的绩效衡量标准。如"日处理污水10万立方米，出水标准达到《城镇污水处理厂污染物排放标准》（GB 18918—2002）中一级标准的A标准"等。

（4）目标（Objectives）是项目具体的产品或服务要求，也是实现项目产出的手段。如"污水处理厂采用 A2/O 底部曝气氧化沟加混凝沉淀、过滤处理工艺，液氯/紫外线消毒，污泥机械浓缩脱水，新建管径 800~1 500 mm 的截污主干管 35 km、提升泵站 3 座"等一系列具体的工程技术和设计指标要求。

需求、成果、产出和目标是由本至末的层层递进关系。需求是自然环境层面的宏观概念，成果是环保产业层面的中观概念，产出是项目层面的微观概念，而目标则是获得产出的若干手段之一。PPP 模式下，公共部门（即政府方）关注的焦点是如何达成成果进而满足需求，这就需要对产出进行严格和明确的定义。因此，在应用产出说明书时，应关注最终的项目产出品和服务绩效能否满足需求，而非该等产出的交付方式。

3. 物有所值

物有所值是确认和评估方案时使用的一种方法，用于比较一个项目采用 PPP 模式和传统的政府采购模式的优劣。物有所值考虑的是项目全生命周期内不同方案的成本和风险，包括定性评估（可行性、合理性、可完成性）和定量评估（公共部门比较值）。物有所值评估结果一般作为是否采用 PPP 模式和确定风险分担的依据。

物有所值是用来评价政府、组织等机构是否能够通过项目全周期的管理和运营，从项目的产品或服务中获得最大收益的一种评价方法，对项目的价格以及所有其他形式的成果进行定性和定量的分析。除价格以外，对质量、资源利用、目标实现程度、时效性以及长期运营效果等因素都要综合评价。物有所值评价有利于促进资源利用最大化，更好地实现基础设施项目建设运营的经济性、效率及效果。

国际上常用的物有所值（VfM）评价方法主要包括两类。

一是成本效益分析法，通过比较项目的全部成本和效益来评估项目价值，用以寻求在投资决策上以最小的成本获得最大的效益，通常用于评估需要量化社会效益的公共事业项目的价值。在不同国家或不同部门，成本效益分析法在收益率确定、指标选择、评价项目等具体方面存在一定差别。例如在评价指标的选择方面，成本现值、收益现值、净现值、收益成本比等都可以作为评价指标。目前较常见的做法是将净现值（NPV）作为评价指标，即所有收益现值与成本现值之差。也就是说，应用成本效益分析法，需要对每一个方案的所有成本和收益进行量化，并计算其现值。

　　二是公共部门参照标准法。公共部门参照标准(Public Sector Comparator, PSC)是政府在参照类似项目的基础上,根据项目的实际情况制订出的政府提供项目的标杆成本,将 PPP 模式下的全生命周期成本与此标杆成本进行比较,来进行项目决策。英国、澳大利亚、日本、荷兰等国都采用 PSC 来进行物有所值评价。

6.1.2　物有所值相关政策

1. 世界银行

世界银行 PPP 基础设施咨询基金(Public Private Infrastructure Advisory Faculty)在《PPP 参考指南》(第二版)(*Public-Private Partnership Reference Guide*)中提到政府采用 PPP 模式建设必要的基础设施的主要目的就是为了达到物有所值(分为定性和定量评价两部分),还提及了 PSC 的计算和经济成本效益分析,并列举了许多 VfM 相关文件和指南。*Value for Money Analysis-Practices and Challenges* 中分析了 VfM 在 PPP 项目决策中的应用,考虑了 VfM 的相关性和局限性,并对定量分析中的关键方法论问题进行了分析,包括:费用和税收假设、分析范围、风险分析方法和假设、折现率。

2. 英国

英国作为最早开展 PFI(Private Finance Initiative,民间主动融资)项目以及物有所值评价的国家,各个部门都颁布了许多与 VfM 相关的政策文件。英国财政部在《物有所值评价指南》(*Value for Money Assessment Guidance*)中将物有所值分为 3 个阶段:项目群(Programme)、项目(Project)和采购(Procurement),评价具体内容又分为定性评价和定量评价两部分。项目群和项目阶段的定性评价均可从可行性(Viability)、可实现性(Achievability)和有益性(Desirability)3个方面进行,采购阶段的定性评价主要从市场失灵(Market Failure)、采购流程有效性(Efficient Procurement Process)和风险转移(Risk Transfer)3 方面进行,并均有详细问题清单;定量评价则层层递进,项目群阶段仅开展简单的定量估算,项目阶段应重新进行量化和假设。

3. 澳大利亚

澳大利亚基础设施中心在《国家 PPP 政策框架》(*National Public Private Partnership Policy Framework*)中认为 VfM 评价包括定性和定量两部分:定量是

PSC(其中包括风险的调整)与PPP模式下产出和费用的比较;定性则考虑相关因素(例如服务方面的设计影响)。其中还提出了满足物有所值的相关条件:足够的规模和长期性、风险转移的机会、全生命周期成本、创新、竞争性等。《国家PPP指南》(*National Public Private Partnership Guidelines*)中也认为完整的VfM评价包括定性分析和定量评估两部分:定性评价因素包括服务支付和操作要求、交流和项目管理、设计范围等;定量评价部分着重对PSC进行了详细介绍,包括初始PSC、竞争性中立值(Competitive Neutrality)、风险量化和计算等内容。

4. 加拿大

加拿大P3中心发布的文件则多是关于物有所值的案例分析报告。萨德伯里市的污泥处理项目(Greater Sudbury's Biosolids Project)案例分析报告中将VfM分析定义为:公共部门项目发起人评价项目采用P3模式是否对公众有价值的一种常用工具,其中VfM分析部分包括风险分担、采购模型定义及VfM数据分析,将PSC与DBFOM模式下的费用进行对比,得VfM=11.1 million,占总费用6.9%。伊魁特国际机场项目(Iqaluit International Airport Improvement Project)案例分析中通过定性和定量分析进行了VfM评估,定性方面从竞争和创新、安排的确定性、费用的确定性、集合性及全寿命周期维护5个方面评价;定量方面则列出现金流量图,将DBB模式和DBFOM模式的费用进行了对比,得VfM=99.8 million,占总费用的19.2%。里贾纳市的污水处理项目(Wastewater Treatment Plant Expansion & Upgrade Project)案例分析中将传统的DBB模式与DBFOM模式进行对比,分为初步VfM评估和最终VfM评估两部分:评估在采购和合同签订之前,作为交付模型评估的一部分,VfM为15.5%;最终VfM评估是初步评估的升级,采用净现值评价,考虑风险分担等内容,最终VfM=138.1 million,占29.3%。

6.1.3　物有所值评价方法

1. 成本效益分析法

成本效益分析法的首次实际运用可以追溯到美国1936年的《联邦航海法案》,该法案要求海军工程师在计划采用任何改善排水系统的项目时,能够证明项目收益超过项目成本,为此,海军工程师专门研制了一套系统方法来测算项目成本和收益。至20世纪50年代,经济学家将这一理论进行深化,进而应用到项目决策分析中,用以计算项目成本和效益。

成本效益分析法的基本原理是:针对某项目的若干方案,运用一定的技术方法,计算出每种方案的成本和收益,通过比较方法,并依据一定的原则,选择出最优的决策方案。该方法常用于评估需要量化社会效益的公共事业项目的价值,非公共行业的管理者也可采用这种方法对某一大型项目的无形收益进行分析。

在不同国家或不同部门,成本效益评价法在收益率确定、指标选择、评价项目等具体方面存在一定差别。例如在评价指标的选择方面,成本现值、收益现值、净现值、收益成本比等都可以作为评价指标。目前较常见的做法是将净现值(NPV)作为评价指标,即所有收益现值与成本现值之差。也就是说,应用成本效益分析法,需要对每一个方案的所有成本和收益进行量化,并计算其现值。

2. 公共部门参照标准法

公共部门参照标准法是进行物有所值评价的另一种常用方法。物有所值可以理解为建设一定标准与质量水平的项目,所付出的费用以及其他支出,在统一折算成货币后,价格最低。这就需要计算出政府采购模式下的费用支出,进而将其他采购模式下建设相同项目的总费用与政府采购模式下的总费用进行比较。也就是说,采用PPP模式是否更加物有所值,可以通过公共部门参照标准(PSC)与PPP进行对比来衡量。其中,PSC是一个标杆价格,它综合考虑了服务质量、价格、时间、风险分担以及政府为项目融资的可能性。政府通过PSC这个标杆来确定PPP模式是否更物有所值。

理论上,只有当PPP模式下的价值优于PSC,也就是说,PPP模式下的投资净现值低于PSC这个标杆,政府才会选择采用PPP模式。例如,日本在决定是否引入私人部门参与基础设施建设之前,都要综合考虑风险转移等多种因素,确定实现相同的效果所需的PSC以及PPP报价,只有PPP模式下更加物有所值时,私人部门才可以参与项目的采购。有些情况下PSC和PPP报价比较接近,考虑到政府可以将部分风险转移给私人部门,政府会倾向于选择采用PPP模式。

在计算PSC和PPP模式报价时,需要对一些因素,特别是风险因素做出假设和估计。有时,PSC和PPP报价的差别会很小,甚至当某些假设条件略作改动后,二者的大小关系会发生改变,这就使得决策变得非常困难。为了解决这个问题,在做出重要的假设或者评价关键风险因素时,有必要进行敏感性分析,从而尽量提高评价和决策的准确性。

6.2　PPP 项目物有所值评价体系

6.2.1　物有所值评价体系

1. 概述

财政部根据《中华人民共和国预算法》、《中华人民共和国政府采购法》、《关于推广运用政府和社会资本合作模式有关问题的通知》(财金〔2014〕76号)、《关于印发政府和社会资本合作模式操作指南(试行)的通知》(财金〔2014〕113 号)等法律和规范性文件,明确提出要科学规范地对政府和社会资本合作项目进行物有所值评价。《关于印发政府和社会资本合作模式操作指南(试行)的通知》,对 PPP 模式的操作流程进行了规范化设定,将 PPP 模式分为项目识别、项目准备、项目采购、项目执行以及项目移交 5 个阶段,在项目识别阶段,物有所值评价是一项特别重要的工作。2015 年 12 月,财政部印发了《关于印发〈PPP 物有所值评价指引(试行)〉的通知》(财金〔2015〕167 号),正式确定了判断是否采用 PPP 模式代替政府传统投资模式提供公共产品和服务的评价方法——"在开展物有所值时,以定性评价的方式为主,现阶段,由于实践中缺乏充足的数据积累,难以形成成熟的计量模型,物有所值定量评价处于探索阶段,各地开展的物有所值评价以定性评价为主,定量评价根据各地实际情况决定是否开展。定性评价重点关注项目采用政府和社会资本合作模式与采用政府传统投资模式相比能否增加供给、优化风险分配、提高运营效率、促进创新和公平竞争等。"

2. 主要内容

物有所值主要用于解决 PPP 项目立项和审批中的 5 个层次的问题,具体分析如下:

(1)对项目立项的必要性进行分析,即对所提出的项目进行审核评估和排序,确定将要实施的项目是否属于必须;

(2)对项目实施的模式进行比较分析,即对采用传统政府投资模式和 PPP

模式采购项目的成本进行比较,如果采用 PPP 模式,则应当确保所带来的效率
和服务质量提高超过了缔约成本的增加;

(3)在决定采用 PPP 模式以后,应进一步考虑采用何种具体模式,如 BOT、
BOOT、TOT,并对实施方案的要点(如价格支付等机制)进行设计;

(4)为项目选择合适的投资者;

(5)为项目的产出和服务制订详细可行的评价要求和监管方案。

6.2.2　PPP 物有所值定量评价的影响因素

判断项目能否采用 PPP 模式,需要考虑成本、融资结构、大量的不确定因
素、资金时间价值等诸多方面。物有所值定量评价作为 PPP 模式决策的主要依
据之一,同样也受到多种因素的影响,其中,最为关键的因素包括折现率、风险
分配与量化、竞争性中立调整等。

1. 折现率

物有所值定量评价中的成本、收入、风险承担成本、竞争性中立调整值等包
括的具体内容都需用现金流表示。各种现金流在全生命周期内发生的具体时
间不同,先后可长达数年甚至数十年。根据资金的时间价值原理,不能简单地
对不同时间的现金流直接进行算术计算和比较,而是需要先按照某特定比率将
它们折算到同一个时间点,一般折算到项目的起始年,即将未来各年的现金流
折算为现值。折现率的大小影响现值的大小,从而对物有所值定量评价产生显
著影响。

2. 风险分配与量化

前面已经提到,自留风险和可转移风险的承担成本是公共部门参照标准的
两个重要组成部分,对物有所值评价具有显著影响。估算风险承担成本的关
键,一是确定政府和社会资本之间的风险分配;二是定量分析风险承担成本,即
风险定价。

3. 竞争性中立调整

项目采用政府传统采购模式与采用 PPP 模式相比,可能存在税费待遇、监
管要求、投保避险、土地费用等多方面差异,两者既有相对优势,又有相对劣势。
竞争性中立调整就是为了消除 PPP 物有所值评价时传统模式与 PPP 模式之间
的差异,以保证评价的公平性。

6.2.3　PPP 物有所值评价主要问题

1. 折现率无法准确确定

在运用物有所值评价体系的过程中,通常会选择净现值法将未来十几年甚至是几十年内发生的成本与所产生的各类效益进行折现,因此需要面对折现率的确定是否恰当科学的问题。选择了不同的折现率,就会导致所折现的成本和效益产生巨大的差异,有的时候差之毫厘谬之千里。

2. 程序烦琐成本高

在进行物有所值评价的过程中,面临的工作量非常浩大,需要投入很多的人力物力来收集数据、整理资料、进行统计计算。首先,要将传统形式下政府采购方案的现值与采用 PPP 模式的方案的现值做一比较。其次,要筛选不同的备选 PPP 方案,将各方案的每一项成本与收益都计算出来。最后,计量每一种活动产生的成本与效益时,由这一活动引起的各个方面的变动都要进行评估计算。在购买一项原材料时,不仅要考虑原材料的价格,还要考虑运费、保险费、税负,有些特殊的材料还要考虑到对自然环境和社会产生的影响。如果对所有项目都进行评估,可以想象到这项工作是多么烦琐,成本也是极高的。

3. 无法量化成本效益

在进行物有所值评价的过程中,需要对每一项成本或者效益进行量化,而每一个由货币形式表现的结果都将对最终的估计结果产生直接的影响,左右着决策的制定。在量化进行的过程中,有些成本和效益很难进行准确的量化,或者说很难用货币计量。首先,从量化成本项目进行考虑:PPP 模式下的成本基本是由运营成本、税负、监督成本、市场化下的新风险等几个方面构成。运营成本与税负相对容易进行计量,而监督成本与新风险相对来说就没有那么容易进行准确的量化。就政府的监督成本而言,其高低与政府部门内部效率的高低、各级政府相互配合程度的大小有着紧密的关联。还有对于环境的影响,基础设施建设的过程中对自然环境的损害,可能在十年二十年内不会对我们产生很大的影响,但是可能在三十年后才会对我们的身体产生损伤。这种情况应该是在评估成本时所要考虑的,但是对于这种成本进行估计相当困难。其次,在评估各个准备方案的过程中我们要评估每一项方案所产生的效益。由于我们进行的是基础设施建设,惠民的效果、老百姓对于这项工程的满意度就应该纳入到方案效果的估算当中。但是,一个人的态度是很难用货币具体表现出来的。

4. 风险数据体系不完善

构成 PPP 模式下成本的几个要素,其中一个就是市场化下的新风险。风险所带来的成本取决于两个因素,即风险概率和风险损失,而想要获取这两种数据是非常困难的。这主要由两方面的原因导致。首先,我国并没有一套完善可用的风险数据系统可供查询,而这一现象的产生也是由两方面的因素所导致的:一是由于技术与观念的落后,导致我们没有收集以往翔实的数据作为风险数据体系的支撑;二是即使有这么一系列的历史数据,我们也无法保证它们的准确性。这是因为以往有些地区为了提高自身政绩,可能会出现粉饰调整真实数据的不良行为。

5. 历时较长,数据不可靠

有一些 PPP 项目的合同可能会持续 50 年甚至是更久,而时间越长,那些不在我们控制范围内的变化就越多,需要考虑的因素就越多,控制的难度就会加大。例如,在一个地区,政府采用了 PPP 模式进行跨江大桥的修建。在项目投入建设之前进行了物有所值的评价分析,认为项目可行,于是投入资金建造大桥。在项目工程结束后,其作为唯一一座跨江桥,每日过桥量是非常庞大的。然而,大桥建成的 10 年内在同一条江面上又架起了其他几座大桥,而这种情况是在进行效益评估时没能料到的。像这种情况就会严重地扭曲以前的评估结果,导致当初判断与实际结果误差巨大。

6.3   PPP 项目物有所值评价

6.3.1   定性评价

根据《VfM 评价指南》,定性评价仅在"项目识别"阶段进行,采取专家独立打分和专家组会议评审两步评价方法,由政府本级财政部门(PPP 中心)或其委托的行业主管部门或第三方专业机构组织专家组开展定性评价。《VfM 评价指南》中还对专家人员组成和评价标准做出了规定。物有所值定性分析采用专家评分法,主要包括确定定性分析指标、组成专家小组、召开专家小组会议和做出定性分析结论等。

1. 确定定性分析指标

项目本级财政部门会同行业主管部门根据项目具体情况,在专家评分表(见表6-1)中已给定的基本指标及其权重的基础上,组织确定不少于三项附加指标及其权重。附加指标可以从推荐的附加指标中选取,也可另行提出,但不可与基本指标重复,附加指标权重之和为20%。

在专家独立评分环节,《VfM评价指南》设定了18项指标,采用百分制评分法,最后汇总并加权计算总分。这18项指标中,除全寿命周期成本和风险转移各占有10%权重外,其余16项指标各占有5%的平均权重。每项指标均依据其自身的特点和相关性制定了具体的并能尽可能量化的评分标准。

表6-1 PPP项目物有所值定性评价专家评分表

	指标	权重	评分
基本指标	①全生命周期整合程度	15%	
	②风险识别与分配	15%	
	③绩效导向与鼓励创新	15%	
	④潜在竞争程度	15%	
	⑤政府机构能力	10%	
	⑥可融资性	10%	
	基本指标小计	80%	
附加指标			
	附加指标小计	20%	

(1)基本指标说明

①全生命周期整合潜力

主要通过察看项目计划整合全生命周期各环节的情况来评分。采用PPP模式,将项目的设计、建造、融资、运营和维护等全生命周期环节整合起来,通过一个长期合同全部交由社会资本合作方实施,是实现物有所值的重要机理。

②风险识别与分配

主要通过察看在项目识别阶段对项目风险的认识情况来评分。清晰识别和优化分配风险,是物有所值的一个主要驱动因素。在项目识别阶段的物有所值评价工作开始前,着手风险识别工作,有利于在后续工作中实现风险分配优化。

③绩效导向

本指标主要通过察看在项目识别阶段项目绩效指标的设置情况来评分。PPP项目的绩效指标,特别是关键绩效指标,主要确定对PPP项目运营维护和产出进行检测的要求和标准,例如,针对公共产品和服务的数量和质量(或可用性)等。绩效指标越符合项目具体情况,越全面合理,越清晰明确,则绩效导向程度越高。

④潜在竞争程度

主要通过察看项目将引起社会资本(或其联合体)之间竞争的潜力,以及预计在随后的项目准备、采购等阶段是否能够采取促进竞争的措施等来评分。

⑤鼓励创新

要通过察看项目产出说明来评分。一般来讲,产出说明应主要规定社会资本合作方应付产出的规格要求,尽可能不对项目的投入和社会资本合作方具体实施等如何交付问题提出要求,从而为社会资本合作方提供创新机会。

⑥政府机构能力

主要通过察看政府的PPP理念,以及结合项目具体情况察看相关政府部门及机构的PPP能力等来评分。PPP理念主要包括依法依合同平等合作、风险分担、全生命周期绩效管理等。PPP不仅是基础设施及公共服务融资的手段,更是转变政府职能、建立现代财政制度等的重要手段。政府的PPP能力主要包括知识、技能和经验等,包括可通过购买服务获得的能力。

⑦政府采购政策落实潜力

主要通过预计有效落实政府采购政策的潜力,以及预计在随后的项目准备、采购等阶段是否能够进一步采取落实措施等来评分。物有所值是政府采购的价值取向,不仅指提高公共资金的使用效率和效益,还包括有效落实促进内资企业和中小企业发展、国外技术转让、节能环保、绿色低碳,以及必要时限制外资参与项目等方面的政府采购政策。

（2）推荐的附加指标说明

①项目规模

主要依据项目的投资额或资产价值来评分。PPP项目的准备、论证、采购等前期环节的费用较高，只有项目规模足够大，才能使这些前期费用占项目全生命周期成本的比例处于合理和较低水平。此外，一般情况下，基础设施及公共服务项目的规模足够大，采用PPP模式才能够吸引社会资本参与。

②项目资产寿命

主要依据项目的资产预期使用寿命来评分。项目的资产使用寿命长，为利用PPP模式提高效率和降低全生命周期成本提供了基础条件。

③项目资产种类

主要依据PPP项目包含的资产种类多少来评分。一个项目可以包含多个种类的资产，一般来说，项目的资产种类越多，由社会资本方实施越有可能实现更高的效率和更好的效果。

④全生命周期成本估计准确性

主要通过察看项目对采用PPP模式的项目的全生命周期成本的理解和认识程度，以及全生命周期成本将被准确预估的可能性来评分。全生命周期成本是确定PPP项目合作期长短、付费多少、政府补贴等的重要依据。

⑤法律和政策环境

主要通过察看现行法律、法规、规章和政策等制度限制政府采用PPP模式实施项目来评分。

⑥资产利用及收益

主要通过预计社会资本合作方增加额外收入的可能程度来评分。社会资本合作方通过实施项目，在满足公共需求的前提下，增加额外收入，可以降低政府的成本和公众的支出。

⑦融资可行性

主要通过预计项目对金融机构（贷款和债券市场）的吸引力来评分。吸引力越大，项目越具有融资可行性，越能够顺利完成融资交割和较快进入建设、运营阶段，实现较快增加基础设施及公共服务供给的可能性就越大。

2.组成专家小组

项目本级财政部门会同行业主管部门根据项目具体情况，选取不少于7名物有所值评价专家,组成专家小组,并确定组长。专家小组至少包括工程技术、金融、项目管理、财政和法律等 5 个领域的专家各一名。项目所在地的省级财政部门已公布物有所值评价专家推荐名单的,应从推荐名单中遴选专家,并应在满足前述专业要求的前提下尽可能随机遴选。定性分析所需材料应于专家小组会议召开之日前 5 个工作日送给专家。

3. 召开专家小组会议

项目本级财政部门会同行业主管部门组织召开专家小组会议。专家小组会议基本程序如下:

(1)专家在充分讨论项目情况后,对照评分参考标准,按指标对项目进行评分,填入专家评分表并签名;

(2)针对每个指标求专家评分的总分,并去掉一个最高分和一个最低分,然后计算每个指标对应的平均分,再对平均分按照指标权重计算加权分,得到评分结果;

(3)形成专家小组意见。

4. 做出定性分析结论

项目本级财政部门会同行业主管部门根据评分结果和专家小组意见,做出定性分析结论。原则上,评分结果在 60 分(含)以上的,项目通过物有所值定性分析;否则项目不宜采用 PPP 模式。

6.3.2   定量评价

1. 主要步骤

与定性评价不同,定量评价可综合运用于项目识别、准备、采购和实施阶段。在不同阶段,定量评价通过对政府和社会资本合作项目全生命周期内政府支出成本现值(PPP 值)与公共部门比较值(PSC)进行比较,来对政府和社会资本合作模式是否能够降低项目全生命周期的成本进行考量。物有所值定量评价的主要步骤包括:①根据参照项目计算 PSC;②根据影子报价或实际报价计算 PPP 值;③比较 PSC 和 PPP 值,得出物有所值量值,并根据计算结果作出决策。通过对 PPP 项目全生命周期内政府支出成本的净现值(PPP 值)与公共部门比较值(PSC 值)进行比较,判断 PPP 模式能否降低项目全生命周期成本。

物有所值定量评价流程图如图 6-2 所示。

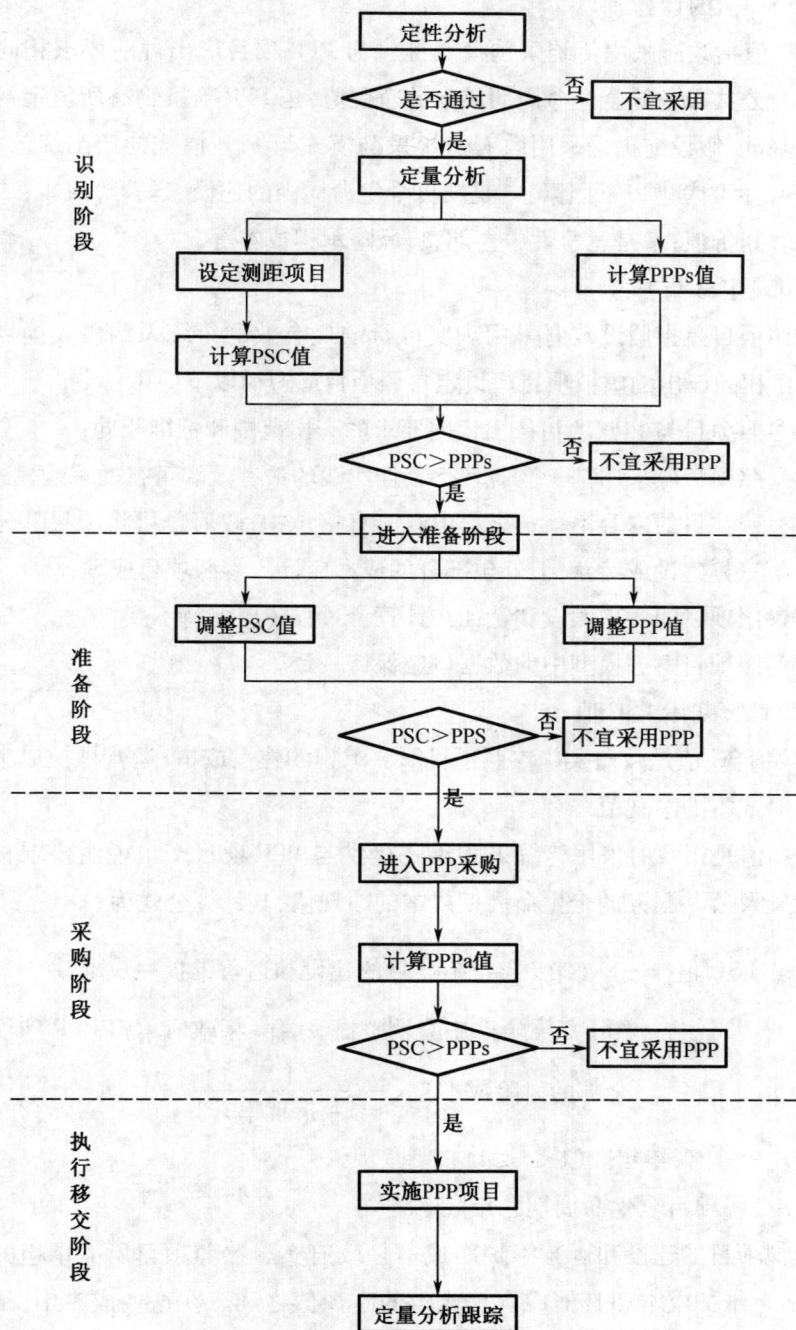

图 6-2 物有所值定量评价流程图

2. PSC 值的计算

PSC 值指政府采用传统采购模式提供与 PPP 项目产出说明要求相同的基础设施及公共服务的全生命周期成本的净现值,是 PPP 项目物有所值定量分析的比较基准,假设前提是采用政府传统采购模式与 PPP 模式的产出绩效相同。计算 PSC 主要考虑以下因素:一是项目全生命周内的建设、运营等成本;二是现金流的时间价值;三是竞争性中立调整、风险承担成本等。

(1)设定参照项目

参照项目是指假设政府采用现实可行的最有效的传统采购模式提供的与 PPP 项目相同产出的虚拟项目。设定参照项目应遵循以下原则:

①参照项目与 PPP 项目产出说明要求的产出范围和标准相同;

②参照项目应采用基于政府现行最佳实践的最有效和可行的采购模式;

③参照项目的内容不一定全部由政府直接承担,政府也可将项目部分内容外包给第三方建设或运营,但外包部分的成本应计入参照项目成本;

④参照项目的各项假设和特征在计算全过程中应保持不变;

⑤参照项目财务模型中的数据口应保持一致。

(2)计算初始 PSC 值

初始 PSC 值是政府实施参照项目所要承担的建设成本、运营维护成本和其他成本等成本的净现值之和。

PSC 值是指政府采用传统采购模式提供与 PPP 项目产出说明要求相同的基础设施及公共服务的全生命周期成本的净现值,其计算公式为

$$
\begin{aligned}
\text{PSC 值} = \sum_{i=1}^{n} (&\text{第 } i \text{ 年模拟项目的建设和运营维护净成本} + \\
&\text{第 } i \text{ 年竞争性中立调整值} + \text{第 } i \text{ 年政府承担 PPP 项目} \\
&\text{全部的风险成本}) \times \frac{1}{(1 + \text{折现率})^{i-1}}
\end{aligned}
$$

式中　i——计算年年数($1 \leqslant i \leqslant n$);

　　　n——项目全生命周期总年数。

模拟项目的建设和运营维护净成本是政府实施参照项目所需承担的建设成本、运营维护成本和其他成本等成本的净现值之和。在这些成本中,须扣除来自第三方的收入和资产处置所得的收入。其计算公式为

$$\begin{aligned}\text{模拟项目的建设和}\atop\text{运营维护净成本} = &\sum_{i=1}^{n}(\text{第}\,i\,\text{年建设成本} - \text{第}\,i\,\text{年资产处置收入} + \\ &\text{第}\,i\,\text{年运营维护成本} - \text{第}\,i\,\text{年使用者付费收入})\times \\ &\frac{1}{(1 + \text{折现率})^{i-1}}\end{aligned}$$

式中　i——计算年年数（$1 \leqslant i \leqslant n$）；

　　　n——项目全生命周期总年数。

①建设成本主要包括项目设计、施工等方面投入的现金以及固定资产、土地使用权等实物和无形资产。

②资本性收益是指参照项目全生命周期内产生的转让、租赁或处置资产所获的收益。资本性收益应从建设成本中抵减。

③运营维护成本主要包括参照项目全生命周期内运营维护所需的原材料、设备、人工等成本，以及管理费用、销售费用和运营期财务费用等。项目资产的升级、改造、大修费用不属于运营维护成本，应计入建设成本。

④第三方收入是指参照项目全生命周期内，假定政府按照 PPP 模式提供项目基础设施和公共服务从第三方获得的收入（如用户付费收入）。第三方收入应从运营维护成本中抵减。参照项目中假定政府向用户收取费用的，该项收入（即用户付费收入）不得高于 PPP 模式下社会资本收取的使用者付费。

⑤其他成本主要包括未纳入建设成本的咨询服务费用等交易成本，项目连接设施和配套工程建设成本，以及为获取第三方收入所提供的周边土地或商业开发收益权等。

（3）计算竞争性中立调整值

计算竞争性中立调整值主要是为了消除政府传统采购模式下公共部门相对社会资本所具有的竞争优势，以保障在物有所值定量分析中政府和社会资本能够在公平的基础上进行比较。政府竞争优势通常包括政府比社会资本少支出的土地费用、行政审批费用、所得税等有关税费。

$$\begin{aligned}\text{竞争性中立调整值}\atop\text{全生命周期累计折现值} = &\sum_{i=1}^{n}(\text{第}\,i\,\text{年税金及附加} + \text{第}\,i\,\text{年所得税} - \\ &\text{第}\,i\,\text{年政府监管成本})\times\frac{1}{(1 + \text{折现率})^{i-1}}\end{aligned}$$

式中　i——计算年年数（$1 \leqslant i \leqslant n$）；

n——项目全生命周期总年数。

(4)计算风险承担成本

①风险量化方法

结合项目实施方案中的风险分配框架,进一步识别项目风险,优化分配方案,选用概率法、比例法等方法对风险承担成本进行量化。根据风险评价及定量分析的结论,按照 PPP 项目中可转移给社会资本或第三方的风险、PPP 项目中项目公司承担风险中由社会资本分担部分、PPP 项目中项目公司承担风险中由政府分担部分、PPP 项目中政府不可转移不可分担风险进行分类。

a. 概率法

概率法通过设定有利、基本、不利、较差、最坏等不同情景下的风险后果值,对每种情景的发生概率进行测算,加权得出风险承担成本。

计算公式:

$$风险承担成本 = \sum（某情景风险后果值 \times 某情景发生概率）$$

概率法情景设定参考示例见表 6 – 2。

表 6 – 2 概率法情景设定示例

情景假设	风险后果	发生概率
有利	成本节约5%以上	5%
基本	成本节约 5% ~成本超支 5%以上	10%
不利	成本超支 5% ~15%	50%
较差	成本超支 15% ~25%	25%
最坏	成本超支 25%以上	10%

根据项目实施方案的风险分配框架评估政府与社会资本的风险分担比例,测算可转移风险承担成本和自留风险承担成本。可转移风险承担成本占项目风险承担成本的比例一般为 70% ~85%。

b. 比例法

比例法主要是按照项目建设运营成本的一定比例确定风险承担成本,适用于风险后果值和风险概率难以测算的情形。

$$风险承担成本 = 项目建设运营成本 \times 风险承担成本比例$$

通常风险承担成本不超过项目建设运营成本的 20%。可转移风险承担成本占项目全部风险承担成本的比例一般为 70% ~ 85%。

②风险成本计算

a. PPP 项目中可转移给社会资本或第三方的风险

PPP 项目中可转移给社会资本或第三方的风险主要包含:融资风险、施工安全、供水服务质量不达标、费用支付风险、不可抗力风险 1(按照项目公司分担 20%,第三方分担 80% 测算)、不可抗力风险 2(按照项目公司分担 20%,第三方分担 80% 测算)。

b. PPP 项目中项目公司承担风险中由社会资本分担部分

PPP 项目中项目公司承担风险中由社会资本分担部分主要包含:公众反对、通货膨胀 1、通货膨胀 2、利率风险、市场需求变化、法律变更、完工风险、存量资产投产前维修、项目建设成本超支、设计变更、运营成本超支、不可抗力风险 1(按照项目公司分担 20%,第三方分担 80% 测算)、不可抗力风险 2(按照项目公司分担 20%,第三方分担 80% 测算)、税收调整,社会资本分担部分的比例按照其享有项目公司的股权比例执行。

c. PPP 项目中项目公司承担风险中由政府分担部分

PPP 项目中项目公司承担风险中由政府分担部分主要包含:公众反对、通货膨胀 1、通货膨胀 2、利率风险、市场需求变化、法律变更、完工风险、存量资产投产前维修、项目建设成本超支、设计变更、运营成本超支、不可抗力风险 1(按照项目公司分担 20%,第三方分担 80% 测算)、不可抗力风险 2(按照项目公司分担 20%,第三方分担 80% 测算)、税收调整,政府分担部分的比例按照其享有项目公司的股权比例执行。

(5)折现率的确定

折现率通常参考资本加权平均成本,资本资产定价或无风险利率等确定。省级财政部门应会同行业主管部门根据行业、项目类型等因素确定基准折现率。

3. PPP 值的计算

PPP 值是指政府实施 PPP 项目所承担的全生命周期成本的净现值。在项目不同阶段,PPP 值的计算依据不同。在项目识别和准备阶段,政府根据项目实施方案等测算的 PPP 值称影子报价 PPP 值(简称 PPPs 值);在项目采购阶段,政府根据社会资本提交的采购响应文件等测算的 PPP 值称实际报价 PPP 值(简称 PPPa 值)。

　PPP 值是政府方投入 PPP 项目的建设和运营维护净成本、政府自留风险承担成本、政府其他成本和 PPP 修正值的全生命周期现值之和。

$$PPP 值 = \sum_{i=1}^{n}(第 i 年政府方投入 PPP 项目的建设和运营维护净成本 +$$
$$第 i 年政府自留风险承担成本 + 第 i 年政府其他成本 +$$
$$第 i 年 PPP 修正值) \times \frac{1}{(1 + 折现率)^{i-1}}$$

式中　i——计算年年数($1 \leqslant i \leqslant n$);

　　　n——项目全生命周期总年数。

(1)政府方投入 PPP 项目的建设和运营维护净成本

政府方投入 PPP 项目的建设和运营维护净成本主要包括 PPP 项目准备、设计、施工阶段政府以现金、固定资产、土地使用权等提供的股权投入,以及运营维护阶段政府支付给社会资本的运营维护费、财政补贴等,并扣除全生命周期内 PPP 项目公司转让、出租等资产处置行为所获的资本性收益以及除政府支付外的运营收入。政府方是项目公司股东且不参与股利分红的,运营维护阶段政府支付给社会资本的运营维护费、财政补贴等应是扣除所放弃股利分红后的金额。

政府方投入 PPP 项目的建设和运营维护净成本全生命周期累计折现值 =

$$\sum_{i=1}^{n}(第 i 年股权和配套投入 - 第 i 年资产处置收益中政府享有的部分 +$$
$$第 i 年政府方支付的运营维护净成本) \times \frac{1}{(1 + 折现率)^{i-1}}$$

式中　i——计算年年数($1 \leqslant i \leqslant n$);

　　　n——项目全生命周期总年数。

(2)政府自留风险承担成本

若本项目采用 PPP 模式,政府自留风险包含项目公司承担风险中由政府分担的部分和政府不可转移不可分担部分。

政府自留风险承担成本全生命周期累计折现值 $=$

$$\sum_{i=1}^{n} \Big((\text{第} i \text{年项目公司承担风险中由政府分担的支出} +$$

$$\text{第} i \text{年政府不可转移不可分担风险支出}) \times \frac{1}{(1 + \text{折现率})^{i-1}} \Big)$$

式中　　i——计算年年数$(1 \leq i \leq n)$；

　　　　n——项目全生命周期总年数。

（3）政府其他成本

若本项目采用 PPP 模式，政府其他成本主要包括：政府承担的未纳入建设成本的咨询服务成本和市场调研相关前期费用、移交补偿款等交易成本。

政府其他成本全生命周期累计折现值

$$= \sum_{i=1}^{n} \Big((\text{第} i \text{年政府承担的交易成本} + \text{第} i \text{年政府配套投入} -$$

$$\text{第} i \text{年社会资本为配套投入支付的费用}) \times \frac{1}{(1 + \text{折现率})^{i-1}} \Big)$$

式中　　i——计算年年数$(1 \leq i \leq n)$；

　　　　n——项目全生命周期总年数。

（4）PPP 修正值

若本项目采用 PPP 模式，计算 PPP 值时应扣除政府方享有的折旧费、摊销费、特许经营权收入等。

$$\text{PPP 修正值} = \sum_{i=1}^{n} \Big(((\text{第} i \text{年折旧费} + \text{第} i \text{年摊销费}) \times$$

$$\text{政府股权比例} + \text{特许经营权收入}) \times \frac{1}{(1 + \text{折现率})^{i-1}} \Big)$$

式中　　i——计算年年数$(1 \leq i \leq n)$；

　　　　n——项目全生命周期总年数。

4. VfM 分析结果

基于上述对 PSC 值和 PPP 值的分析，最后可计算得到物有所值量值和物有所值指数：

物有所值量值 = 累计 PSC 现值 - 累计 PPP 现值；

物有所值指数 = 累计 PPP 现值/累计 PSC 现值；

根据物有所值的定义，当物有所值量值为正数（或指数大于1）时，即 PSC -

PPP > 0,那么说明该项目采用 PPP 模式比传统的模式更具备价格和效率的优势,宜采用 PPP 模式进行项目建设;反之则不宜采用 PPP 模式进行项目建设。物有所值量值或指数越大,说明 PPP 模式比传统模式实现的价值越大,更加"物有所值"。

第7章　PPP 项目融资综合
集成管理研究

7.1　PPP 项目融资模式霍尔三维模型构建

霍尔以时间、逻辑、知识作为坐标,对系统工程的一般阶段、步骤和常用知识范围进行考察,通过这 3 个维度来详细刻画整个系统工程的组成,及其立体空间结构,并在此基础上,提出了霍尔三维结构。系统工程的整个活动过程在霍尔三维结构中,通常被分为前后紧密衔接的 7 个阶段和 7 个步骤,与此同时,还需要考虑为完成这些阶段和步骤所需要的各种专业知识和技能,这些方面分别形成了时间维度、逻辑维度和专业/知识维度,这 3 个维度综合构成系统工程的三维空间结构。

在 PPP 项目融资模式中,通常会涉及多种元素,这些元素通过一定的时间、空间构成一个有序的结构组合,并且能够通过与外界环境之间进行物质和能量的交换,从而产生相应的功能。PPP 项目融资模式是一种全新的融资模式,在很多方面还存在不足,尤其是对经营性公共基础设施 PPP 项目进行管理是一个复杂的系统工程,因为 PPP 项目融资模式通常涉及众多参与者,操作程序比较复杂。因此,为了充分研究 PPP 项目融资模式,这里将现代的系统科学理论、观点和方法引入进来,基于系统工程的思想,通过霍尔三维结构方法构建 PPP 项目融资模式霍尔三维结构模型,研究其存在的问题,推动经营性公共基础设施项目的发展,促进我国的经济现代化建设。

7.1.1　时间维的构建

基于经营性公共基础设施 PPP 项目融资模式的结构建立和运行机制的作用,可以良好地体现 PPP 项目融资模式的功能,及其随着项目的进程而发生的不同程度的变化。这也就构成了 PPP 项目霍尔三维中的时间维。此维度从以下几个方面对 PPP 项目融资模式的功能进行研究:公私合作协议、公私合作实施、公私合作全面深化或新一轮公私合作。在公私合作协议过程中,中标的社会投资者与政府洽谈达成的 PPP 项目,及其在一定期限内全部或部分经营权的协议,在这过程中,需要明确 PPP 项目的直接或间接的参与者,及其相互之间的权利和义务,这些都能在合同或合作协议中得以阐明和体现。从运作流程及时间上来看,可分为准备阶段、购买阶段、改造/重建阶段、运营阶段以及移交阶段。

7.1.2　逻辑维的构建

在逻辑维中,从"人理系统""事理系统""物理系统"3 个层面对经营性公共基础设施 PPP 项目融资模式结构进行分析。根据我们的初步调研,发现在 PPP 项目融资管理中,按照权重来对 3 个层面进行排序,为人理系统 - 事理系统 - 物理系统。

关于"人理系统",主要研究经营性公共基础设施 PPP 项目中,各个利益相关者之间的关系和角色的定位,以及他们的行为规范。在 PPP 项目中,主要包括以下几种利益相关者(即"人"):①项目东道国政府,是转让经营权的主体,其承担着进行项目投标的责任,并需要为项目投资者提供良好的项目实施环境,在项目的进程中还需要对其进行监督和收益预测;②项目公司(社会投资者),通过对项目的改造或重建,在项目完工后,项目公司可以在特许经营期内,通过对项目产品或服务收费获得收益;③其他项目参与者,包括银行和金融机构、项目供应商、项目担保机构、项目保险机构、项目使用方、咨询专家和顾问团等。特别地,经营性公共基础设施 PPP 项目在进行改造重建及运营时要注意咨询环保方面的专家,还要注意征地、移民、拆迁等实际问题。

关于"事理系统",主要研究经营性公共基础设施 PPP 项目的特许经营权、所有权等。在 PPP 项目融资模式霍尔三维模型的逻辑维中,所谓"权",指的是公共基础设施特许经营权、转让权、政府所有权等权力,它们会随着项目进程阶段的改变而发生结构性规律变化。

关于"物理系统",主要研究在性公共基础设施 PPP 项目经营运行中,所处的区域的自然、经济、资源等条件发生动态变化时,对于项目收益的影响规律。在经营性公共基础设施 PPP 项目融资模式霍尔三维模型的逻辑维中,所谓"利",是指项目参与者或利益相关者的实际利益情况。以项目东道国政府的利为例,政府转让项目经营权,不仅可以减轻政府的财政负担,同时还让社会其他阶层资金被政府吸收,可以盘活国有固定资产。

7.1.3　知识/专业维的构建

霍尔三维结构中的知识/专业维,可以从以下几个方面对项目运行机制进行研究分析：特许经营期确定、项目资产评估、特许经营权移交管理、项目经营管理、项目合同管理、项目风险管理及项目法律问题研究。

通过以上多方面的研究与综合，将形成能够支撑整个 PPP 项目融资运行的完整理论和方法体系。

7.1.4　PPP 项目融资模式霍尔三维模型构建

通过逻辑维中的"人理系统""事理系统""物理系统"分解后，对专业维和时间维中进行三维定位，使得在求和之后，可以对专业维和时间维中的"逻辑问题"进行确定，形成 PPP 项目融资模式霍尔三维模式集成（如图 7 – 1 所示）。

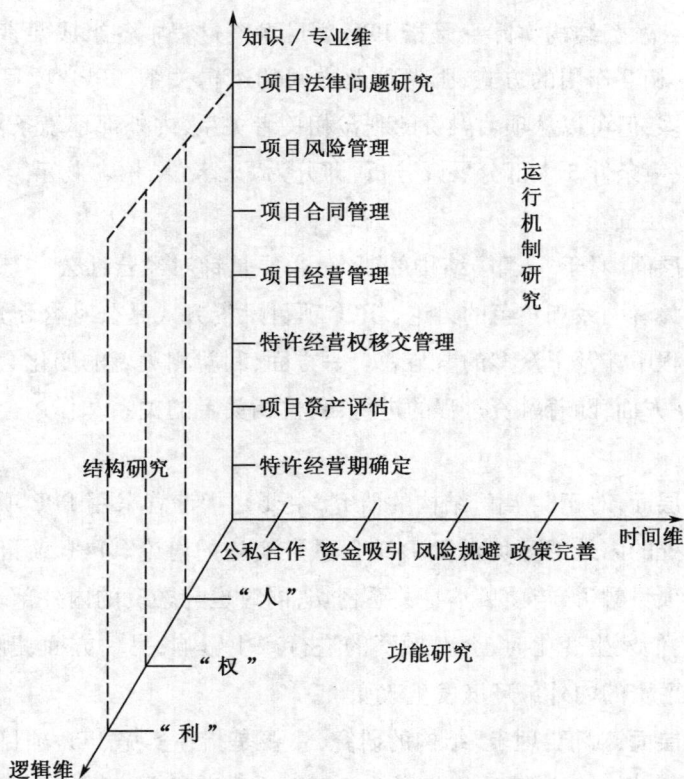

图 7 – 1　PPP 项目融资模式结构、运行机制、功能霍尔三维模式

应用霍尔三维模型这一成熟的系统工程理论，将 PPP 项目融资模式的内容按照知识/专业维、时间维、逻辑维的划分建立 PPP 项目融资模式的三维结构：

对其中的每一维度的内涵进行分析,然后在逻辑维的"人""权""利"的前提下,进行知识/专业维和时间维的集成。

7.2　PPP 项目融资结构集成

7.2.1　PPP 项目融资结构

所谓结构,既是一种观念形态,又是物质的一种运动状态。结是结合之意义,构是构造之意,合起来理解就是主观世界与物质世界的结合构造之意。这一概念在意识形态世界和物质世界中得到了广泛应用。

PPP 项目融资结构实际上是指 PPP 项目融资过程中各组成要素之间的进行相互联系、相互作用的方式,强调彼此之间的逻辑关系。PPP 项目融资中涉及的因素众多,但可以从项目融资的利益相关者关系,内外部环境条件,以及法律、法规和政策条件 3 大部分展开分析,即分为"人事"结构、"物事"结构和"理事"结构三个层面。

第一个层面,对于"人事"结构的研究,主要是针对经营性公共基础设施项目中利益相关者关系和角色的讨论。PPP 项目融资方式是公私合作进行的,因而在融资过程中涉及了众多的参与者。一方面,利益相关者的变化会影响融资的进行;另一方面,随着融资过程的进行,利益相关者的关系和作用会发生动态的变化。

第二个层面,对于"物事"结构的研究,主要是指计划采用 PPP 项目融资方式的项目所处的内外部环境对 PPP 项目融资实施的讨论。PPP 项目融资是政府特许经营项目融资,与项目本身关系密切,同时也与融资的内外部环境有关。一方面,当它们发生变化时,会对融资的进行产生影响;另一方面,融资的进行也有可能使融资的内外部环境发生改变。

第三个层面,对于"理事"结构的研究,主要是指在实施 PPP 项目融资的过程中要受到各种相关法律、法规的影响。PPP 项目融资方式通过招投标方式签订合同进行公私合作,与其相关的法律、法规非常多。一方面,这些法律、法规的改变会影响融资进行;而另一方面,随着融资的进行,也有可能推动法律、法规的改变以推动 PPP 项目融资的进行。

通过分析上述 3 个层面,得出各自的逻辑结构关系,以便探讨 PPP 项目融资结构的集成。

7.2.2　PPP项目融资结构集成

前文把PPP项目融资的结构分为了相对集中的3个部分,即以利益相关者为主的"人事"结构,以项目融资内外环境为主的"物事"结构和以法律、法规为主的"理事"结构。

PPP项目融资结构集成是指在研究"人事"结构集成、"物事"结构集成和"理事"结构集成的基础上,遵循相应的管理原理,协调"人事"结构、"物事"结构和"理事"结构,实现结构的总体优化,以保证PPP项目融资目标的实现。

（1）"人事"结构集成,是在分析PPP项目融资中各利益相关者对PPP项目融资实施影响因素的基础上,找寻出对实施项目融资有最重要影响的利益相关者因素,从保证"人事"结构优化的角度出发,对这些因素进行重点管控,以保证融资的顺利进行。

（2）"物事"结构集成,是指通过对内外部环境条件因素的分析,找出影响项目实施PPP项目融资方式的关键因素,通过调整、改变、完善这些关键因素实现"物事"结构优化,保证融资的顺利进行。

（3）"理事"结构集成,是将与PPP项目融资相关的所有法律、法规进行收集和整理,探寻出对于实施PPP项目融资最具影响的法律法规,一方面可以推动未来对现有法律、法规的修正和调整,另一方面也可以在法律、法规无法改变的情况下寻求政府方面的支持以保证项目融资的顺利实施。

综上所述,经营性公共基础设施PPP项目融资结构集成研究,必须在对"人事"结构、"物事"结构和"理事"结构详细分析的基础上进行,下文所给出的相关因素是就一般项目而言的,对于特定的项目,在实施PPP项目融资方式时,需做进一步的细化分析。

7.3　PPP项目融资运行机制集成

所谓运行机制,是指影响人类社会有规律的运动的各个因素的结构、功能及其相互关系,以及这些因素产生影响、发挥功能的作用过程和作用原理及其运行方式。

PPP 项目融资的运行机制是指在实施项目融资过程中,影响融资活动进行的各种因素的构成及其相互关系,以及这些因素产生影响、发挥作用的过程和原理及其运行方式。运行机制是与人、财、物相关的各项活动的基本准则和制度,是影响融资运行的内外因素及相互关系的总称,它对项目融资活动决策起到引导和制约的作用。运行机制的研究内容包括了契约机制、运营管理机制和监督机制。

1. 契约机制

契约又称合同、合约或协议,PPP 项目融资时通过一个个的契约将各参与方结合起来,确定了彼此的权利和义务。但是,不管组织的形式如何,各方都不可能像企业内部那样采用严格的规章制度。本书对于 PPP 项目融资契约机制的研究主要与特许经营期确定、特许经营权确定、资产评估等内容有关。

2. 运营管理机制

其主要是指在签订了相关的合约后,PPP 项目融资开始实施,涉及特许经营权移交、项目融资模式经营管理、项目移交管理等内容。

3. 监督机制

虽然契约机制和运营管理机制可以使得项目融资较好运行,但是仍然需要采取措施对各方进行监管。PPP 项目融资合同种类较多,涉及的相关法律、法规范围广泛,因此必须对于合同和相关法律、法规问题予以关注。

前文将 PPP 项目融资的运行机制分为契约机制、运营管理机制和监督机制,但这 3 方面并非是相互独立的,事实上,它们彼此密切相关,因此在研究中应当注意三者的相互结合。

PPP 项目融资运行机制集成是指在对契约机制、运营管理机制和监督机制的研究的基础上,遵循相应的管理原理,使三者相互协调,实现运行机制的总体优化,保证项目融资的顺利运行。

(1)契约机制集成,是指在对特许经营期确定、特许经营权确定和资产评估三者分别研究的基础上,找出彼此联系,制订出各方较为满意的相关合同。

(2)运营管理机制集成,是指在研究项目的移交管理、运营管理和回交管理的基础上,从集成的角度把三者集成起来,使得项目能够顺利回交到政府手中。

(3)监督机制集成,要认识到项目融资的合同管理、风险管理与法律问题贯穿项目融资始终,法律的修订有可能影响到合同的实施。

7.4　PPP 项目融资功能集成

所谓功能,就是指事物或方法所发挥的有利的作用。项目融资功能是指实施融资方式所发挥的有利作用。在已建结构和运行机制的双重作用下,将能够实现项目融资方式的功能,并且不同功能随着项目融资的进行发生变化。PPP项目融资功能主要包括公私合作功能、资金吸引功能、风险规避功能、政策完善功能和公私合作螺旋改进功能。

1. 公私合作功能

PPP 项目融资方式是多种公私合作方式中的一种,是政府与社会投资者在某些公用事业项目的运营中进行相互合作的一种模式。在该模式中,双方发挥各自的优势来提供公共服务,共担融资风险和责任,共享收益。

2. 资金吸引功能

PPP 项目融资方式主要是通过盘活已有的国有资产吸引社会投资者参与到基础设施的运营中来,一方面可以解决政府资金的缺乏问题,另一方面社会投资者也可以拓宽投资渠道,从投资中获得一定的利润。

3. 风险规避功能

风险规避是风险应对的一种方法,是指通过计划的变更来消除风险或风险发生的条件,保护目标免受风险的影响。风险规避并不意味着完全消除风险,而是规避风险可能造成的损失。一是要降低损失发生的概率,这主要是采取事先控制措施;二是要降低损失程度,这主要包括事先控制、事后补救两个方面。PPP 项目融资方式下,政府与社会投资者相互合作,可以实现风险的分担,降低总体风险。

4. 政策完善功能

PPP 项目融资方式属于特许经营的一种。在我国,虽然特许经营发展了一段时间,政府也出台了许多政策以配合特许经营模式在我国的发展,但是有些政策过于偏向社会投资者,损害了国家和项目使用方的利益,而有些政策又过于拘泥,使得社会投资者不愿意参与到基础设施的建设中来。因此,每一个特许经营项目的实施,对于我国完善相关的政策都起到了重要作用。

5. 公私合作螺旋改进功能

PPP 项目融资方式的实施,无论是成功还是失败都将为以后进行项目融资以及其他的特许经营方式积累经验,推动特许经营方式进一步推广。

根据前文对于 PPP 项目融资功能含义的分析,可以看出其 5 种功能是相互包含、相互渗透的,只针对某一种功能展开研究不能反映这种功能的全貌,因而必须从集成的角度出发进行分析和探讨。

PPP 项目融资的功能集成是指在对公私合作功能、资金吸引功能、风险规避功能、政策完善功能和公私合作螺旋改进功能进行分析的基础上,找出影响功能实现的相关因素,遵循相应的管理原理,以期能够较好地实现 5 种功能。事实上,5 种功能的完美实现也意味着项目融资获得了成功。其中,公私合作功能、资金吸引功能和风险规避功能三者的实现意味着保证本次项目融资的实施,而政策完善功能和公私合作螺旋改进功能的实现将有利于推动项目融资方式的进一步发展。

1. 保证项目融资实施的功能

公私合作功能、资金吸引功能和风险规避功能三者如果能够以各方满意的结果实现,那么意味着该项目融资实施得到了保证;如果其中一种功能实现的较为突出,那么意味着有可能损害了某方的利益,例如为了实现公私合作功能,政府方承担了过多的风险。

2. 推动项目融资方式发展的功能

政策完善功能和公私合作螺旋改进功能在项目融资的实施过程中不断体现,不但对本次项目融资方式的实施有帮助,而且其更重要的作用在于为整个项目集成融资的发展起到了推动作用。

第8章 PPP 项目集成融资模式选择、组合及变换

8.1 PPP 项目融资模式选择

8.1.1 不同 PPP 模式的交易特征与合作程度

1.交易特征

（1）所有权特征

多数情况下 PPP 项目所有权归属在项目寿命周期内会发生变化。政府将项目所有权转移给私人部门,相当于从私人部门融资;私人部门将所有权转移给政府,政府便可获得项目资产。发生所有权转移对于政府和私人部门来说都将带来效益。

2014 年,杨卫华根据 PPP 模式的运作特点,归纳出 PPP 项目所有权转移的4 种方式,分别是所有权属于政府而不转移、私人→政府、政府→私人→政府、政府→私人。

①所有权属于政府而不转移

外包类 PPP 模式的项目所有权一直归属于政府而不转移,私人部门承担部分或全部的设计、融资、建设、运营等责任。

②私人→政府

在特许经营类的 BOT 模式中,政府特许私人部门融资建设项目设施并在运营期拥有所有权,特许期结束时私人部门将项目所有权转移给政府。政府回购具有相同的所有权转移方式,例如租赁购买模式,由私人部门融资建设项目设施并拥有所有权,然后将设施租赁给政府,在运营期结束时政府回购设施。

③政府→私人→政府

特许经营类中的 TOT 模式,以及回租回购类的政府回租模式,都是政府先将项目设施出售给私人部门并转移所有权,在运营期结束后,私人部门将所有权再移交给政府。

④政府→私人

资产剥离类的PPP模式是政府将项目设施的所有权部分或者全部转移给私人部门,运营期结束后私人部门拥有项目资产的永久性所有权。

PPP项目所有权转移过程中,要综合考虑所有权的最终归属获得的效益,以及所有权转移过程中交易成本的损失。交易成本的损失与转移的次数、项目的复杂程度有关,还与政府提供公共产品过程中获取和处理市场信息的费用、发生每一笔交易的谈判和签约费用、监督管理成本等有关。据此,从政府角度来看,项目所有权转移的综合效益从低到高排序如下:政府→私人、政府→私人→政府、私人→政府、所有权属于政府而不转移。

(2)经营权特征

PPP模式的经营权归属主要有3种方式,分别是经营权属于私人部门、政府和私人部门共同经营、经营权属于政府。

外包类的整体外包模式和特许经营类中的PROT模式、TOT模式,以及资产剥离类的完全私有化模式都是政府特许私人部门负责项目的运营管理,经营权属于私人部门。

经营外包模式是政府将部分经营管理任务转移给私人部门,政府还承担项目的主要经营责任;部分私有化模式是政府将项目资产的部分所有权转移给私人部门,私人部门也获得相应的经营权。因此,经营外包和部分私有化这两种模式都是政府和私人部门共同经营项目。

建设外包模式只是将设计、建设任务转移给私人部门,政府完全负责项目经营;在政府回租和政府回购模式中,政府都要通过租赁获得项目资产的经营权。

按照政府对经营权控制程度的大小,可将PPP模式的3种经营权分配方式从小到大排序如下:经营权属于私人部门、政府和私人部门共同经营、经营权属于政府。

PPP模式在所有权和经营权两个方面都有着不同的特征,杨卫华将9个种类的PPP模式进行交叉分类,具体结果见表8-1。

表8-1   不同PPP模式的所有权和经营权特征

所有权转移		属于政府不转移	私人-政府	政府-私人-政府	政府-私人
经营权分配	私人经营	整体外包	PROT	TOT	完全私有化
	共同经营	经营外包	未知模式一	未知模式二	部分私有化
	政府经营	建设外包	政府回购	政府回租	未知模式三

在表8-1中,9个种类的PPP模式都各自具有唯一的所有权和经营权特征,没有出现彼此重叠的现象,表明PPP模式的三级分类结构符合逻辑要求。表8-1中的3个未知模式目前还没有相应的具体PPP模式,主要原因是实践中尚未出现符合对应此所有权和经营权特征的具体模式,或者该种模式的所有权和经营权组合在产权制度设计上不具有可行性。

2. 合作程度

PPP项目的本质是形成公私伙伴关系,充分发挥各方特长来提供公共产品和服务。合作关系的好坏将直接影响项目成败,政府要想顺利推进PPP项目,就必须明确在哪些环节上需要与私人部门开展合作以及合作程度的深浅。

然而,由于PPP项目不同模式的所有权和经营权分配等交易制度安排不同,政府和私人部门在不同具体模式中的合作环节和合作程度就会存在差异。因此,有必要分别衡量9个种类的PPP模式的公私合作程度,以便于政府在模式选择决策时参考。

根据PPP项目特点,可在招投标、设计、融资、建设、经营、移交6个环节上,从共享、沟通和协作3个维度来测量政府和私人部门的合作程度。之所以选择上述6个环节,是因为招投标是PPP项目选择合作伙伴的关键步骤,其他5个环节是公私间分配权责的重要着眼点,这个特征在PPP项目具体模式的英文名称上就有着非常直观的表现。

信任、承诺、共享、沟通、协作是影响项目合作的基本因素。其中,信任和承诺是所有PPP模式中开展合作的共同基础,对合作程度测量的区分度不高。共享、沟通和协作3个方面在不同PPP模式的6个环节上表现不同,可以作为公私合作程度测量的主要维度。

对于PPP项目,在任何环节上出现问题都会导致项目失败。为了测量方便,假定政府和私人部门在6个环节上合作的重要程度都是等同的,只要在任何一个测量维度上有合作的必要性,就相应得1分。2014年,杨卫华根据9种PPP模式的运作特点,将每个环节上的合作需求标识出来并计算合作程度总分。具体结果见表8-2。

表8-2　不同PPP模式合作程度的测量

PPP模式	招投标			设计			融资			建设			经营			移交			总分
	共享	沟通	协作	共享	沟通	协作	共享	沟通	协作	共享	沟通	协作	共享	沟通	协作	共享	沟通	协作	
整体外包	●	●	●	●	●	●				●	●		●	●					10
经营外包	●	●	●										●	●	●				6
建设外包	●	●	●					●		●	●	●		●					8
政府回租								●			●			●		●	●	●	6
政府回购	●	●	●	●	●	●				●	●			●		●	●	●	12
PROT			●	●	●	●		●		●	●	●	●	●	●	●	●	●	14
TOT		●			●			●			●		●	●		●	●	●	9
部分私有化							●	●	●						●				4
完全私有化							●	●	●				●	●					5

8.1.2   PPP 模式选择的影响因素

PPP 模式涉及政府部门和私人部门两个核心利益相关方,二者存在不同的利益和偏好,而 PPP 模式适用条件不尽相同,因此需要结合项目的实情和外部环境因素进行 PPP 模式的选择和设计。

1. 项目自身特点

(1)项目经济属性

项目经济属性不同,项目私人投资的补偿/回报机制也有所不同,适用的 PPP 模式也有所不同。据此可将项目分为公益性项目和经营性项目。公益性项目自身几乎没有现金流入,无法回收成本并盈利,只能依赖政府的影子付费机制或使用付费机制或租金支付机制实现。因此,公益性项目比较适宜采用付费合同/租赁合同形式的 PPP 模式,如 FDBT、FDBOM 等。经营性项目可以依赖自身现金流量弥补投资并盈利,适宜采用特许合同形式的 PPP 模式,如 FDBOT 等。

(2)项目技术属性

基础设施项目如供水、供电和地铁等,具有网络化的运营技术特点,PPP 项目作为网络系统中的一个节点,必须考虑网络系统的整体最优。例如成都第六水厂 FDBOT 项目,因对未来用水量预测不准,设计规模过大,当地政府为了满足合同中最低购水量,减少了其他水厂的供水量,从而导致其他水厂的亏损和供水成本的增加。因此,为保证实现网络系统的整体优化,需要统一规划、调度,此时政府有必要拥有较大的运营决策权和控制权,比较适宜采用基于付费合同的 DBO、DBOM、FDBT 和 FDBOM 模式。

(3)项目战略地位

项目战略地位是指项目对项目所在地国民经济或产业结构的影响程度,对国民经济或产业结构影响大的项目一般会慎用由私人部门拥有产权或实际控制权的 PPP 模式,如 FDBOT、FDBOO 等模式。

2. 政府部门的能力和经验偏好

(1)政府部门(雇员)能力

由于 PPP 模式中私人部门参与投资和建设,而私人部门的逐利本性可能会损害公众的利益,因此 PPP 模式需要政府部门对传统方式下的项目管理或监管方式和流程进行变革,同时提高政府部门(雇员)在项目招标、谈判、合同监管和规制等方面的能力。但不同的 PPP 模式由于蕴含的公私双方的风险分担和权利义务不尽相同,因此对政府(雇员)的能力要求也有所差异,如 DBO、DBOM 和 FDBT 的合同期限相对较短,私人部门的控制权相对较小,因此对政府(雇员)的监管和规制能力要求相对较低。

(2)政府财政支付能力

政府财政支付能力分为即期财政支付能力和未来财政支付能力两种。如果政府即期财政支付能力强,则偏向选择 DBO 或 DBOM 模式,否则需要利用私人部门的资金,采用 FDBT、FDBOT 等模式;如果政府即期财政支付能力差,但未来财政支付能力强,则可选择 FDBT 模式或合同期限较短的 FDBOT 或 FDBOM 模式;如果政府即期财政支付能力和未来财政支付能力均较差,且项目具有经营性,则适宜采用 FDBOT 或 FBOO 等模式。

(3)政府的目标偏好

首先是融资与提高运营效率和服务质量两个目标之间的偏好。若仅为提高运营效率和服务质量,可考虑采用 DBO 或 DBOM 模式;若仅考虑融资,则可选用 FDBT 模式;若等同考虑融资与提高运营效率和服务质量两大目标,则可考虑采用 FDBOT 等模式。其次是项目工期和成本目标。不同 PPP 模式下,对加快项目进度和降低项目成本的激励强度是不同的。例如在 FDBOT 模式下,私人部门更有动力加快进度和降低成本,以便使项目尽早投入使用,提高盈利能力。

(4)政府的既有经验

根据制度经济学理论,PPP 模式是公私双方关于基础设施项目投融资、建设、运营等事项的一种制度安排。而政府对这种制度安排具有"路径依赖性",即政府过去的 PPP 模式实践经验对新建项目 PPP 模式的选择具有较大影响,可能倾向于选择比较熟悉的 PPP 运作模式。

3.法律政策

(1)法律适应性

如前所述,PPP 模式下私人部门与社会公众存在潜在利益冲突。如许多国家和地区推行 PPP 模式过程中出现的私人部门的高回报与基础设施的高价格/高收费之间的悖论,引发了社会公众或非执政党对政府或执政党的质疑,因此许多国家和地区对推行 PPP 模式都极为谨慎,一般会出台专门的法律法规明确哪些 PPP 模式在法律上是可行的。例如,我国有关法律法规就明确规定不能采用 FDBOOT 模式,即明确在特许期间私人部门不能拥有基础设施项目产权。

(2)税收优惠政策

不同 PPP 模式下,公私双方签署的合同性质、风险分配和法律依据不同,私人部门对项目产权的拥有关系也不同,因此不同 PPP 模式的税收会计处理不同,这会影响到项目投资者回报、基础设施收费价格或政府补贴。例如,美国收费公路的 PPP 模式中,更多采用的是基于租赁合同的 FDBOM 模式,因为美国税法规定租赁合同下私人部门可享受到加速折旧扣税等税收优惠,从而提高项目的经济强度,同时降低社会公众承受的收费价格。

4.其他因素

(1)私人部门的能力和偏好

此因素主要表现在以下 3 方面。

①融资能力

如果项目投资规模大,而市场中潜在的私人部门融资能力较差,则难以满足 PPP 项目的融资需求,此时只能选择由政府投融资的 DBO 或 DBOM 模式,或政府和私人部门共同投资的 FDBOT 等模式。

②技术与管理能力

从世界范围看,获得融资和提高效率是政府采用 PPP 模式的目的。而效率的提高来源于私人部门的技术与管理能力,尤其是运营技术与管理能力,如果市场上满足技术与管理能力需求的私人部门很少或基本没有,就适宜采用 FDBT 模式。

③风险承受能力

如果私人部门风险承受能力较低,则适宜采用基于付费合同的 PPP 模式,否则采用基于租赁或特许合同的 PPP 模式。

(2)私人部门数量

某种程度来说,市场中具有满足规定要求能力的私人部门数量也影响 PPP 模式的选择。因为基础设施项目本身具有的垄断性导致运营阶段的竞争性可能不足,而若私人部门数量少,一方面会导致市场进入竞争性不够,私人部门可能要求过高的回报率或服务/收费价格;另一方面从整个基础设施市场看,可能会形成寡头垄断局面。因此,在满足要求的私人部门数量较少而又有限制垄断的需求时,应采用基于付费合同的 PPP 模式,这样私人部门拥有的控制权较小。

8.1.3 PPP 模式的选择方法

1. 层次分析法

层次分析法被使用于 20 世纪 70 年代,由美国匹兹堡大学教授 T. L. Saaty 提出,主要用于对多指标多方案问题的评价分析,通过运用层次分析法将影响决策客体的因素按照一定的支配逻辑关系进行层次的划分,由上而下可分为目标层、准则层、指标层和方案层,且同一层次的要素之间相互独立不受彼此影响,相邻层次要具有包含或者解释说明的关系,可以起到对上一层次进行评价的作用,其中所有的层次指标均为目标层服务,方案层属于最终决策集,指标层属于准则层的子要素,对于简单问题指标层可以省略。

层次分析法评价工程主要是基于专家的评价,即专家基于某个特定的方案在指标层给出判断矩阵,通过一定的计算和一致性检验得到最终的结果,其具体的逻辑关系可用图 8 - 1 表示。

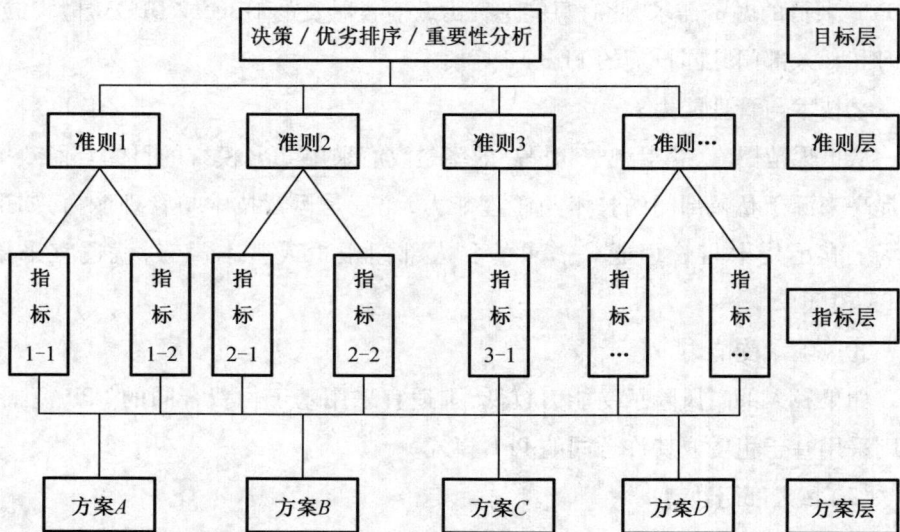

图 8 - 1 层次分析概要图

由于可以利用层次分析法进行指标因素权重的计算,因此其进一步可以解决多目标择优的决策问题、评价问题、影响因素排序问题等。

层次分析法的优越性主要表现在以下两个方面：

（1）层次分析法增加了评价的全面性。该方法综合了定性分析——专家对指标之间进行两两判断，也包括定量分析——通过判断矩阵计算指标的权重并对其进行一致性检验；

（2）各层次之间逻辑结构清晰明了，既便于对问题影响因素逻辑结构的剖析，也利于专家的判断。

同时，在层次分析法的使用过程中也暴露出了其固有的弊端，主要表现在以下3个方面。

（1）指标体系繁杂程度无法衡量。单一的指标体系不能够对问题进行清晰的界定和阐述，也无法对方案进行全面的评价。但是，当指标过多（多过9个）时，极容易引起专家判断的混乱，造成评价结果的失真。

（2）对一致性检验标准的质疑。一致性指标的计算量较大，对于一致性检验的标准并没有充分的理论支撑，其对评价结果一致性衡量的准确性也就受到了质疑。

（3）没有考虑专家的权重。专家是进行层次分析的主体，其评价结果是进行最终评价和决策分析的基础和前提，但是在层次分析法中并没有对专家权重进行考虑和衡量，降低了其评价的准确性。

2.实物期权分析法

实物期权原指在未来的实物资产投资中具有采取某种行动的权利，由Stewart Myers在1977年首次提出。实物期权的价值由一般参数以及竞争者的行为策略共同影响。将其用在项目融资模式的选择中，主要依据未来期间因为采用了不同的项目融资模式而具有的不同期权价值，对选择权所带来的价值进行量化分析，从而可以更准确地为识别项目的收益提供依据。

实物期权在现有的研究领域主要作为投资决策的依据，对在未来有选择权的项目投资或者价值评估等进行模式或者具体方案的选择。尤其是在不确定环境下，常用实物期权分析法解决经济投资决策问题。2015年，陈晨曦、周艳利认为该方法能够为企业管理者提供更好的决策依据。2014年，黄杨以地铁项目为例，论证了实物期权分析法在不确定环境下作为决策方法的优越性。

实物期权分析法利用了金融学的投资决策思维，在对投资方案进行决策过程中主要有以下优点。

（1）有效应对环境的不确定性。对于实物期权分析法环境的不确定性越大，项目就越具有投资价值，能够有效地利用环境变化的特点，制订灵活的投资策略，做出合理的决策。

（2）考虑了时间价值。决策的结果影响的是未来一段时间的收益，而实物期权分析法恰是针对在未来一段时间具有选择权的问题，对该选择权价值进行分析，考虑了项目的时间价值。

但是，在实践操作中，实物期权分析法并不常用，主要是因其存在以下缺点：

（1）存在模型风险。为了解决投资决策问题而构建的实物期权模型，由于没有足够且精确的金融市场信息作为支撑，其模型计算结果与实际结果可能存在较大偏差。

（2）模型中参数假设的准确性受到质疑。在构建实物期权决策模型时假设其中标的资产的价值对数符合正态分布，将模型中涉及的参数如资产价值波动率、利率等设定为固定的常数，而这与现实情况相违背。现实中中标的资产价值将受到多种风险因素的影响，因而其模型中的参数都是不确定的。

3.博弈论分析法

博弈论用来解决理性人在策略互动的局势中如何通过最佳的行为方式获得最大的收益。冯·诺依曼在1928年首次提出博弈论的概念，并对其理论体系进行证明，1944年又将N人博弈理论体系应用于解决经济决策问题，从而使得博弈论体系得以发展和完善。1950年，John Forbes Nash Jr.通过对博弈论中均衡点的证明促进了其向一般化的发展。20世纪中后期，海萨尼和泽尔腾均在不同程度上对博弈论进行了改进，进一步完善了该理论。其中，海萨尼创立了不完全信息博弈，泽尔腾引入了具有子博弈完备均衡概念的精炼纳什均衡。

由于博弈论的理论体系与经济学研究方法相吻合，其在经济领域获得了广泛的应用，但是博弈论应用的前提假设是将人作为理性的经纪人，即以自身利益最大化作为决策的最终目的。

在项目融资模式的选择过程中，所有的参与主体为了实现各自收益的最大化而进行彼此之间的博弈，若各参与方都只追求个体利益最大化，则会出现"搭便车"的现象，即自己尽可能少地付出努力而窃取合作伙伴的利益，导致降低项目的整体收益。

博弈论在项目融资模式选择中的应用主要体现在该理论对于风险分担机制的研究。

虽然博弈论在研究应用中具有较强的现实基础,而且易于标准化和理论分析,但是仍然存在着一些不足和缺陷,主要表现在两个方面:

(1)完全理性人的假设很难达到。博弈论的研究是建立在各参与方是完全理性的,即追求自身利益最大化。但是,在实践的操作中,由于交叉及合作关系,这一假设是很难实现的。而且,即便参与方能够作为完全的理性人,在追求各自利益最大化的过程中也会造成双方的利益冲突。

(2)模型相当复杂,在实践中难以得到应用。博弈论的计算模型和计算公式都相当复杂,若将其应用于具体的实践项目会耗费较大的成本,而且现实情况更加复杂多变,模型的建立更加困难。

4.多属性群决策方法

多属性群决策综合了群体决策和多属性决策,即指在进行多属性决策过程中,决策者由单一个体变成多个。而多属性决策是指对具有多属性的多方案问题进行最优评价和选择。因此,多属性群决策指针对于多属性问题由群体专家单独进行评价,从而根据其评价结果进行综合计算得出最终结论。

多属性决策方法起源于 20 世纪 50 年代,Churchman、Ackoff 和 Arnoff 在 1957 年首次利用多属性决策方法为企业的投资战略进行选择。随后,在 20 世纪 90 年代,学者将群体决策与多属性决策相结合,复杂的多属性群决策方法成了各领域专家关注的焦点。多属性群决策由决策群体、方案集、方案属性集构成,为了对各备选方案进行评价,决策群体的权重及方案属性的权重是计算备选方案综合权重的基础,因此其权重的确定方法尤为重要。根据已知权重的情况,可将其分为权重完全未知、部分权重未知和权重已知等情况,继而再进行决策。同时,根据研究方向和重点不同,也有学者根据专家群体给出的评价信息将其划分为确数、模糊数、区间数以及语言型和混合型,从而针对不同的评价信息类别对多属性群决策方法进行改进和完善。

多属性群决策方法发展至今,已被应用于经济管理、工程设计、综合评价以及项目评估等多个领域,通过对已有学者研究内容的整理,目前对多属性群决策方法的研究主要集中于权重的确定方法的研究、基于偏好信息的研究以及评价信息研究等。

在不区分权重是否已知时,可以通过聚类分析、灰色关联度分析以等多种方法对权重进行计算。2014 年,何立华、王栋绮等通过对最大相容度间的距离的计算对专家群体进行聚类分析,从而分别得到类别间权重以及类别内权重,解决了不同专家群体进行区别赋权的问题。

多属性群决策方法的理论发展日臻完善,作为一种定量的决策方法,其在项目融资模式选择中的应用也越来越受到重视。2002 年,Chang 在风险分担机制不完善以及契约不完全的条件下利用多属性分析的方法对项目融资模式进行选择。2001 年,Cheung 权衡主观和客观条件,利用问卷调查方法对项目融资模式的效用值进行计算并通过多属性的效用分析而进行最终的决策。2006 年,Chan 和 Oyetunji 在 Cheung 的研究结果上做了进一步拓展,提出了摇摆赋权多属性评价的项目模式选择方法。2013 年,杨亚楠结合了案例研究方法和多属性群决策的方法对项目融资模式进行选择,利用案例研究方法对方案属性进行总结归纳,利用多属性群决策方法对方案进行综合评价,其中采用了专家调查法对方案和指标权重进行计算。

根据对多属性群决策方法的发展以及目前的应用对其优缺点进行总结,其优点大致如下:

(1)利于解决多方案多属性的复杂决策问题。对于多方案且评价指标体系较为繁杂的决策问题,如果利用层次分析法会增加专家进行两两判断的难度,博弈论分析法和实物期权分析法在实践中也很难被应用,因此通过多属性群决策的方法可以使其得到很好的解决。

(2)专家群体决策利于决策结果的公正性。如果仅考虑专家个体的评价结果无法保证其不受个别决策者的主观影响,而当考虑专家群体分别进行单独决策后再对各位专家的评价结果进行综合考虑时,会加强专家群体决策的公正性。

(3)科学严谨的计算过程保证了决策结果的可靠性。利用多属性群决策方法得到各方案的综合权重,通常要经过严谨而周密的计算过程,将决策者评价的原始数据通过数学计算或者数学模型运算而得到最终的决策结果,更加具有说服力和可靠性。

但是,多属性群决策在实践应用中也存在一定的局限,主要有以下几点:

(1)忽略决策者全体意见与其个体意见的差异性。对于部分决策者虽然采用了多属性群决策的方法,但是并没有将专家群体的意见与个人意见进行比较分析,忽略了群体意见与个体意见的差异性。

(2)复杂的计算过程不利于实践操作。周密而严谨的计算过程的确是保证了决策结果的可靠性,但是过于复杂的计算过程并不利于在实践中的操作。

表8-3为项目融资模式选择方法对比分析表。

表8-3　项目融资模式选择方法对比分析表

研究方法	应用领域	优点	缺点
层次分析法	评价;多目标决策	①将定性评价和定量分析相结合;②影响因素的结构层次清晰明了	①没有指标数量标准;②一致性检验难度较大且缺乏理论依据;③没考虑专家权重
实物期权分析法	投资决策;价值评估	①有效应对环境的不确定性;②考虑了时间价值	①存在模型风险;②模型中参数假设的准确性受到质疑
博弈论分析法	经济决策;风险/利益分担	①具有较强的现实基础;②易于标准化和理论分析	①完全理性人的假设很难达到;②模型过于复杂,难应用
多属性群决策方法	多目标多指标的复杂决策问题	①利于解决多方案多属性的复杂决策问题;②专家群体决策利于决策结果的公正性;③科学严谨的计算过程保证决策结果的可靠性	①忽略决策者全体意见与其个体意见的差异性;②复杂的计算过程不利于实践操作

8.1.4　融资模式指标体系构建

1.融资模式指标体系构建的原则

(1)科学性原则

所谓的科学性原则是指在选择指标体系时要秉持客观、科学的原则,不依据主观臆断以及自己的喜好选择评价指标,既要有理论上的支撑,又要与实际情况相结合。例如,对于污水处理项目,融资模式选择指标评价体系的构建既要体现污水处理项目融资模式所具有的实践操作经验,同时又要反映出项目融资模式一般性区别。

(2)实用性原则

实用性原则是指本书所构建的指标体系对实践中的项目进行融资模式选择过程具有一定的参考价值及可操作性,其主要体现在以下两个方面:第一,精简评价指标体系,评价指标设计得过于烦琐会导致评价过程、计算结果过于困难,因此根据已有的研究成果对评价指标的重要性进行筛选;第二,便于进行定量分析,即专家针对指标体系对项目的融资模式可以进行定量的模糊评价,从而保证数据采集和计算的便利性及科学合理性。

(3)全面性原则

全面性原则指评价指标体系要涵盖影响项目融资模式选择的各个方面,切忌"扬长避短"或者仅从政府部门或者私人部门重视的侧面对其进行评价分析,否则会使评价结果丧失应有的公正性,不具有参考价值。同时,评价指标之间应该相互独立,否则相互影响的指标体系无法对项目融资模式进行客观公正的评价,也会增加专家的评价难度。

(4)代表性原则

代表性原则与全面性原则相对应,即评价指标不仅能全面地对评价对象进行描述,同时评价指标在每一个评价纬度内都具有一定的代表性,能够充分反映项目的特点。本研究在经济性、适用性、复杂性以及风险性等4个纬度对项目的融资模式进行选择,由于要兼顾评价指标的精简原则,因此每个维度下的指标要具有充分代表性和典型性,从而使得在指标尽可能精简的情况下做尽可能全面的评价。

2.一般性项目融资模式选择标准

已有的项目融资模式选择方法主要有层次分析法、实物期权分析法、博弈论分析法以及对项目融资模式的定性分析方法,对于不同的模式选择方法在评价过程中均有不同的标准和角度,表8-4是对已有项目融资模式选择标准体系研究的整理与归纳。

表8-4　已有项目融资模式选择标准参考表

对象	评价指标
基础设施项目	项目的规模、项目类型以及项目所面临的风险及所需要的技术
基础设施项目	政策法规、市场的竞争性、技术的可用性、政府的影响以及物质可用性
基础设施项目	自然属性、经济属性、生产的外部性
基础设施项目	项目的自然属性、运作效率、交易成本
基础设施项目	项目自身特点——项目的投资结构情况、项目的经济强度、项目的产权变更程度;投资者的需求——实现百分百融资、资产负债表外融资;投资者偏好——风险承受程度;融资成本大小
交通运输项目	融资成本、融资风险、融资速度和融资手段
基础设施项目	C_1——项目建设发展、运营管理效率和效益;C_2——项目和设施的宏观公共利益和微观经济利益;C_3——项目和设施经营管理的战略;C_4——项目和设施投资的平衡;C_5——项目和设施未来资金返还;C_6——市场环境;C_7——经营权或所有权转让情况
基础设施项目	外部环境——所有权和经营权关系、资金来源、信用担保方式和模式的适用范围;内部环境——项目属性特点、收益性、风险性
基础设施项目	项目属性——投资结构、经济强度、产权异动、消费需求;投资人需求与偏好——百分百融资、表外负债、投资回收期、融资成本;融资模式与特征——融资广度规模、融资程序速度、政府参与度、风险分配度
基础设施项目	融资成本、融资风险、融资范围、融资能力、社会影响
基础设施项目	融资成本、融资风险、融资速度
水利工程项目	使用标准——项目融资模式与项目建设的匹配、国情的匹配;融资标准——融资成本、融资复杂性;运作标准——项目建设运营效率、政府的监管力度、项目的转让
基础设施项目	市场需求、收益率、再融资灵活度、经济特征和营业收入预期
基础设施项目	适应性——适用范围的匹配性、现阶段的可操作性;经济性——融资交易成本、融资的可获得性;风险性——项目担保、投资风险;可操作性——运作程序的复杂性、融资结构的复杂性、项目转让的复杂性

表 8.4(续)

对象	评价指标
工程项目	适用性——适用范围的匹配性、政策法律的符合性、资本市场的发育程度;经济性——融资成本的高低、对税务优惠利用程度、资金适用期限的匹配性;合理性——风险分摊的合理程度、项目保险程度及合理性、项目担保程度及合理性;复杂性——投融资操作工程的复杂性、管理的复杂性、资产转让的复杂性、再融资的复杂性;控制性——项目发起人对项目的控制程度;会计处理——自查负债表外处理
高速公路项目	金融环境、基础设施最终所有权、对项目的收益要求、监管体制要求和政府与企业关系

（1）从项目自身的角度

该角度聚焦于项目本身,从决策客体(项目)、决策主体(项目投资人)、决策对象(融资模式)3 个维度对项目融资模式的特点进行评价从而为特定项目选择最优的项目融资模式。

（2）从项目所处的环境角度

所谓的环境角度主要是以项目的外部影响因素为衡量指标,包括项目建设过程中所面临的市场环境、经济环境、法律环境及建设项目所处的内部环境。

（3）从项目的融资模式角度

项目融资模式属于决策对象,而以决策对象本身的特点为依据对其本身进行对比分析和评价,使得整个评价过程更加关注于其本身而忽略了不同的项目对融资模式所造成的影响,该研究的角度主要是更加重视融资模式自身的特点,以最根本的影响因素为依据。

8.2　PPP 项目融资模式组合与变换

8.2.1　融资模式组合

为了应对基础设施项目的风险,可以根据项目管理中的 WBS 结构将项目分解为各个子项目,并根据各个子项目的条件和资源的情况,用项目环境影响评价的方法选择出与项目环境相适应的项目融资模式如 BOT、TOT、PPP 项目融资模式中的一种或者组合模式来运作,这就是模式的组合。

集成融资结构组合示意图如图8-2所示。从图8-2中可以看出,根据现实资源、条件和限制等,项目组合可以有无数种。

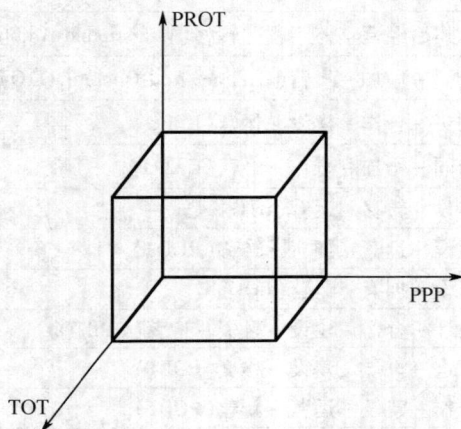

图8-2　集成融资结构组合示意图

下面用表8-5按设施类型举例说明。

表8-5　组合模式举例

设施类型(共42种)	适用的方式
已有设施	服务协议(Service Contract)
	运营和维护协议(Operate&Maintenance Contract)
	转让-合作-新建-运营(TPBO)
	改造-拥有-经营(Rehabilitate-Own-Operate)
	改造-经营-移交(ROT)
	转让-经营-转让(Transfer-Operate-Transfer,TOT)
	合作-改造-经营-转移(PROT)
	合作-改造-拥有-经营(PROO)
	改造-合作-经营-转移(RPOT)
	转让-合作-经营-转让(TOPT)
	转让-经营-合作新建-转让(TOPT)

表 8 – 5(续)

设施类型(共 42 种)	适用的方式
对已有设施的扩建	租赁 – 建设 – 运营(LBO)
	购买 – 建设 – 运营(BOO)
	扩建后经营整体工程并转移(Wraparound Addition)
	合同 – 增加 – 经营(Contract-Add-Operate,CAO)
	购买 – 合作 – 建设 – 运营(BPBO)
	合同 – 增加 – 合作 – 经营(CAPO)
新设施	建设 – 转移 – 运营(BTO)
	建设 – 运营 – 拥有 – 转移(BOOT)
	建设 – 拥有 – 运营(BOO)
	设计 – 合作 – 建设 – 融资 – 运营(DPBFO)
	合作 – 设计 – 建设 – 移交(PDBT)
	合作 – 建设 – 运营 – 新建(POBT)
	建设 – 出租 – 移交(BRT)
	建设 – 租赁 – 移交(BLT)
	建设 – 移交(BT)
	设计 – 建设 – 融资 – 经营(DBFO)
	设计 – 建设 – 经营 – 移交(DBOT)
	设计 – 建设 – 经营 – 维护(DBOM)
	设计 – 兴建 – 管理 – 融资(DCMF)
新设施	开发 – 经营 – 移交(DOT)
	筹资 – 建设 – 拥有 – 经营 – 移交(FBOOT)
	建设 – 经营 – 移交(BOT)
	建设 – 经营 – 交付(BOD)
	建设 – 经营 – 延长特许期(Build-Operate-Renewal of Concession,BOR)
	合作 – 建设 – 经营 – 移交(PBOT)
	合作 – 开发 – 经营 – 移交(PDOT)
	合作 – 建设 – 移交(PBT)
	合作 – 设计 – 建设 – 融资 – 经营(PDBFO)
	合作 – 设计 – 建设 – 运行 – 移交(PDBOT)
	设计 – 建设 – 合作 – 经营(DBPO)
	建设 – 转移 – 合作 – 运营(BTPO)

此外,由于基础设施项目采用项目融资模式进行运作的时间比较长,在运行过程中环境不断地发生变化,当发现项目环境发生突变时,也需要对项目的环境影响进行评价。当环境的变化与原来采用的模式不匹配时,要及时调整项目融资模式,促使基础设施项目能够顺利地实施下去。

8.2.2　融资模式变换

在基础设施项目运行过程中,如果项目环境发生巨变,而用传统的项目风险管理方法不能应对项目风险时,要考虑用变换项目融资模式的方法来解决问题。

为了说明项目应该变换为何种项目融资模式来解决和应对项目环境对项目实施的影响,本书利用综合集成的方法,把人的思维、思维的成果,人的经验、知识、智慧以及各种情报、资料和信息系统统集成起来,从多方面的定性认识上升到定量认识。即将专家群体、统计数据和信息资料三者有机结合起来,构成一个高度智能化的人机交互系统,综合集成各种知识,从感性上升到理性,实现从定性到定量的功能,对环境影响进行评价并选择出拟采用的项目融资模式。

综合集成主要有如下特点:①定性研究与定量研究有机结合;②科学理论与经验知识相结合;③应用系统思想把多种学科结合起来进行综合研究;④根据复杂巨系统的层次结构把宏观研究与微观研究统一起来;⑤必须有大型计算机系统支持,不仅有管理信息系统、决策支持系统等功能,还有综合集成的功能;⑥强调人机结合,但以人为主。

对项目在进展中的实时情况进行阶段性专家问卷调查,利用专家意见集成法得出每一指标的综合得分;利用各环境影响因素的权重建立匹配度判断模型,结合专家打分结果对项目在各模式下的评价值进行纵向和横向的两两比较,最终判断是否需要变换模式以及变换何种模式的问题。

其主要运行机制和运用方法如图 8-3 所示。

具体方法如下。

首先是对当前所采用的模式实施情况进行匹配度判断,对项目现阶段和前一阶段的宏观、中观和微观环境的评价值进行比较。例如,项目当前采用 BOT 模式运作,前一阶段的宏观环境影响评价值为 V'_{1b},而当前的宏观环境影响评价值为 V_{1b},那么依据匹配度模型,项目模式与项目宏观环境的匹配度为:

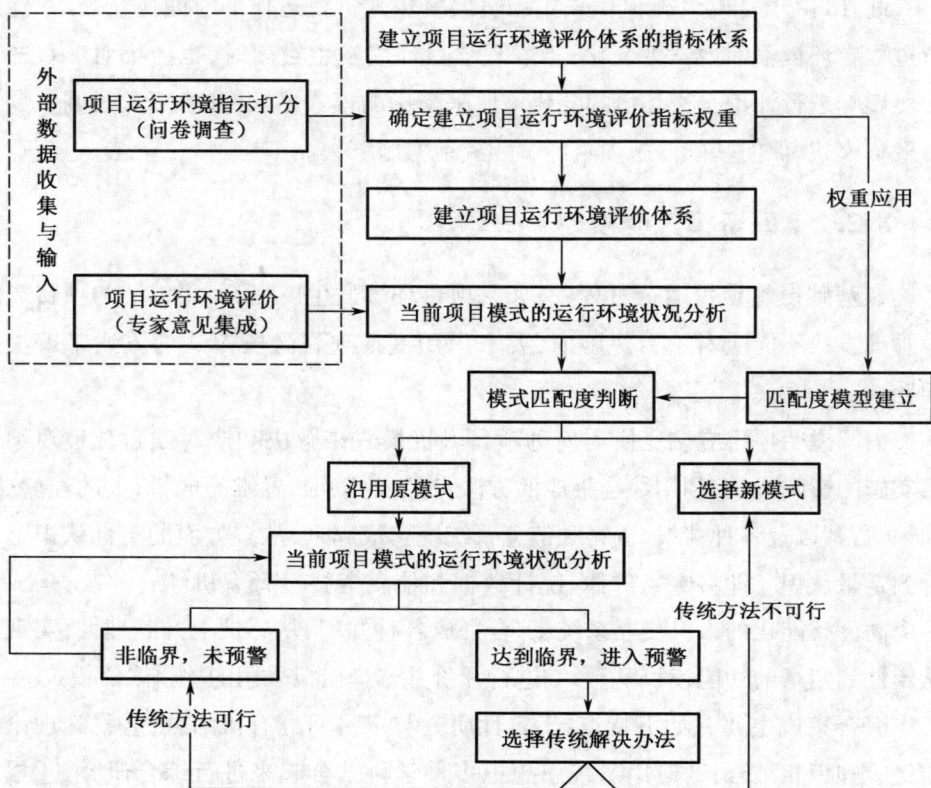

图 8 - 3   PPP 集成融资模式的主要运行机制和运用方法

$R'_{\mathrm{bb}} = V'_{1\mathrm{b}}/V_{1\mathrm{b}}$，同理可以算出中观环境的匹配度 $R''_{\mathrm{bb}} = V'_{2\mathrm{b}}/V_{2\mathrm{b}}$，微观环境的匹配度 $R'''_{\mathrm{bb}} = V'_{3\mathrm{b}}/V_{3\mathrm{b}}$。

接下来便是对备选的模式的匹配度进行计算,依然以当前采用 BOT 模式运作项目为例,基于本书对匹配度计算矩阵的分析,项目可以变换为 TOT 模式或者 PROT 模式,因此根据专家对项目当前环境的评价可以算出项目(BOT 模式)与 TOT 模式的匹配度为：$R'_{\mathrm{bt}} = V_{1\mathrm{t}}/V_{1\mathrm{b}}$、$R''_{\mathrm{bt}} = V_{2\mathrm{t}}/V_{2\mathrm{b}}$、$R'''_{\mathrm{bt}} = V_{3\mathrm{t}}/V_{3\mathrm{b}}$,与 PROT 模式的匹配度为：$R'_{\mathrm{bp}} = V_{1\mathrm{p}}/V_{1\mathrm{b}}$、$R''_{\mathrm{bp}} = V_{2\mathrm{p}}/V_{2\mathrm{b}}$、$R'''_{\mathrm{bp}} = V_{3\mathrm{p}}/V_{3\mathrm{b}}$。

根据以上的计算结果,可以进行匹配度横向、纵向和综合性的比较,从而选出最适合项目当前环境情况的运作模式。

1. 横向比较

横向比较是比较各模式之间同类环境的匹配度值。

例如,把 $R'_{bb} = V'_{1b}/V_{1b}$、$R'_{bt} = V_{1t}/V_{1b}$ 和 $R'_{bp} = V_{1p}/V_{1b}$ 进行比较,并依据以下定义判断出于哪一类模式更加适合当前的项目宏观环境。

当匹配度都大于0而小于1时,不论最大值出现在何处,仍采用原模式,因为这种情况说明变换任何一种模式其对项目的环境适应性都不如项目原来采用的模式理想,此时可以考虑采用一些传统的弥补措施,比如通过政府补贴、特许经营期调整等方式来使项目顺利进行。当所有匹配度都大于1,说明对应的模式更加适合当前的宏观环境,应考虑变换模式为匹配度最大值相对应的模式,但模式是否变换需结合以下综合性比较的结果进行最终判断。

2. 纵向比较

纵向比较就是比较同一模式对不同环境因素的匹配度值。例如对于采用BOT模式运作的一项目,其前一阶段与现阶段在项目宏观、中观和微观环境方面的匹配度分别为: $R'_{bb} = V'_{1b}/V_{1b}$、$R''_{bb} = V'_{2b}/V_{2b}$ 和 $R'''_{bb} = V'_{3b}/V_{3b}$,通过比较,找出最接近1的并以此说明该模式对哪一类环境的适应力更好。

然而,如果纵向匹配度值出现远离1的情况,说明某项目环境的稳定性出现了波动,有可能影响项目的实施,为此就要引入以下的预警分析。

在某些情况下,虽然现用模式的环境评价值匹配度很高(说明项目可以继续沿用前阶段所采用的模式),但是评价值却呈现波动变化,比如评价值出现突然性降低。这时,原模式的匹配度值在横向比较上仍然有可能是最高的,但事实上项目的环境已经发生了巨大的变化,并且将对项目产生重大影响。这一时点就有可能是项目进行的"临界点"。所谓"临界点"就是指项目在不同阶段的进行过程当中由于受到宏观、中观、微观因素的影响,而导致项目进行遇到困难的时点。如果在此时点不能采取措施(包括传统弥补措施和变换模式)加以合理的处理,项目就会面临中止甚至彻底"死亡"。此时就需要对这一"临界点"进行分析,找出诱发变化的原因并且制订具有针对性的解决对策。

为此,当某一项目环境评价的纵向匹配度值远离1时,就需要对相应项目环境的评价值进行分析,对出现明显波动的专家评价值进行跟踪监测,并且就该值的波动原因咨询有关人员及专家。如果这样的临界点出现在项目微观环境中,则应该及时制订相关对策,驱除不利因素;如果该临界点的出现是由于宏观和中观环境中不可控的客观因素造成,则应制订相应的防御措施,并在措施实施以后观察下一阶段的匹配度值,并做出进一步判断。

例如,对于某一采用 BOT 模式运作的项目,对其上一阶段和目前微观环境的评价值分别为 V_{3b}' 和 V_{3b},并且匹配度 $R_{bb}''' = V_{3b}'/V_{3b}$ 远离 1,通过咨询有关人员得知问题出现的原因,制订了相应的措施并予以实施。设下一阶段的微观环境的评价值为 V_{3b}',根据纵向匹配度比较的方法,如果该评价值与 V_{3b} 的比值趋向于 1,说明来自微观环境的影响尚未消除,应当考虑进行模式变化;如果 V_{3b}' 与 V_{3b} 的比值远离 1,那么就应当将 V_{3b}' 与 V_{3b} 进行比较,如果比较值趋向 1,说明项目采取的相应措施有效,项目模式恢复了与项目微观环境的匹配性。由此可以判断出 V_{3b} 所处的时点为项目的临界点。

3. 综合性比较

匹配度的综合性比较是判断是否有必要变换模式的依据。基于匹配度的计算结果,对各模式的匹配度进行求平均值,并以此判断选择哪一模式继续运作项目。依然以上例来说明:项目继续采用 BOT 模式的匹配度平均值为 $R_{bb} = (R_{bb}' + R_{bb}'' + R_{bb}''')/3$,项目变换为 TOT 模式或者 PPP 模式的匹配度平均值分别为 $R_{bt} = (R_{bt}' + R_{bt}''R_{bt}''')/3$ 和 $R_{bp} = (R_{bp}' + R_{bp}'' + R_{bp}''')/3$,通过对 R_{bb},R_{bt},R_{bp} 的比较,找出最大值,以此来解决是否变换模式、变换为何种模式的问题。

8.3　PPP 融资模式集成

8.3.1　PPP 集成融资模式的总体框架

根据前文对 PPP 项目利益相关群体及项目合同的比较分析,结合 PPP 项目融资模式的特点及适用范围,从模式组合与变换的角度,利用综合集成研讨厅体系,组成以人为本、人机结合的专家－知识－计算机网络三位一体的巨型智能决策系统,把专家的智慧、计算机的智能和各种数据、信息有机地结合起来,把各种学科的科学理论和人的知识结合起来,使人的心智与机器智能取长补短、综合集成,对项目的环境影响进行评价,不但可为基础设施项目或其子项目选择出合适的项目融资模式,而且在项目环境发生巨变需要改变项目融资模式时可为该项目或其子项目变换合适的项目融资模式。

图 8-4 为 PPP 集成融资模式的整体框架图。

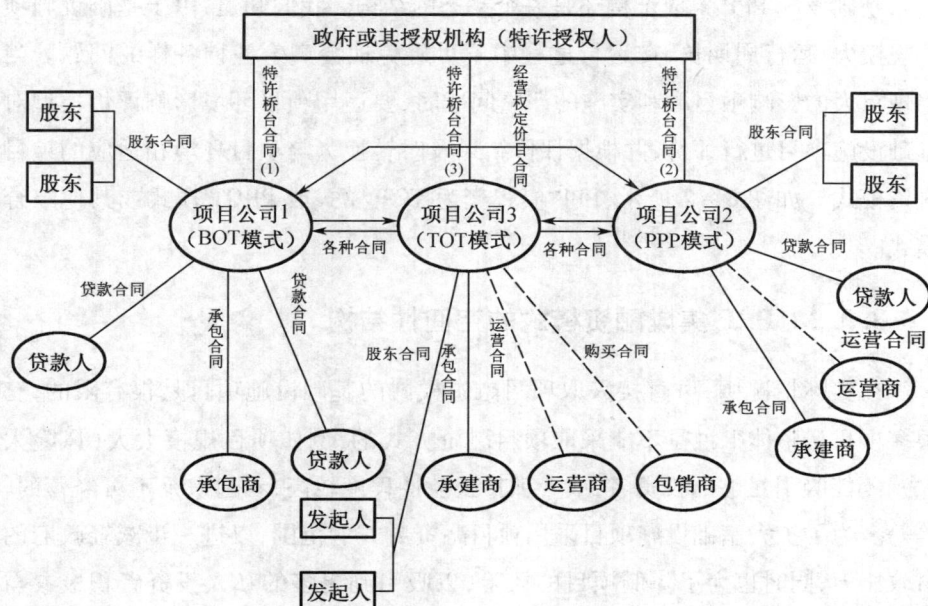

图 8-4　PPP 集成融资模式整体框架图

也就是说,从静态上说,基础设施 PPP 集成结构就是把基础设施项目分解成各个相对独立的子项目,由不同的项目公司承担。不同的项目公司分别和政府签订不同的特许权合同,实施各自的子项目,各子项目之间通过租赁合同或者其他形式的协议相联系。从图 8-4 中可看出,如果只保留左边部分政府或其授权机构与项目公司 1（PPP 模式）之间的特许权协议(1)关系及项目公司 1 与其他项目利益相关者如股东、贷款人、承包商等之间的协议关系,这就是一个典型的 BOT 结构;同理,如保留中间部分政府或其授权机构与项目公司 3（TOT 模式）之间的特许权协议(3)关系及项目公司 3 与其他项目利益相关者如股东、贷款人、承包商等之间的协议关系,这就是一个典型的 TOT 结构;如保留右边部分政府或其授权机构与项目公司 2（PROT 模式）之间的特许权协议(2)关系及项目公司 2 与其他项目利益相关者如:股东、贷款人、承包商等之间的协议关系,这就是一个典型的 PROT 结构。

当然,各个子项目根据其特点也可以设计成 PPP 模式的组合结构,分别与政府及其他项目利益者签订各种协议。因太过复杂,在图 8-2 中只列出了 PPP 项目融资模式的基本形式。

基础设施 PPP 集成结构还是一个动态的结构。我们知道,由于基础设施项目规模大,运行周期长,在运行过程中不可避免地会产生各种各样的问题。当出现重大的影响项目顺利实施的严重问题时,要运用项目环境影响评价模型对基础设施项目进行评价,并根据评价结果及时转换为与项目环境相适应的项目融资模式。如图 8 - 2 所示,PPP 模式变为 TOT 模式或 PROT 模式或其他组合模式。

8.3.2　PPP 集成融资模式的空间性结构

在实际情况中,可直接采取项目融资模式的基础设施项目是很有限的,有很多项目从整体上说是不能采取项目融资方式的,例如项目规模太大(风险太大),不能吸引足够的投资者,或者项目公益性程度较高,看起来是不可经营的,等等。为了扩大基础设施项目采用项目融资方式的范围,以进一步减轻政府的财政压力,同时也为了降低项目的风险,以吸引到更多的私人投资者积极参与基础设施建设,可以把基础设施项目分解为若干个比较小的子项目,根据项目区分理论,判断各个子项目是否可经营,不可经营的子项目由政府承担,可经营性子项目则根据项目的可经营性程度及项目的其他特点分别采取不同的项目融资方式,如 PPP、TOT、PROT 或者其组合方式等,由不同的项目公司分别和政府签订特许权合同,实施各自的子项目,各子项目之间通过租赁合同或者其他形式的协议相联系。

PPP - TOT - PROT 集成融资模式的空间性结构主要是考虑项目的可分解性,将项目划分为多个子项目,并且根据各子项目的不同特点和项目目标采用不同的模式进行项目运作。该模式不考虑项目的时间进度,而只考虑子项目的特性,形成一种项目和模式在空间上的组合,如图 8 - 5 所示。

在图 8 - 5 中,以项目的可分性为依据,将项目划分为 3 个子项目,并且在各子项目周期内分别采用不同模式进行运作,形成 PPP 3 种模式或其组合模式在空间上的组合。

因此,基础设施 PPP - TOT - PROT 集成结构的静态结构就是把基础设施项目分为若干个子项目,根据各个子项目的特点,对项目环境影响进行评价,根据评价结果分别采取 PPP、TOT、PROT 模式或其组合模式(分解后不可经营部分由政府负责),各子项目之间通过租赁合同或者其他形式的协议相联系。

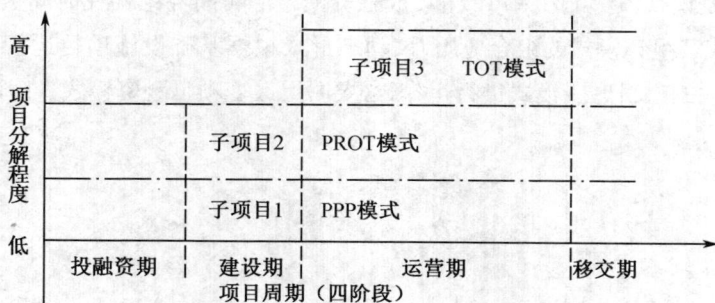

图 8 – 5　PPP – TOT – PROT 集成融资模式的空间性结构

综上所述,基础设施 PPP – TOT – PROT 集成融资模式的空间结构就是运用综合集成研讨厅,借助信息技术和计算机技术,综合集成专家的智慧,把基础设施项目分解成各个相对独立的子项目,用项目环境影响评价方法为基础设施项目及其子项目选择合适的项目融资模式。这样,一来降低了项目的风险,可吸引更多的投资者;二来扩大了基础设施项目使用项目融资的范围,从而进一步减轻了政府财政的压力,加快了基础设施的建设步伐。

8.3.3　PPP 集成融资模式的时间性结构

由于基础设施项目规模较大,运行周期长,在运行过程中不可避免地会产生各种各样的问题,特别是出现偶然的或严重的或具有颠覆性的事件时,稍有不慎就会导致项目的失败。

因此,PPP – TOT – PROT 集成融资模式的时间性结构主要是考虑在基础设施项目进行的不同阶段根据不同的情况采取不同模式如 PPP、TOT、PROT 或其组合模式进行运作,特别是当发现重大的、影响项目正常运营的问题而用传统的项目管理方法不能解决时,则仍需要运用综合集成研讨厅综合集成专家的智慧,用项目环境影响评价方法来分析项目环境的变化是否与原来采取的模式相匹配。如果项目环境与原来采用的项目模式不匹配,则考虑变换为合适的项目融资模式,如 PPP 模式变换为 TOT 或 PROT 模式或其组合模式来应对项目的风险,从而保证项目的顺利运行。

从图 8 – 6 中可以看出,基础设施项目在不同阶段运行时可以采用不同的模式如 PPP、TOT、PROT 或其组合模式进行运作,特别是在遇到重大的、影响项目顺利实施的问题时,要根据项目当时的环境及时变换合适的项目融资模式进行运作。也就是说,PPP – TOT – PROT 集成融资模式的时间性结构在时间上形成 PPP 3 种模式或其组合模式的组合应用,该动态形式根据基础设施项目运行的实际情况采用不同的项目融资模式进行运作,必要时可改变项目融资模式进行运作。

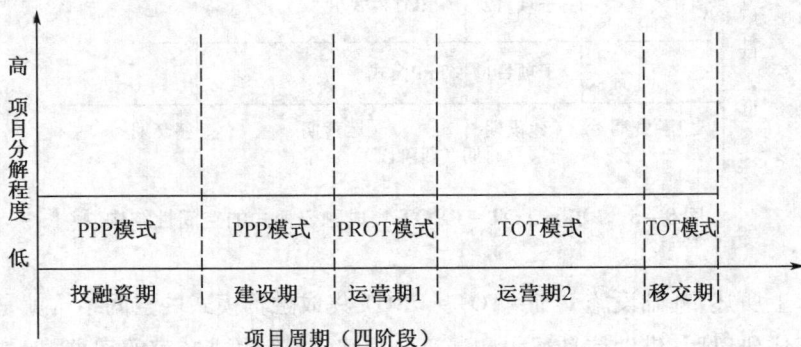

图 8 – 6　PPP – TOT – PROT 集成融资模式时间性结构

8.4　PPP 融资模式股权结构、资本结构选择

8.4.1　PPP 项目公司潜在股东构成分析

项目研究中将常见的项目划分为固定资产投入大,对核心设备系统和关键技术要求高,运营管理复杂、对运营能力要求高的三大特征类别是相对合理的,并针对这些特征总结提出了 PPP 发起人应具备的相应核心能力。可以看出,要成功运作 PPP 项目,离不开与项目特征和核心能力需求相一致的发起人。项目公司的主要股东类型有:一是具备雄厚资金实力、投融资渠道优势的金融投资机构,例如银行、基金公司、保险公司、信托公司及私募基金等(金融机构);二是具有丰富经验的专业承包商,如总承包商、工程专业分包/承包商等(工程承包商);三是可以提供关键设备系统或掌握项目涉及的关键技术的专业机构,例如污水处理、垃圾处理、电力改造等专业技术企业等(设备和技术供应商);四是具有先进运营管理经验的机构,例如燃气、水利、电力及交通工程的运营维护企业等(运营管理商)。

对上述类型的专业公司参与 PPP 项目的优劣势进行梳理,主要观点如下:

(1)对于大型的 PPP 项目,由于工程总承包合同额规模大、承包盈利空间和规模大等原因,工程承包商往往是公路、桥梁、铁路等重资产型的基础设施 PPP

项目的发起人之一。工程承包商作为发起人有利于从技术层面加强对项目可行性的论证,降低投资失败的概率;有利于保障项目进度、质量和安全、成本控制,确保顺利完工;有利于项目部分建设风险的规避;有利于项目的顺利交验。

当然,选择工程承包商作为 PPP 项目公司的股东,也可能给项目带来一定的委托成本,例如,工程承包商作为股东除了从项目公司收益中获取一定比例的利润分红外,更大的目标是在建造过程中获得施工利润,与建造成本的控制存在一定的利益冲突,因此有可能损害整个 PPP 项目公司的利益。

(2)PPP 项目的典型特征是一般有较长的特许经营期,运营管理商是项目长期经营的关键,项目经营也是运营管理商获得利益的机会。因此,在 PPP 项目中,运营管理商通常可作为项目公司的股东(并不一定是项目发起人,运营管理商可能在运营阶段入股项目公司),以更好地发挥其优秀技术、管理人才和既有运营管理经验的优势。总的来看,运营管理商作为股东,其技术、人才和经验优势有利于项目运营,其专业能力有利于项目公司适当规避经营风险。运营管理商还可以发挥前段作用,通过提前介入项目使得项目能够更顺利地最终交付。

同样,由于委托成本的存在,运营管理商作为 BOT 项目公司的股东,其追求项目公司正常利润分红的同时,还可能在运营管理过程中获得委托专业运营的服务利润,这就有可能损害 PPP 项目公司和其他股东的利益。

(3)具有核心技术和关键设备要求的 PPP 项目,设备和技术供应商通常是项目的发起人,在项目建设过程中提供关键设备系统及核心技术资源,并有可能在设备使用过程中提供维修服务或后续技术支持服务。吸纳设备和技术供应商作为 PPP 项目公司的股东能为项目带来以下好处:有利于项目公司所需核心设备(技术)的正常采购和交付,有利于项目公司所采购核心设备的正常运营、维护以及后期的移交。

同样,设备和技术供应商作为 PPP 项目公司的股东,由于其除可以从项目公司的收益中获取一定比例的利润分红外,还能获得设备和技术支持服务的利润,与项目公司在一定程度上存在着利益冲突,有可能损害项目公司的利益。

(4)金融机构作为项目发起人,在项目发起阶段将是项目公司权益资金的重要来源和债务资金筹集的重要牵头人,而在项目成熟运营阶段将是项目公司价值的重要体现和其他股东价值实现的重要途径。由于国外资本市场的直接融资渠道更多,投资的流动性更强,资金的资产配置更广泛,因此金融机构作为 PPP 项目公司股东的现象非常普遍,在基础设施投资方面,大量的养老基金、教育基金、主权基金和保险资金等低成本资金投向了基础设施领域,大量市场化、专业化的私募基金也投向了具有较高收益的基础设施项目。金融机构作为PPP项目的股东,主要的优势有:有利于提高项目公司的投融资能力和风险分担与承担能力,有效解决项目资金问题;在运营阶段引入金融机构,还可以实现部分股东的股权价值变现,提高项目投资市场的流动性。

当然,选择金融机构作为PPP项目公司的股东,由于金融机构在PPP建造、运营和管理方面的非专业性,其在项目公司的决策权可能反而产生较不利的后果。由于其更关注所投资的本金安全和较高收益,其可能会对项目的成本控制和运营管理等限制过于严格,在一定程度上影响整个PPP项目公司的效率。

总结而言,PPP项目在发起阶段和运营阶段,发起人或股东都会有其各自的专业优势和利益目标,以期发起或参与项目,争取更多利益。不同项目类型、不同发起人、不同阶段对项目公司股东的能力要求并不相同,因此项目公司股东也可能根据自身目标进行适当调整(如新股东进入或原股东退出等)。

经分析可知,不同发起人可以根据自身能力和目的的不同,在发起阶段作为项目公司股东单独发起项目,或由不同发起人组成联合体共同发起项目;也可以在运营阶段,根据自身能力和目的,新进入或退出项目公司,减持项目公司股份或增持项目公司股份,以获得项目公司相应的权益比例和价值。

在前述研究的基础上,可以总结出以下结论:不同类型和资产特征的PPP项目,项目公司中通常具有与项目特征相一致的主要股东,也可以具有与项目其他需求相应的其他股东,项目常见股东构成见表8-6。

表8-6　项目常见股东构成

项目类型与特征	发起阶段的潜在股东构成	运营阶段调整后的潜在股东构成
固定资产投入大的固定资产投资类项目	金融机构+工程承包商+设备和技术供应商+运营管理商	金融机构+运营管理商+设备和技术供应商+工程承包商
对核心设备系统和关键技术要求高的核心设备技术类项目	设备和技术供应商+金融机构+工程承包商+运营管理商	运营管理商+金融机构+设备和技术供应商+工程承包商
运营管理复杂的综合运营管理类项目	运营管理商+工程承包商+金融机构+设备和技术供应商	运营管理商+金融机构+设备和技术供应商+工程承包商

综合上述已有相关研究成果和项目案例分析,可知:第一,PPP 项目公司股权结构影响项目实施的效率。工程承包商、设备和技术供应商、运营管理商等专业公司为获得项目合同,更加有动力发起项目,这也增强了各方对项目成功的信心和对资金、建造和运营等 PPP 项目阶段性风险的应对能力;具有综合开发实力的发起人更有利于项目实施;政府或公共部门的参股,对私营部门实施 PPP 项目既有保障也有风险。第二,PPP 项目公司的股东权益分布和调整,体现了股东关于项目短期利益或长期战略的目的。股东权益在项目前期或建设期的合理变化,能够有效促进项目实施;在项目运营期的合理变化,能够提高项目公司的治理效力、管理水平和公司价值。因此,合理的股权结构设计对提升 PPP 项目效率具有重要的应用价值。本章后续内容将按照表 8 – 6 的主要内容,基于委托 – 代理理论基本模型,就 PPP 项目发起阶段和运营阶段的合理股权结构和股权结构调整进行深入研究。

8.4.2　PPP 项目融资资本结构分析

根据大量案例的研究成果,可以总结出不同基础设施项目常见债务水平区间,如表 8 – 7 所示。实际应用过程中,可以根据项目的特征、收益测算等情况,参考区间建议,提出项目的资本结构 – 债务水平初步建议。

表 8 – 7　不同基础设施项目常见债务水平经验区间

项目类型	行业举例	常见债务水平经验区间
固定资产投资类	公路、港口、机场、轨道交通	60% ~90%
核心设备技术类	电厂、电站、污水处理、垃圾处理、环境工程	50% ~70%
综合运营管理类	具有稳定收益的公用设施,如水、燃气、供热等	50% ~70%

表 8 –7 中的经验区间,在实际应用中可以为 PPP 项目的各参与方初步提出资本结构 – 债务水平方案、评估自身利益目标提供参考。

在确定债务水平的过程中,简单而言,各方目标总体表现为对项目的三种能力和三方面的目标需求,即基于发起人角度的盈利能力和投资收益需求、基于公共方角度的社会福利能力和社会效益需求、基于放贷方角度的偿债能力和资本盈利需求,三者表现的逻辑关系如图 8 - 7 所示。按照层次分析(AHP)的思路,三者构成的 PPP 项目资本结构 - 债务水平选择指标体系如图 8 - 8 所示,由于指标体系中的指标均为客观指标,因此可采用熵权理论进行综合评价,而避免了目前大多的研究采用的 AHP 主观赋权的综合评价方法。

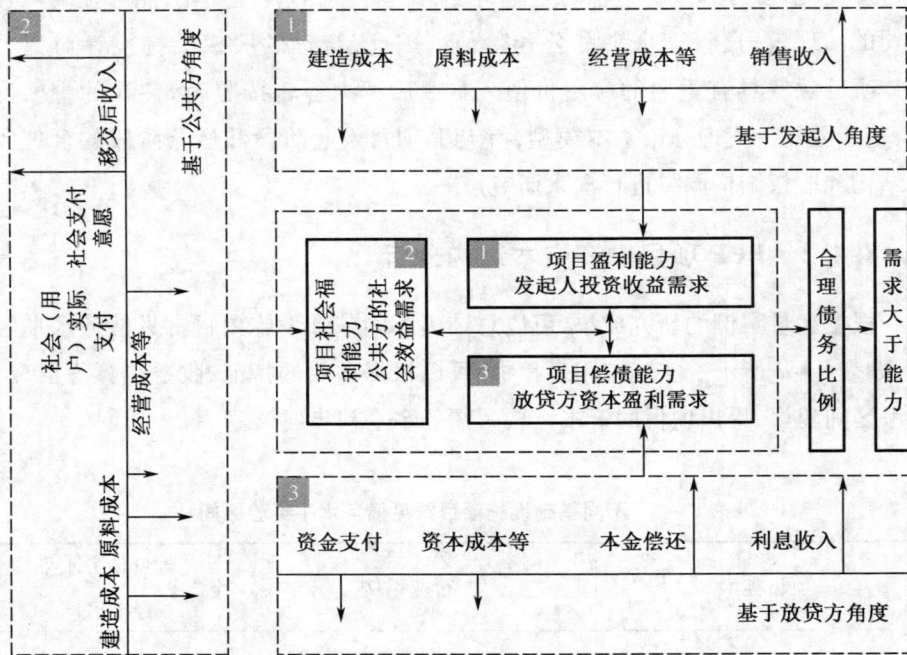

图 8 - 7　确定资本结构 - 债务水平的各方能力与需求逻辑

经分析,对 PPP 项目资本结构中的债务水平(即债务/权益组合值)可按照"四步法"进行确定,最优债务水平的确定过程如下。

第一步:提出初步建议方案。根据本书研究的项目类型、项目阶段和实际经验值,由各方分别提出债务水平的多个初步建议方案。

第二步:筛出可行建议方案。根据上述流程,筛选出分别符合三方目标的债务/权益组合的多个建议方案(例如方案 A, B 至 N),完成对第一阶段提出的初步建议方案的筛选。

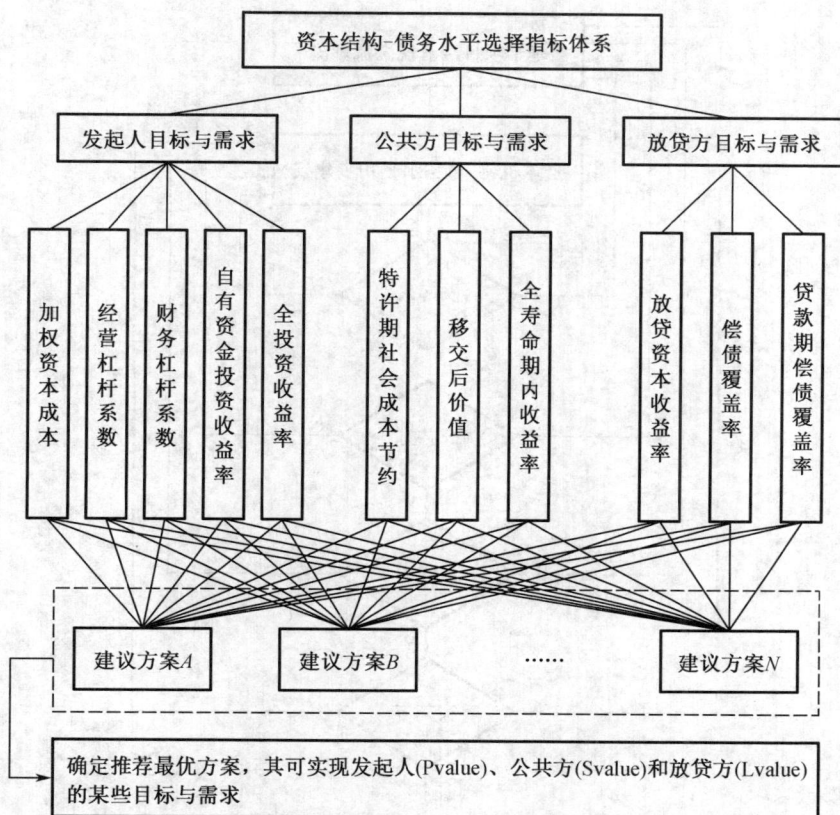

图8-8　综合评价资本结构—债务水平方案的量化指标体系

第三步:综合评价最优方案。通过熵权理论的多目标决策方法(客观量化赋权),对第二步提出的多个建议方案进行多目标下的综合评价,评价得出项目的最优债务水平方案(最优债务/权益组合)。

第四步:动态调整与优化。针对项目的不同阶段进行动态监控、评价或调整(重复第一步和第三步)。

图8-9为资本结构-债务水平建议方案选择的工作流程。

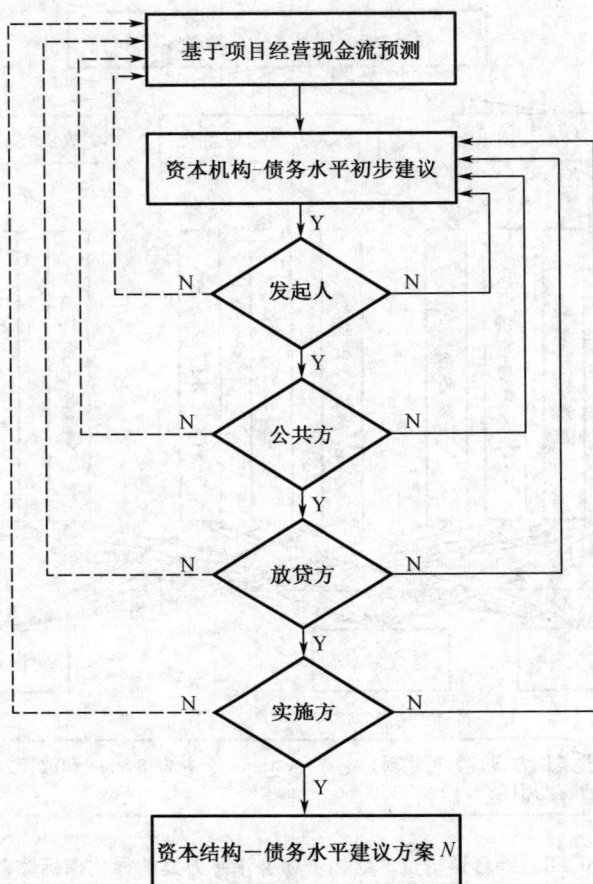

图 8 - 9　资本结构—债务水平建议方案选择的工作流程

8.4.3　PPP 项目资本结构影响因素分析

基于问卷调研数据,本书对我国 PPP 项目资本结构影响因素的重要性进行了排序,见表 8 - 8。表 8 - 8 中"重要性"是调研对象选择的该因素的"相当重要"(选择4)或者"极其重要"(选择5)的比例,"平均权重"是调研对象选择的该因素的"重要性"(可以选择从 1 到 5)的平均值。

表 8 - 8　我国 PPP 项目资本结构影响因素重要性排序

编号	影响因素	类别	重要性	平均权重
1	提高权益比例,增加银行等金融机构对项目偿债能力的信心	相关参与方的考虑	73.80%	3.89
2	限制负债比率,消除政府对项目破产的担忧	相关参与方的考虑	73.70%	3.84
3	维持现有控股股东控股地位	经营策略	68.80%	3.79
4	负债过多会提高企业财务风险	偿债能力	63.90%	3.69
5	运营管理商、设备和技术供应商或金融机构等的股权投资,可利用其专长规避委托风险	经营策略	62.30%	3.82
6	增加负债比重能提高净资产收益率	盈利能力	62.25%	3.75
7	宏观经济政策考虑	宏观经济政策	60.70%	3.89
8	股权和债券融资的交易费用和成本比较	融资成本	60.70%	3.61
9	财务弹性(保持一定负债能力)	经营策略	60.60%	3.62
10	各融资方式难易程度	宏观经济政策	55.70%	3.66
11	限制负债数量以使项目利益能够流向股东	经营策略	32.80%	3.10
12	适当提高权益比例,增加投资联合体对项目成功的信心	相关参与方的考虑	32.80%	3.08
13	不愿将利润让渡给债权人	经营策略	26.20%	2.85
14	限制负债比率,消除供货商账款拖欠的顾虑	相关参与方的考虑	21.30%	3.03
15	适当提高负债比率,降低总资金成本,从而降低未来服务或产品价格,提高政府或用户满意度	相关参与方的考虑	21.30%	2.89
16	行业平均负债水平	行业标准	19.70%	2.80
17	利息具有抵税作用	盈利能力	3.30%	2.45
18	负债过多会降低信用评级	偿债能力	0.00%	2.33

从影响因素所属类别看,排名前五的影响因素分属相关参与方的考虑、经营策略和偿债能力,其中,相关参与方的考虑的两项影响因素排名前两位,而经营策略也有两个因素排名前五,分列第 3 位和第 5 位。而公司资本结构理论研究中重点关注的负债利息的税盾价值只排名第 17 位,说明其并不是确定 PPP 项目公司资本结构所重点考虑的因素。

值得注意的是,同一类别中不同因素的重要性可能存在较大差异。最为明显的是相关参与方的考虑这一类因素。虽然发起人或项目公司对于金融机构和政府的考虑的关注排名前两位,但是对供货商和用户的考虑的关注却排名靠后,反映出发起人或项目公司对各参与方的重视程度明显不同。此外,偿债能力类的两项因素,对财务风险的重视明显高于对公司信用评级的关注,这可能与 PPP 项目公司采用的财务融资方式和策略联系紧密。

8.4.4 PPP 项目资本结构选择框架

通过前述研究,可梳理出 PPP 项目资本结构选择的工作框架,如图 8−10 所示。

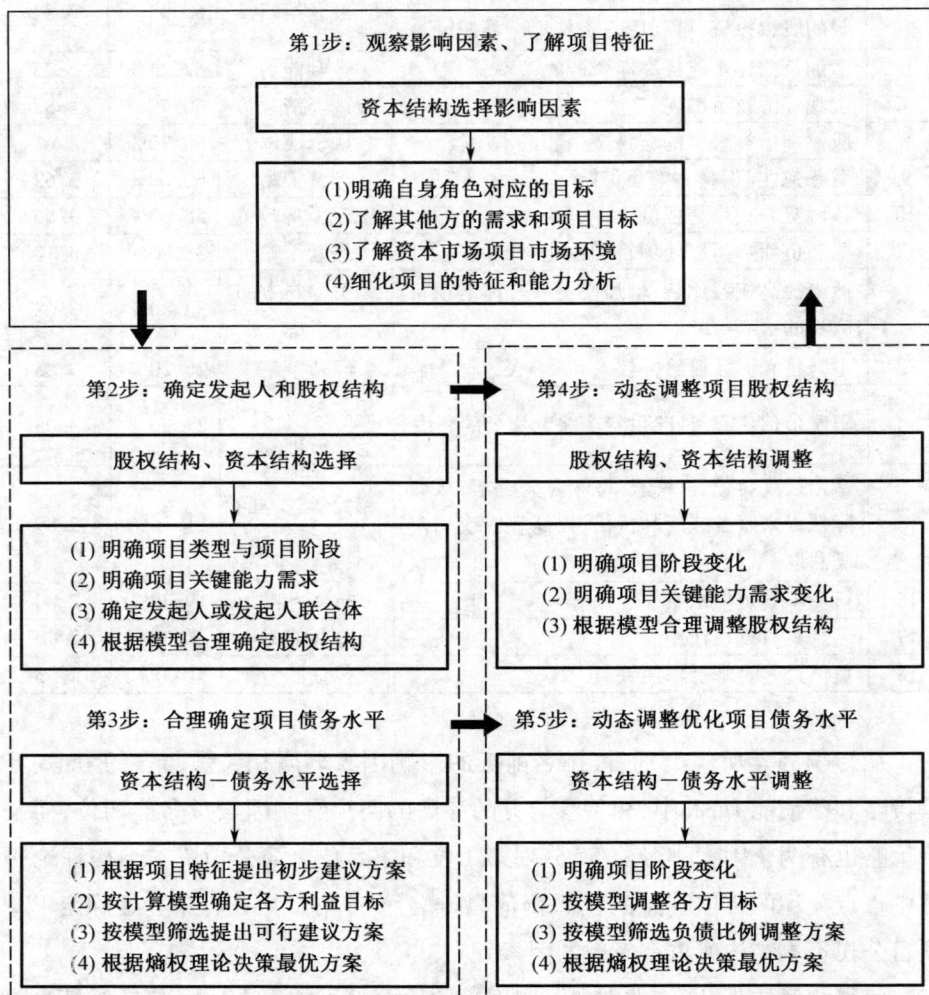

图 8−10　PPP 项目资本结构选择的工作框架

第9章 案例研究 I ——农村人居环境治理 PPP 项目融资

9.1 项目概述

9.1.1 项目背景

改善农村人居环境是国务院作出的全面部署,《国务院办公厅关于改善农村人居环境的指导意见》(国办发〔2014〕25 号)中明确提出,改善农村人居环境是推进农村基础设施建设和城乡基本公共服务均等化的重要举措,是全面实现小康社会的必经之路。意见要求按"规划先行、分类指导""突出重点、循序渐进""完善机制、持续推进"的原则,确保农村人居环境建设顺利、运行稳定、效果明显。

2016 年 8 月,云南省委、省政府积极响应国务院生态文明建设及习近平总书记视察云南重要讲话精神,争当全国生态文明建设排头兵的要求所作出的重大决策、重要举措,主持召开了提升城乡人居环境五年行动计划大会,会议明确提出"七彩云南、宜居胜境、美丽家园"的主题,并印发了《云南省进一步提升城乡人居环境五年行动计划(2016—2020 年)》,主旨着眼于城乡人居环境中的"堵点""痛点"和"盲点",通过在村庄开展"七改三清",进一步改善城乡人居环境,使群众的生活环境、生活质量、生活水平和幸福指数有一个大的改善和提高。

9.1.2 项目现状分析

1. 供水系统现状

(1)用水量情况调查

昭阳区 2015 年全区最高日用水量约为 5.43 万吨/日,其中城市用水量约为 3.8 万吨/日,用水人口约为 22.56 万人,最高日人均综合用水量为

168 L/(cap·d);集镇用水量约为 1.63 万吨/日,用水人口约为 10.21 万人,最高日人均综合用水量为 159 L/(cap·d);农村用水量约为 3.45 万吨/日,用水人口约为 53.21 万人,最高日人均综合用水量为 65 L/(cap·d)。目前农村实际处理能力约为 0.8 万吨/日,实际处理率约为 23.2%,仅解决了集镇区和周边农村的供水问题,偏远村庄则为自备水源。

（2）水源及水厂建设情况

昭阳区十七个乡镇中除城关镇外建设有自来水厂的乡镇有 6 个,供水覆盖率约为 34%,总处理规模约为 1.43 万吨/日。

（3）运行管理及收费

昭阳区自来水厂由昭通市供排水有限公司负责运营管理,城区目前采用统一收费标准,居民生活供水收取费用为 2.5 元/吨,非居民生活用水收取费用为 3.0 元/吨。昭阳区各乡镇自来水厂均由镇水管站负责运行管理,部分乡镇目前各自统一收费标准,年总收费为 41.025 万元。昭阳区各镇乡实际人口为 95.98 万人,实际自来水厂供水人口约为 32.77 万人,供水覆盖率约为 34%。

（4）供水系统存在的问题

①供水系统较为简易,水量及水质得不到保障;

②水厂规模较小,管网覆盖率不足,无法覆盖更多村庄;

③乡镇人员技术力量薄弱,水厂运行管理水平整体较差;

④部分乡镇的水资源短缺。

2. 污水系统现状

（1）污水厂现状

昭阳区污水厂现位于老城区下游秃尾河东岸,占地面积约为 9.12 公顷(含二期),距离中心城区 10 km,于 2006 年建成,分两期建设,一期建设规模为 6 万 m^3/d,处理工艺为氧化沟工艺,尾水排入秃尾河,出水水质执行《城镇污水处理厂污染物排放标准》(GB 18918—2002)一级 B 排放标准,目前日平均处理量约为 4.9 万 m^3/d。昭阳区其余乡镇目前均未建设污水处理厂。

（2）污水管网现状

昭阳区目前老城区排水体制为雨污合流制,新城区排水体制为雨污分流制,城区现已建有四条污水干管:其一为东线污水干管,选用 DN1000～DN1200 污水管 2 723 m;其二为中线污水干管,选用 DN1000～DN1200 污水管;其三为西线污水干管,选用 DN600~DN1200 污水管 5 066 m;其三为汇合线污水干管,选用 DN1350~DN1500 污水管 2 195 m。

秃尾河及其上游(中沟河、东门小河、锈水河、窑湾河等)是昭通城区目前的主要纳污水体,集中了城市生活污水、工业废水、医院污水等,目前水质现状为劣五类,受到严重污染。利济河从现城区西边穿城而过,接纳部分城市生活污水、工业废水,目前水质为五类。部分污水直接排放污染了水环境,威胁市民身体健康,而且造成了河道淤积,局部水体恶化,对生态环境造成威胁,已成为市民反映强烈的一大热点问题。随着城市规模的发展,人口的增加,污水排放量还将增加,污水对秃尾河的污染日益严重。由于秃尾河属于金沙江水系,最终排入金沙江,如果不及时治理,将会对长江上游的金沙江流域造成严重的污染。昭阳区其余乡镇目前均未建有系统化的污水管道,污水的收集和排放只能靠各乡镇道路旁边沟和农田旁边沟。

(3)管理及收支情况

昭阳区城区污水厂由昭通市供排水有限公司统一管理运行,目前污水费均纳入供水费用中一次性收取,具体收费标准如下:

①居民生活用水费用为 3.3 元/吨,其中污水处理费用为 0.8 元/吨;

②非居民生活用水费用为 3.9 元/吨,其中污水处理费用为 0.9 元/吨。

昭阳区各乡镇由于未建设污水收集及相关处理设施,目前均未制订污水收费标准。

(4)相关工程情况

由于污水处理工程投资过高,对工作人员技术水平要求较高,昭阳区各级领导对污水项目比较重视,目前昭阳区仅在北闸镇和乐居镇进行试点,根据规划完成了北闸镇和乐居镇的污水处理实施方案编制,项目已开始施工,争取到了省住建厅建设基金,单个镇的建设基金已下发 150 万元。

(5)污水系统存在的问题

①污水处理工程建设投资、运行费用均较高,乡镇财政无法负担;

②污水处理技术人员配置不齐,导致污水处理工程开展难度较大;

③污水处理建设思路不明确,无统一技术支撑;

④均未制订污水收费标准,污水厂运行难度较大。

3. 垃圾治理现状

（1）垃圾产量调查

2015 年 1 月初至 12 月末，昭阳区环卫所填埋处置的城区生活垃圾为 164 255.6 吨，平均每日垃圾产生量为 450 吨。昭阳区 2015 年全市垃圾产生量约为 848.6 吨/日，其中市区垃圾产生量约为 450 吨/日，各乡镇集镇（城区除外）垃圾产生量约为 81.6 吨/日，农村垃圾产生量约为 317 吨/日。

（2）垃圾收运及处理设施

目前昭阳区城区生活垃圾收运方式主要有两种：①临街定时收集（每天上午 6 时至 8 时，下午 18 时至 22 时，垃圾收集车对固定街道线路进行收集。）；②定点收集（由于城区没有规划设置固定的垃圾投放点，环卫所在适宜地点摆放勾臂式垃圾箱，供周围居民和商家投放生活垃圾，每天对垃圾箱进行清理）。昭阳区城区垃圾收运设施配置较为齐全，昭阳区目前有一座租地建设的临时垃圾中转站，位于通江路。城区各街道共有果皮箱一千余只，可卸式垃圾收运箱 103 只。

昭通市各乡镇垃圾收运设施配置简单且不齐全。集镇区基本配置有一辆简易垃圾车，无法满足规范要求，且仅集镇区主要街道旁设有部分垃圾桶，只覆盖集镇区垃圾收集，而村庄基本无垃圾收运设施。

（3）垃圾处理设施

昭阳区各乡镇基本均采用填埋作为垃圾的处理方式，都建有临时堆放场或简易填埋场，但垃圾场建设不规范，仅能满足临时固定堆放场地的要求，且规模偏小，仅能满足集镇区垃圾堆放，未对农村垃圾进行收集处理。

（4）垃圾运营管理

昭阳区各乡镇垃圾处理工作基本由环卫站负责日常管理运行，项目建设资金靠上级环保和住建部门下拨，目前基本集镇区均制订了相应的收费标准。

（5）垃圾治理存在的问题

①自然村未形成村庄保洁制度，源头上无法保证垃圾有效规范收集；

②垃圾收费制度不完善，导致治理成本过高，无法提升垃圾处理设施覆盖率和规范垃圾处理设施；

③垃圾收运设备不齐全，无法保证集镇、村庄垃圾得到有效收运；

④各乡镇均未建设符合规范的垃圾处理设施，垃圾的最终处置问题突出。

9.1.3　项目建设目标

1. 昭阳区各乡镇污水治理及供水目标

（1）2016 年度：新建及改造乡镇污水处理设施覆盖率达到 11.8%；完成 3 个以上村庄污水处理设施建设；新建及改造乡镇自来水供水设施覆盖率达到 11.8%。

（2）2017 年度：新建及改造乡镇污水处理设施覆盖率达到 35.3%；完成 7 个以上村庄污水处理设施建设；新建及改造乡镇自来水供水设施覆盖率达到 23.5%。

（3）2018 年度：新建及改造乡镇污水处理设施覆盖率达到 64.7%；完成 12 个以上村庄污水处理设施建设；新建及改造乡镇自来水供水设施覆盖率达到 59.2%。

（4）2019 年度：新建及改造乡镇污水处理设施覆盖率达到 82.3%；完成 17 个以上村庄污水处理设施建设；乡镇自来水供水设施覆盖率达到 100%。

（5）2020 年度：乡镇污水处理和自来水供水设施基本实现全覆盖，完成 17 个以上村庄污水处理设施建设。

2. 昭阳区各乡镇垃圾治理及公厕建设目标

（1）2016 年度：乡镇生活垃圾处理设施覆盖率达到 47.1%，45% 的村庄生活垃圾得到有效治理；所有建制村村委会所在地以及 50 户以上的自然村建立村庄保洁制度，建立垃圾处理收费机制，完成陈年垃圾清理；乡镇、建制村公厕覆盖率达到 47.1%。

（2）2017 年度：乡镇生活垃圾处理设施覆盖率达到 76.47%，60% 的村庄生活垃圾得到有效治理；30 户以上的自然村建立村庄保洁制度，剩余所有村庄建立垃圾处理收费机制，完成陈年垃圾清理；乡镇、建制村公厕覆盖率达到 100%。

（3）2018 年度：乡镇生活垃圾处理设施基本实现全覆盖，80% 的村庄生活垃圾得到有效治理并建立村庄保洁制度。

（4）2019 年度：全区 90% 的村庄生活垃圾得到有效治理并建立村庄保洁制度。

（5）2020 年度：全区 95% 以上的村庄生活垃圾得到有效治理并建立村庄保洁制度。

9.1.4　项目投资估算及资金来源

1. 投资估算

项目总投资为 70 453.20 万元（不含建设期利息及征地拆迁费用），其中，乡镇供水设施建设项目总投资 23 896.00 万元,乡镇污水处理设施建设项目总投资 17 017.20 万元,乡镇垃圾处理设施建设项目总投资 27 230.00 万元,乡镇公厕设施建设项目总投资 2 170.00 万元。

2. 资金来源

根据云南省人民政府办公厅关于印发《云南省进一步提升城乡人居环境五年行动计划(2016—2020 年)》的通知,省、州(市)、县(市、区)三级政府各筹措 50 亿元资金,且三级补助资金比例为 1∶1∶1,通过对全省县市项目个数估算,本项目省级资金补助暂定总投资的八分之一,为 8 806.65 万元,市级补助资金为 8 806.65 万元,区级补助资金为 8 806.65 万元,本项目总计暂定补助资金为 26 419.95 万元,该部分资金 10 567.98 万元作为项目资本金使用,余下的 15 851.97 万元作为运营期补助资金使用。为了确保投资人具备足够实力,保障项目顺利实施,同时降低政府年度付费金额,初步建议:本项目的资本金初步设为 21 135.96 万元,剩余的资金可通过银行贷款、股东贷款等方式筹集。

9.1.5 项目交易结构

1. 股权结构

项目股权结构见表 9-1。

表 9-1 项目股权结构

序号	融资方式	金额/万元	备注
1	资本金	21 135.96	占总投资 30%
1.1	政府方出资	10 567.98	占总投资 15%
1.2	社会资本	10 567.98	占总投资 15%
2	银行贷款、股东贷款等方式	49 317.24	占总投资 70%
3	合计	70 453.20	100%

2. 运作方式

为便于后续项目实施阶段的管理及指标考核责任的明确,结合本项目具体条件,首先根据未来项目所属行业主管部门进行分类,同步考虑相似项目的区位,初步考虑将本项目划分为 3 个子项目包:项目包 1 为供水设施,项目包 2 为污水处理设施,项目包 3 为垃圾处理设施。根据项目特点分析,本项目包括了存量项目、改扩建项目、新建项目,根据国办发〔2015〕42 号文件的精神,本项目采用 TOT、ROT、BOT 和区域特许经营的组合方式。

通过对比各运作方式的特点并考虑本项目实际情况,本项目各子项目的 PPP 运作方式如下。

（1）供水设施采用 BOT 方式。

（2）污水处理设施采用 BOT 方式。

（3）垃圾处理设施采用 ROT 方式。

3. 回报机制

本项目采用可行性缺口补助模式:前期阶段,项目公司收入来源于使用者付费和必要的政府财政补贴;后期阶段,项目公司收入来源于使用者付费。在满足社会资本投资收益需求的前提下,超出部分利润由政府与社会资本共同协商分配。

4. 交易结构

本次"一水两污"PPP 项目包中,项目规模普遍偏小,虽然有部分收费,但是还需要政府财政出资进行可行性缺口补助。为清晰指标考核边界,避免责任主体不清,同时方便项目建设的统一协调,招商不宜过于分散,采取"1＋X"模式的交易结构体系,昭通市人民政府与项目公司签订 PPP 协议,构建总的合同体系保障项目实施,同时项目公司就不同类别的 PPP 项目分别与行业主管部门签订协议,分类设计统筹管理。具体项目交易结构如图 9－1 所示。

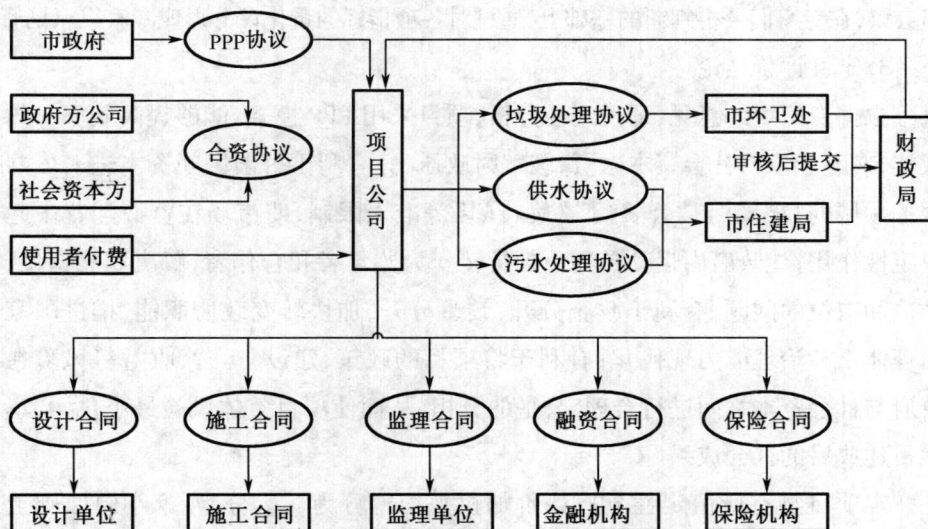

图 9－1　项目交易结构

9.2 项目物有所值评价

本节以乡镇供水项目为例分析 PPP 项目融资物有所值评价过程。

9.2.1 物有所值定性评价

1. 评分指标及标准的确定

该县财政局牵头该县水务局等相关单位协商确定了本项目物有所值定性评价指标和配套的评分参考标准,定性评价指标包含基本评价指标(全生命周期整合程度、风险识别与分配、绩效导向与鼓励创新、潜在竞争程度、政府机构能力、可融资性)和补充评价指标(政府采购政策落实潜力、项目资产寿命、法律和政策环境、行业示范性)两部分。6 项基本评价指标权重为 80%,4 项补充评价指标权重为 20%,其中任一项指标权重一般不超过 10%,每项指标评分分为5 个等级,即有利、较有利、一般、较不利、不利,对应分值分别为 100 ~ 81、80 ~ 61、60 ~ 41、40 ~ 21、20 ~ 0。

2. 召开专家组会议

该县水务局和该县财政部门组织专家组召开了该项目物有所值定性评价专家组会议,在专家们分析判断的基础上,通过对各项指标的量化评分形成专家组意见。

3. 定性评价结论

根据专家组的意见,通过定性分析,项目采用 PPP 模式,能够提高效率节约成本;有利于取得社会资本融资,缓解财政压力;有利于打破民间资本进入公共服务领域的"玻璃门""弹簧门""旋转门"等准入限制,使市场在资源配置中起决定性作用;让政府由运动员和裁判员转变为监督者和合作者,解决职能错位、越位和缺位的问题,有利于政企分开、政事分开,加快转变政府职能,推进国家治理体系和治理能力现代化;有利于将项目的政策、建设、运营、收益等风险在政府与社会资本之间进行合理、公平的分担,从而使项目整体风险最小化,共享项目建成后的社会成果。

本项目物有所值定性分析评价加权平均得分为____分,专家小组原则上____(同意/不同意)项目通过物有所值定性分析,本项目____(适宜/不适宜)采用 PPP 模式。

9.2.2 物有所值评价中的风险承担成本量化过程

从前文对物有所值计算各组成部分的分析中可知,风险的分担成本包括保留风险和转移风险的值对物有所值的定量分析结果有着重要的影响。在物有所值定量评价中,PPP项目的风险量化与分担,既是评价过程中的一个必不可少的关键步骤,又是实现PPP模式收益共享、风险共担的精髓所在。也正是由于对风险的精准把握和合理分担,才使得PPP模式能够充分降低基础设施建设和运营的成本,使PPP项目更"物有所值"。

1. 风险承担成本的计算步骤

风险承担成本(Risk Cost)是指PPP项目中风险承担方承担风险时所耗费的成本,PPP项目风险一般不止一个,风险承担成本的计算一般是先计算每个风险的承担成本,然后将这 n 个风险的承担成本进行加总。风险承担成本计算公式为

$$V = \sum_{i=1}^{n} L_i \times P_i \qquad (9-1)$$

式中　V——风险承担成本;

　　　L_i——第 i 个风险产生的后果损失;

　　　P_i——第 i 个风险发生的概率。

基于式(9-1),风险承担成本的计算步骤如图9-2所示。

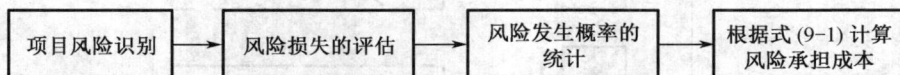

项目风险识别 → 风险损失的评估 → 风险发生概率的统计 → 根据式(9-1)计算风险承担成本

图9-2　风险承担成本的计算步骤

2. 风险因素识别

通过运用科学的方法,对项目进行多角度、多层次的认识和分析,得出PPP项目中常见的风险因素,如图9-3所示。

3. 风险分担

(1)风险分担原则

①将风险分配给能最有效影响风险因子的利益相关者;

②将风险分配给能最有效预期或应对风险因子的利益相关者;

③将风险分配给能最有效吸收风险因子的利益相关者;

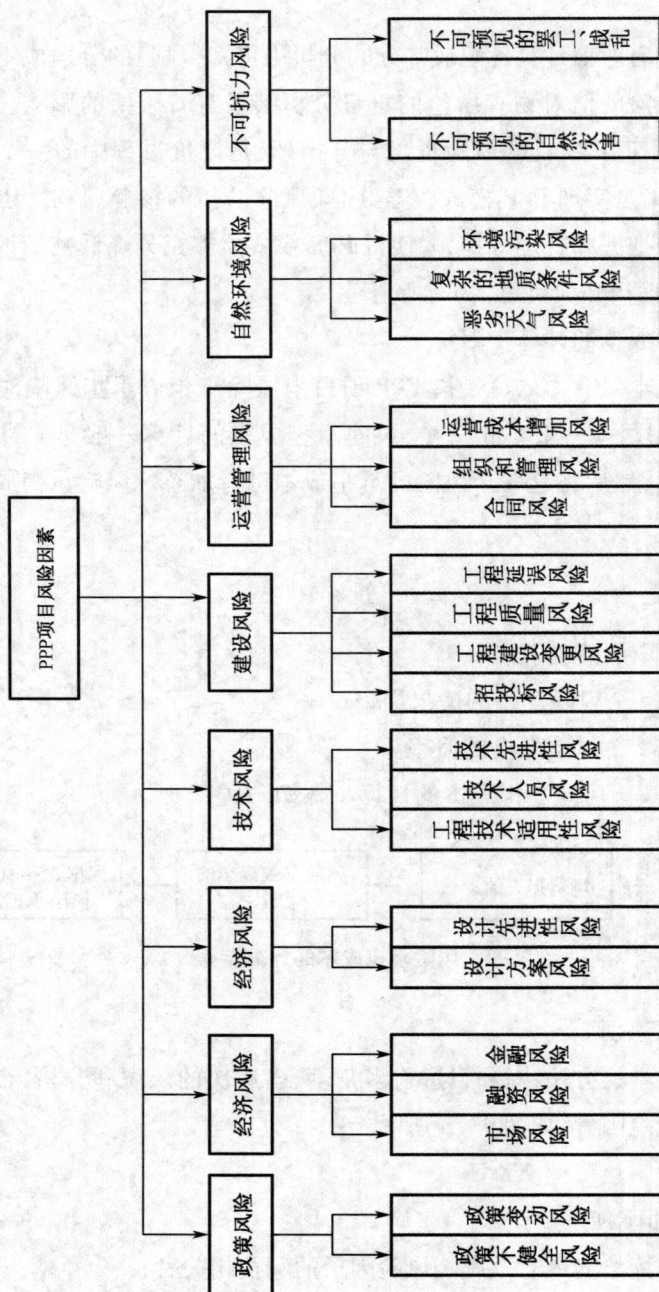

图 9-3　PPP 项目中常见的风险因素

④风险与权力匹配。

原则上,项目设计、建造、财务和运营维护等商业风险由社会资本承担,法律、政策和最低需求等风险由政府承担,不可抗力等风险由政府和社会资本合理共担。

(2)风险分担结果

根据风险因素识别及风险分担原则,本项目风险分担结果见表9-2。

表9-2 本项目风险分担结果

序号	风险类别	风险因素	风险层级	风险承担方				发生阶段	
				政府 △	社会资本 ▲	项目公司 ☆	第三方 ★	建设期	运营期
1	水价风险	政府干预	政府	△					√
		公众反对	政府			☆			√
2	市场风险	通货膨胀1	市场			☆		√	
		通货膨胀2	市场			☆			√
		利率风险	市场			☆			√
		市场需求变化	市场			☆			√
3	政策风险	法律变更	政府			☆			√
		法律及监管体系不完善	政府	△					√
		政府信用	政府	△					√
		土地获取风险	政府	△				√	
4	建设期管理风险	融资风险	市场		▲			√	
		施工安全	项目				★	√	
		完工风险	项目			☆		√	
		存量资产投产前维修	项目			☆		√	
		项目建设成本超支	项目			☆		√	
		设计变更	项目			☆		√	

表 9 – 2(续)

序号	风险类别	风险因素	风险层级	风险承担方				发生阶段	
				政府	社会资本	项目公司	第三方	建设期	运营期
				△	▲	☆	★		
5	运营期管理风险	供水服务质量不达标	项目		▲				√
		费用支付风险	市场		▲				√
		运营成本超支	项目			☆			√
6	其他风险	不可抗力风险1	市场			☆	★	√	
		不可抗力风险2	市场			☆	★		√
		税收调整	政府			☆			√

4. 风险损失的评估

PPP 项目风险的影响因素很多,其中,有些信息已知,另一些信息未知,是一种灰色信息。在风险评估中,PPP 项目中有许多事件的风险程度是难以精确描述的。在 PPP 项目的整个生命周期中,风险无时不在,无处不有,风险的载体也具有复杂性,不能用一个简单的数字来评价,故风险的评价和项目影响因素具有模糊性。同时,由于 PPP 项目的复杂性,构造出一个有层次的风险因素结构模型,把风险因素条理化,有利于提高风险评估的可信度,减少了项目风险评估的随意性,将使风险分析过程更系统化、模型化。

模糊层次分析法主要是将模糊评价和层次分析两种方法进行结合,通过对 PPP 项目各个环节可能导致风险发生的因素进行模糊评价分析,以评估 PPP 项目中各风险损失量。本书拟采用模糊层次分析法对风险损失大小进行评估量化,使 PPP 项目的风险管理更科学有效。

5. 风险发生概率的统计

本书选择集值统计方法来对 PPP 项目风险发生的概率进行计算。

一般的概率统计得到的是可能观测值的集合中一个确定的点,集值统计在经典统计的基础上,将条件放宽,每次得到的是一个模糊子集。这样,专家在对某指标进行评价时,可以仅给出一个可能区间,降低了专家赋值的主观性。集值统计方法已经被应用于资产评估、教学质量评价、企业安全信誉等级评定等众多领域,在风险发生概率的估计方面应用尤其广泛,也为本书风险概率的统计提供了方法参考。

(1)对单个因素估计值统计处理

针对已经识别的各项风险,每位专家对风险概率大小进行相应判断,得到一个区间估计值,记为$[p_1^m p_2^m]$(m表示第m位专家),假设共有n位专家,所有专家估计值可形成一个集值统计序列:$[p_1^1 p_2^1]$,$[p_1^2 p_2^2]$,$[p_1^3 p_2^3]$,…,$[p_1^n p_2^n]$。

这n个区间估计值叠加在一起则形成覆盖在概率评价数值轴上的一种分布,这种分布可用下式描述:

$$\overline{X}(p) = \frac{1}{n} \sum_{m=1}^{n} X_{[p_1^m p_2^m]}(p) \tag{9-2}$$

其中,

$$X_{[p_1^m p_2^m]}(p) = \begin{cases} 1, & p_1^m \leq p \leq p_2^m \\ 0, & 其他 \end{cases} \tag{9-3}$$

其中,$\overline{X}(p)$表示概率值的模糊覆盖频率,$X_{[p_1^m p_2^m]}(p)$为p值的落影函数。

(2)多个专家对单个样本指标的综合估计值

每个专家都对各风险因素进行判断后,则该风险因素概率的估计值为

$$\overline{p} = \int_{p_{\min}}^{p_{\max}} p \, \overline{X}(p) \, \mathrm{d}p \Big/ \int_{p_{\min}}^{p_{\max}} \overline{X}(p) \, \mathrm{d}p \tag{9-4}$$

其中,$p_{\min}$和$p_{\max}$分别为某风险因素概率的估计最低值和最高值。

根据式(9-2)和式(9-3)可推证得到

$$\int_{p_{\min}}^{p_{\max}} p \, \overline{X}(p) \, \mathrm{d}p = \frac{1}{2n} \sum_{m=1}^{n} \left[(p_2^m)^2 - (p_1^m)^2 \right] \tag{9-5}$$

$$\int_{p_{\min}}^{p_{\max}} \overline{X}(p) \, \mathrm{d}p = \frac{1}{n} \sum_{m=1}^{n} (p_2^m - p_1^m) \tag{9-6}$$

由此可得

$$\overline{p} = \frac{1}{2} \sum_{m=1}^{n} \left[(p_2^m)^2 - (p_1^m)^2 \right] \Big/ \sum_{m=1}^{n} (p_2^m - p_1^m) \tag{9-7}$$

特殊地,如果概率确定时,对所有m,$p_1^m = p_2^m = \cdots = c$(常数),则风险概率$\overline{p} = c$。

(3)可信性评价

根据统计学原理,当n位专家的估计值在数值轴上的分布比较集中时,说明各专家对该风险因素发生概率的估计值比较统一,此时$\overline{X}(p)$的形状"尖瘦",可信性也较高,反之则可信性较低,需要重新请专家进行估计分析。

任一样本指数的评价区间叠加后所形成的频率覆盖的落影离散程度为专家意见分歧度,记为 g。

$$g = \frac{\int_{\min}^{\max} (p - \bar{p})^2 X(\bar{p}) \, dp}{(\int_{\min}^{\max} X(\bar{p}) \, dp)} \tag{9-8}$$

由式(9-2)和式(9-3)可以证明得到

$$\int_{\min}^{\max} (p - \bar{p})^2 \, \overline{X}(\bar{p}) \, dp = \frac{1}{3n} \sum_{m=1}^{n} \left[(p_2^m)^2 - (p_1^m)^2 \right]$$

$$= \frac{1}{3n} \sum_{m=1}^{n} \left[(p_2^m - \bar{p})^3 - (p_1^m - \bar{p})^3 \right]$$

故

$$g = \frac{\frac{1}{3} \sum_{m=1}^{n} \left[(p_2^m - \bar{p})^3 - (p_1^m - \bar{p})^3 \right]}{\sum_{m=1}^{n} (p_2^m - p_1^m)}$$

显然,专家分歧度越大,说明对该指标的综合评价值可靠度越小。因此,可以借此对专家的估计值进行检验,防止可靠程度过低,得到的结果与实际偏离较大。

(4)归一化处理

某一风险对应 n 种风险后果,前两步可以获得某一风险的各种风险后果的发生概率,为了便于计算某一风险的风险值,必须将某一风险的所有风险后果发生概率进行归一化处理。

9.2.3　物有所值定量评价

1. PSC 值计算

PSC 值是指政府采用传统采购模式提供与 PPP 项目产出说明要求相同的基础设施及公共服务的全生命周期成本的净现值,其计算公式为

$$\text{PSC 值} = \sum_{i=1}^{n} (\text{第 } i \text{ 年模拟项目的建设和运营维护净成本} +$$
$$\text{第 } i \text{ 年竞争性中立调整值} + \text{第 } i \text{ 年政府承担 PPP 项目全部的}$$
$$\text{风险成本}) \times \frac{1}{(1 + \text{折现率})^{i-1}}$$

式中　i——计算年年数$(1 \leqslant i \leqslant n)$；

　　　n——项目全生命周期总年数。

（1）模拟项目的建设和运营维护净成本

模拟项目的建设和运营维护净成本是政府实施参照项目所承担的建设成本、运营维护成本和其他成本等成本的净现值之和。在这些成本中，须扣除使用者付费收入和资产处置所得的收入。其计算公式为

$$\begin{array}{l}\text{模拟项目的建设} \\ \text{和运营维护净成本}\end{array} = \sum_{i=1}^{n} (\text{第} i \text{年建设成本} - \text{第} i \text{年资产处置收入} +$$

$$\text{第} i \text{年运营维护成本} - \text{第} i \text{年使用者付费收入}) \times$$

$$\frac{1}{(1 + \text{折现率})^{i-1}}$$

式中　i——计算年年数$(1 \leqslant i \leqslant n)$；

　　　n——项目全生命周期总年数。

（2）竞争性中立调整值

竞争性中立调整值是为了消除政府传统采购模式下公共部门相对社会资本所具有的竞争优势，主要包括政府比社会资本少支出的土地费用、行政审批费用、所得税等有关税费。

本项目属于公共项目，竞争性中立调整值包括税金及附加、所得税等，除此之外还应扣除政府采用传统投资模式的监管成本。

$$\begin{array}{l}\text{竞争性中立调整值} \\ \text{全生命周期累计折现值}\end{array} = \sum_{i=1}^{n} (\text{第} i \text{年税金及附加} + \text{第} i \text{年所得税} -$$

$$\text{第} i \text{年政府监管成本}) \times \frac{1}{(1 + \text{折现率})^{i-1}}$$

式中　i——计算年年数$(1 \leqslant i \leqslant n)$；

　　　n——项目全生命周期总年数。

（3）风险成本

根据风险评价及定量分析的结论，按照PPP项目中可转移给社会资本或第三方的风险、PPP项目中项目公司承担风险中由社会资本分担部分、PPP项目中项目公司承担风险中由政府分担部分、PPP项目中政府不可转移不可分担风险进行分类。

2. PPP 值计算

PPP 值是政府方投入 PPP 项目的建设和运营维护净成本、政府自留风险承担成本、政府其他成本和 PPP 修正值的全生命周期现值之和。

$$PPP\ 值 = \sum_{i=1}^{n} (第\ i\ 年政府方投入\ PPP\ 项目的建设和运营维护净成本 +$$

$$第\ i\ 年政府自留风险承担成本 + 第\ i\ 年政府其他成本 +$$

$$第\ i\ 年\ PPP\ 修正值) \times \frac{1}{(1 + 折现率)^{i-1}}$$

式中　i——计算年年数$(1 \leqslant i \leqslant n)$；

　　　n——项目全生命周期总年数。

（1）政府方投入 PPP 项目的建设和运营维护净成本

政府方投入 PPP 项目的建设和运营维护净成本主要包括 PPP 项目准备、设计、施工阶段政府以现金、固定资产、土地使用权等提供的股权投入，以及运营维护阶段政府支付给社会资本的运营维护费、财政补贴等，并扣除全生命周期内 PPP 项目公司转让、出租等资产处置行为所获的资本性收益以及除政府支付外的运营收入。

政府方是项目公司股东且不参与股利分红的，运营维护阶段政府支付给社会资本的运营维护费、财政补贴等应是扣除所放弃股利分红后的金额。

政府方投入 PPP 项目的建设和运营维护净成本全生命周期累计折现值 =

$$\sum_{i=1}^{n} (第\ i\ 年股权和配套投入 - 第\ i\ 年资产处置收益中政府享有的部分 +$$

$$第\ i\ 年政府方支付的运营维护净成本) \times \frac{1}{(1 + 折现率)^{i-1}}$$

式中　i——计算年年数$(1 \leqslant i \leqslant n)$；

　　　n——项目全生命周期总年数。

（2）政府自留风险承担成本

若本项目采用 PPP 模式，政府自留风险包含项目公司承担风险中由政府分担的部分和政府不可转移不可分担风险。

政府自留风险承担成本全生命周期累计折现值 =

$$\sum_{i=1}^{n} \left((第\ i\ 年项目公司承担风险中由政府分担的支出 +\right.$$

$$\left.第\ i\ 年政府不可转移不可分担风险支出) \times \frac{1}{(1 + 折现率)^{i-1}} \right)$$

式中 i——计算年年数$(1 \leqslant i \leqslant n)$；

　　　n——项目全生命周期总年数。

（3）政府其他成本

若本项目采用 PPP 模式，政府其他成本主要包括：政府承担的未纳入建设成本的咨询服务成本和市场调研相关前期费用、移交补偿款等交易成本。

政府其他成本全生命周期累计折现值 =

$$\sum_{i=1}^{n} \left(\left(第 i 年政府承担的交易成本 + 第 i 年政府配套投入 - \right. \right.$$

第 i 年社会资本为配套投入支付的费用）$\times \dfrac{1}{(1 + 折现率)^{i-1}}$）

式中 i——计算年年数$(1 \leqslant i \leqslant n)$；

　　　n——项目全生命周期总年数。

（4）PPP 修正值

若本项目采用 PPP 模式，计算 PPP 值时应扣除政府方享有的折旧费、摊销费、特许经营权收入等。

$$PPP 修正值 = \sum_{i=1}^{n} \left(\left(第 i 年折旧费 + 第 i 年摊销费 \right) \times \right.$$

$$政府股权比例 + 特许经营权收入 \right) \times$$

$$\dfrac{1}{(1 + 折现率)^{i-1}} \Big)$$

式中 i——计算年年数$(1 \leqslant i \leqslant n)$；

　　　n——项目全生命周期总年数。

9.2.4 物有所值评价结论

根据《PPP 物有所值评价指引（试行）》的相关规定，物有所值评价分为定性评价和定量评价两个部分。

定性评价：本项目物有所值定性评价得分为_____分≥60 分，项目通过定向评价。

定量评价：本项目物有所值量值为×××万元＞0，项目通过定量评价。

综上所述，本项目通过物有所值评价。

9.3　项目财政承受能力评价

本节以乡镇供水项目为例分析PPP项目财政承受能力评价过程。

9.3.1　财政承受能力论证方法

1. 论证依据

根据《财政部关于印发＜政府和社会资本合作项目财政承受能力论证指引＞的通知》（财金〔2015〕21号）的相关规定，财政承受能力论证工作应在物有所值评价通过之后开展，如果物有所值评价未通过则不再展开财政承受能力论证工作。

2. 论证方法及步骤

根据财金〔2015〕21号文件的规定，财政承受能力的论证工作按以下步骤开展，如图9-4所示。

（1）县财政局和县水务局共同识别和测算本项目的财政支出责任。

（2）对总年度全部已实施和拟实施的PPP项目，进行财政承受能力评估。评估的内容包括财政支出能力评估以及行业和领域平衡性评估两部分内容。

①财政支出能力评估，是根据PPP项目预算支出责任，评估PPP项目实施对当前及今后年度财政支出的影响。每一年度全部PPP项目需要从预算中安排的支出，应当不超过一般公共预算支出的10%。在进行财政支出能力评估时，未来年度一般公共预算支出数额可参照前五年相关数额的平均值及平均增长率计算，并根据实际情况进行适当调整。

②行业和领域均衡性评估，是根据PPP模式适用的行业和领域范围，以及经济社会发展需要和公众对公共服务的需求，平衡不同行业和领域PPP项目，防止某一行业和领域PPP项目过于集中。

（3）当项目的支出责任满足本级政府财政支出能力并且要实施的PPP项目不集中于某个领域和行业时，则视为通过论证。

（4）"通过论证"且经同级人民政府审核同意实施的PPP项目，各级财政部门应当将其列入PPP项目目录，并在编制中期财政规划时将项目财政支出责任纳入预算统筹安排。

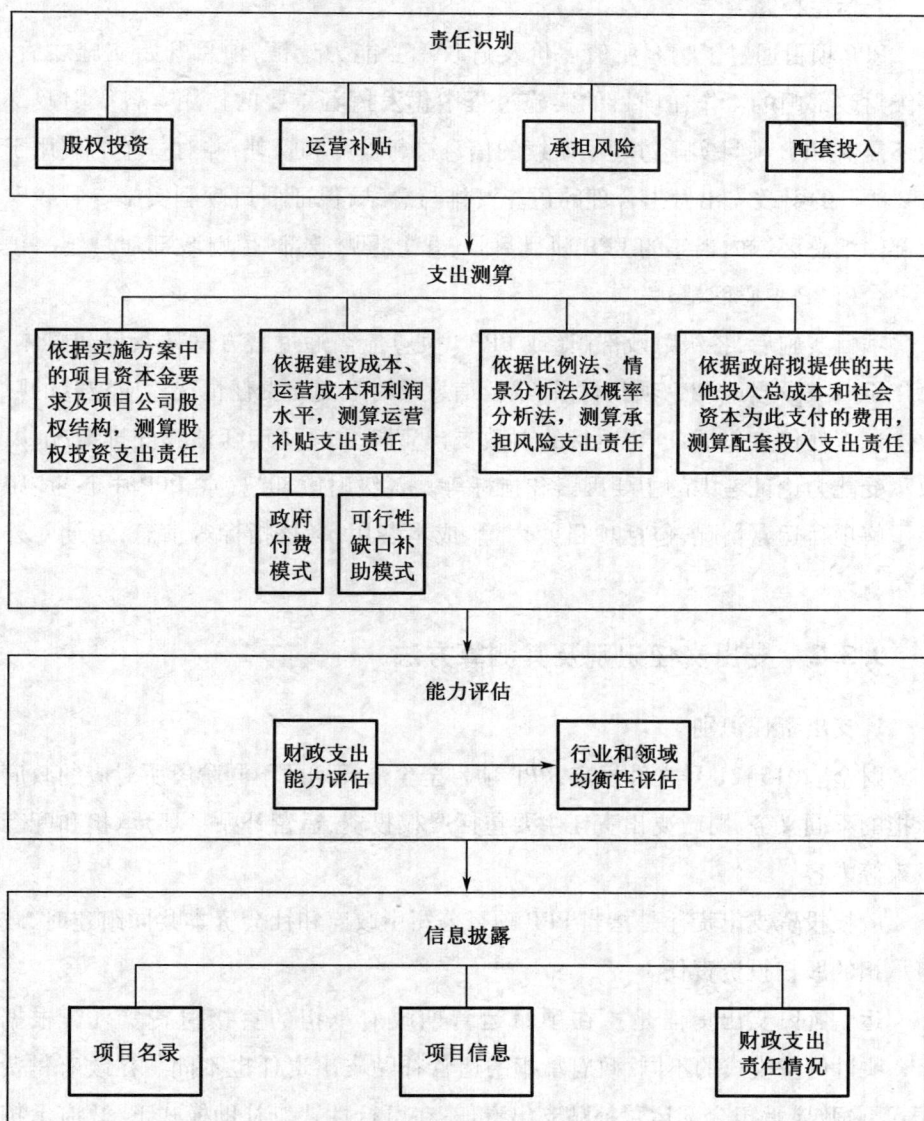

图9-4　财政承受能力的论证过程

（5）在PPP项目正式签订合同时，县本级财政部门（或PPP中心）应当对合同进行审核，确保合同内容与财政承受能力论证保持一致，防止因合同内容调整导致财政支出责任出现重大变化。

3. 信息披露

PPP项目通过了物有所值评价及财政承受能力论证,项目开始实施之后,各级财政部门的工作在项目的实施过程中仍发挥着重要的作用。各级财政部门还需对PPP项目实施过程中后续的信息进行披露和管理,并对每年的利用于PPP项目的财政支出做出合理的预算安排与总结,保证项目顺利实施。省级财政部门汇总区域内当年的PPP项目目录,并上报财政部,由财政部通过统一信息平台(PPP中心网站)发布。

项目实施后,各级财政部门(或PPP中心)应当通过官方网站及报刊媒体,每年定期披露当地PPP项目目录、项目信息及财政支出责任情况。应披露的财政支出责任信息包括:PPP项目的财政支出责任数额及年度预算安排情况、财政承受能力论证考虑的主要因素和指标等。各级财政部门(或PPP中心)应跟踪了解项目运营情况,包括项目使用量、成本费用、考核指标等信息,定期对外发布。

9.3.2　支出责任识别及其测算方法

1. 支出责任识别

财金〔2015〕21号文件规定,PPP项目全生命周期的不同阶段所对应的政府承担的不同义务,财政支出责任主要包括股权投资、运营补贴、风险承担和配套投入等内容。

股权投资支出责任是指当PPP项目公司由政府和社会资本共同组建时,政府承担的股权投资责任。

运营补贴支出责任是指在项目运营期政府承担的直接付费责任。根据PPP项目付费模式的不同,政府承担的运营补贴支出责任也不同。在政府付费模式下,政府承担全部运营补贴支出责任;在可行性缺口补助模式下,政府承担部分运营补贴支出责任;在使用者付费模式下,政府不承担任何运营补贴支出责任。

风险承担支出责任是指由政府承担风险带来的财政或有支出责任。财政或有支出责任的识别依据主要是PPP项目实施方案中对于风险分配机制的规定。按照PPP模式中政府和社会资本对于风险承担责任的划分,通常政府承担法律、政策、规划变更、最低需求保障、不可抗力因素等风险,不同的风险会带来相应的财政或有支出责任。如因政府方原因导致项目合同终止等突发情况发生,政府也应承担相应的财政或有支出责任。

配套投入支出责任是指政府承诺将提供的项目配套工程等投入完成,通常包括土地征收和整理、建设部分项目配套设施、完成项目与现有相关基础设施及公用事业的对接、相关的投资补助、贷款贴息等内容。在PPP项目实施方案中应当对具体的配套投入范围进行合理确定。

2. 支出责任测算

根据财金〔2015〕21号文件的规定,财政支出责任的测算应由地方政府财政部门或PPP中心综合考虑各类支出责任的特点、情景和发生概率等因素,从PPP项目全生命周期的角度出发,对政府承担的股权投资、运营补贴、风险承担和配套投入4类财政支出责任分别进行测算。

(1)股权投资支出

股权投资支出应当依据项目实施方案中明确的项目资本金要求及项目公司股权结构合理确定。计算公式应为

股权投资支出 = 项目资本金 × 政府占项目公司股权比例

如政府出资包含土地等实物资产或无形资产,应当依法进行资产评估,合理确定资产价值。

(2)运营补贴支出

运营补贴支出应当根据项目建设成本、运营成本及利润水平合理确定,并按照不同的PPP项目付费模式分别进行测算。

对政府付费模式的PPP项目,在项目运营补贴期间,政府承担全部的直接付费责任。政府每年直接付费的数额,为社会资本方承担的年均建设成本(折算成各年度现值)、年度运营成本和合理利润之和。计算公式应为

$$\text{当年运营补贴支出数额} = \frac{\dfrac{\text{项目全部建设成本}}{\text{财政运营补贴周期(年)}} \times (1 + \text{合理利润率}) \times (1 + \text{年度折现率})^n}{1} +$$

$$\text{年度运营成本} \times (1 + \text{合理利润率}) \qquad\qquad (9-9)$$

对可行性缺口补助模式的PPP项目,在项目运营补贴期间,政府承担部分直接付费责任。政府每年直接付费数额,为社会资本方承担的年均建设成本(折算成各年度现值)、年度运营成本和合理利润之和,再减去每年使用者付费的数额。计算公式应为

$$当年运营补贴支出数额 = \frac{项目全部建设成本 \times (1+合理利润率) \times (1+年度折现率)n}{财政运营补贴周期(年)} +$$

$$年度运营成本 \times (1+合理利润率) - 当年使用者付费数额$$

$$(9-10)$$

其中,n代表折现年数。财政运营补贴周期指财政提供运营补贴的年数。

（3）风险承担支出

风险承担支出应综合考虑由政府承担的法律和政策风险、规划变更、最低需求、环境问题、汇率变化、不可抗力因素、合同终止等带来的财政支出数额及各类风险出现的概率,通常可采用比例法、情景分析法及概率法进行测算。

①比例法

在各类风险支出数额和概率难以进行准确测算的情况下,可以按照项目的全部建设成本和一定时期内的运营成本的一定比例来确定风险承担支出。

②情景分析法

在各类风险支出数额可以进行测算但出现概率难以确定的情况下,可针对影响风险的各类事件和变量进行"基本""不利"及"最坏"等情景假设,测算各类风险发生带来的政府支持数额。计算公式应为

$$财政承担风险支出数额 = 基本情景下财政支出数额 \times 基本情景出现的概率 +$$
$$不利情景下财政支出数额 \times 不利情景出现的概率 +$$
$$最坏情景下财政支出数额 \times 最坏情景出现的概率。$$

③概率法

在各类风险支出数额和发生概率均可进行测算的情况下,可将所有可变风险参数作为变量,根据概率分布函数,计算各种风险发生带来的政府支出数额。

（4）配套投入支出

财政配套投入支出应综合考虑政府将提供的土地征收和整理、建设部分项目配套措施、完成项目与现有相关基础设施及公用事业的对接、投资补助、贷款贴息等其他配套投入总成本和社会资本方为此支付的费用。财政配套投入支出中的土地等实物投入或无形资产投入,应当依法进行评估,合理确定价值。对于应由社会资本方为此支付的费用,政府配套投入支出应扣减社会资本方支付费用部分。计算公式应为

财政配套投入支出数额＝政府拟提供的其他投入总成本－

社会资本方支付的费用

9.3.3　财政承受能力评估

1. 财政支出能力评估

经测算分析,本项目年均需要从预算中安排的支出责任为×××万元,项目全生命周期各年度县域范围内全部PPP项目的财政支出责任占一般公共预算支出比例最大为×.×%＜10%,符合财金〔2015〕21号文件的相关规定。

2. 行业和领域均衡性评估

本项目是在该县境内第一个采用PPP模式实施的供水项目,也是该县境内的第一个PPP项目。由于PPP模式在我国还处于不断完善的阶段,因此在许多领域的推广还不成熟。对于该县这样的偏远边境地区来说,全面地在各行业及领域推广PPP模式仍然任重而道远。

目前,该县的PPP项目较少,因此并不会出现在某个行业和领域扎堆的现象,也不会对均衡性造成影响。本项目的实施,可以为供水行业采用PPP模式提供很好的示范,同时也能够为该县其他项目采用PPP模式提供可行的经验,对该县的PPP推广以及云南省的PPP推广具有重要意义。

3. 评估结论

综上所述,若本项目采用PPP模式,在项目全生命周期内,该县全部PPP项目每一年度需要从预算中安排的支出责任不超过一般公共预算支出的10%,且项目不会对行业和领域均衡性造成影响,因此,本项目"通过论证"。

第10章 案例研究 II ——PPP 集成融资模式变换

个旧-大屯公路隧道整个项目工程主要运行方式为 BOT 转 BT 转 TOT,项目于 2002 年底始建,2007 年运行收费。

10.1 个旧-大屯公路隧道 BOT 模式收益分析

个旧-大屯公路隧道是由个旧市政府与云南路桥股份有限公司双方自愿采取 BOT 投融资模式,建设的个旧至大屯全长 15.86 公里的公路及其隧道。由路桥股份有限公司根据《公司法》等有关法规牵头组建"个旧至大屯公路及隧道开发有限公司",全面负责本项目的实施,个旧市政府负责指定组建一个公司作为持股人进入本公司,按公司章程界定的内容展开工作;政府负责本项目的立项,审批,并按程序将该项目报批为经营性收费公路。

10.1.1 BOT 模式收益分析

首先使用普通最小二乘法对 2007—2009 年各月份收益与时间变量进行回归,预测 2010 年各月数据,方程拟合度将近 0.6。接着使用 2007—2010 年各月数据用乘法模型做季节解构,得到季节调整后的序列和循环校正后的序列,再分别与时间变量作线性回归,比较模型效果,我们选择季节调整后的序列的回归模型来预测未来收益。表 10-1 为季节调整后的序列收益方程回归结果,图 10-1 为季节校正后的序列图。

表 10-1 季节调整后的序列收益方程回归结果

变量	方程	
	系数	T 值
(Constant)	1.434×10^6	20.322**
n	32 120.691	12.808**
$Adj - R^2$	0.776	
F 值	164.055**	
N	47	

注:(1)回归因变量为 R;

(2)* 和 ** 分别表示显著性水平为 10% 和 5%。

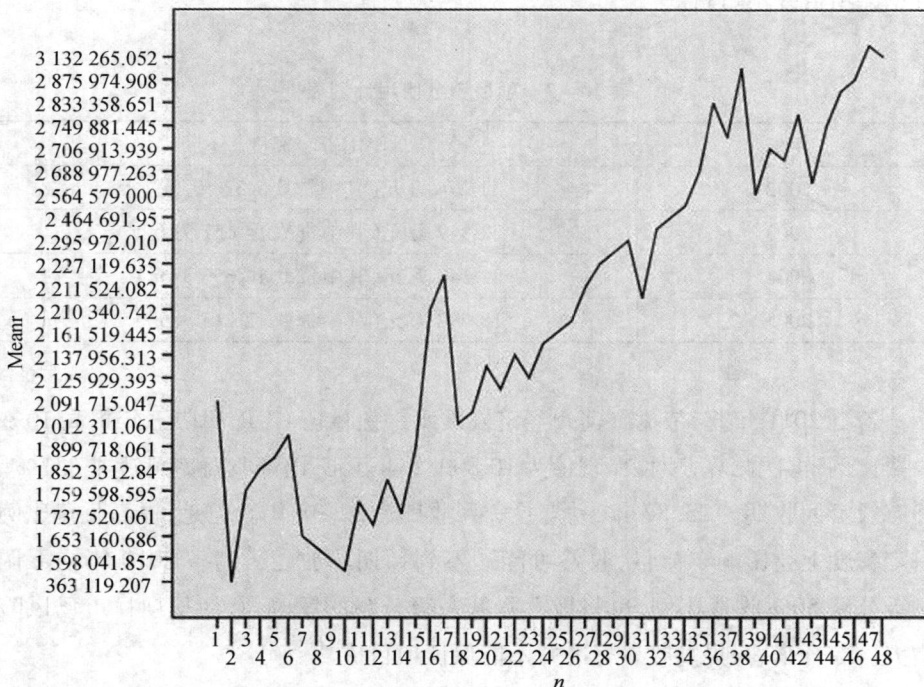

图 10 – 1　季节校正后的序列图

此时,模型回归系数完全通过显著性检验,并且回归结果显示 DW(Durbin-Watson) = 2.168,可以判定,方程基本不存在序列相关性问题。故我们可以据此预测 2011—2035 年各月收益,并分别加总得出各年收益。

10.1.2　项目评估

项目估算资金总额为 75 162 万元,其中国内贷款 48 855 万,自有资本金 26 307 万,资金按使用计划分四年投入(具体见表 10 – 2 项目资金使用计划表)。据贷款协议规定,综合贷款利率为 3.86%,贷款偿还年限为 18.11 年(含建设期),即 2020 年初 2019 年底即可还清银行贷款。根据特许经营协议,项目收费年限为 30 年,2005 年底完工,2006 年初正式运营通车。

现暂且忽略经营成本,经测算得出,项目净现值为 – 19 554.071 2 万元,内部收益率为 2.498%,静态投资回收期为 28.51 年,动态投资无法在特许经营期限内回收。项目净现值为负且项目内部收益率低于综合贷款利率 – 1.182%,

可见此项目并不可行。

表 10 - 2　项目资金使用计划表

年份	使用资金额度
2002	11 274 万元(其中贷款 7 328 万元)
2003	22 549 万元(其中贷款 14 657 万元)
2004	22 547 万元(其中贷款 14 656 万元)
2005	18 792 万元(其中贷款 12 215 万元)

若自 2011 年起,依据红河州经济发展水平衡量值 GDP,每隔五年提高 10%收费比例,再次测算,项目净现值为 10 809.254 万元,内部收益率可达 4.337%。静态投资回收期为 25.87 年,动态投资回收期为 32.38 年。但是,提高收费比例一定程度上会影响车流量,收益可能达不到预期。加之云南省 2010 年初下调二级公路 50% 收费比例,也将极大降低一级公路的竞争力,使得项目市场风险增大。综合来看,提高收费标准并不能保证项目成功。

10.1.3　考虑车流量增加再次评估项目效益

首先使用普通最小二乘法对 2006—2010 年各年车流量与时间变量进行回归,得出拟合直线方程。表 10 - 3 为预测车流量方程回归结果。

表 10 - 3　预测车流量方程回归结果

变量	方程	
	系数	T 值
(Constant)	5 901.438	36.375 **
n	600.787	47.242 **
$Adj - R^2$	0.999	
F 值	2.232×10^3 **	

注:(1)回归因变量为 CLL;
　　(2) * 和 ** 分别表示显著性水平为 10% 和 5%。

此时,模型回归系数完全通过显著性检验,并且,回归结果显示,DW (Durbin-Watson) = 2.097,可以判定,方程基本不存在序列相关性问题。故我们可以据此预测2011—2035年各年车流量。

用2006年与2010年各种型号车辆通行收益总和分别除以通行车辆总数后得到各年平均每辆车通行收费标准,再加权平均(即14.34元/辆),据以作为前十五年(即2006—2020年)收费标准。同理,后十五年(即2021—2035年)收费标准为15.05元/辆。最后,我们用预测车流量乘以相应收费标准,即可得到各年收益,用以进行后续项目效益评估。

若自2011年起,每隔五年车流量增加10%,经测算,项目净现值为5 571.216 2万元,内部收益率可达4.129%。静态投资回收期为25.98年,动态投资回收期为33.1年。但是,车流量的增加要靠两地经济密切发展的宏观形势来助推,显然这会是一个比较漫长的过程。此外,公路通行收益对价格(即收费)因素更为敏感,二级公路的低成本极有可能冲击一级公路的车流量。故此处以车流量每隔五年增加10%为假设前提,来保证项目获利的目标实现比较困难。

10.1.4 针对BOT融资模式的建议

个旧-大屯公路隧道项目BOT模式经营不善,竞争力下降,建设成本占用资金短期难以回收,还款压力大,投资方信心不足。故拟将BOT转为BT移交回红河州政府,红河州政府再次以TOT形式移交出去,以期实现多方共赢。

10.2 个旧-大屯公路隧道BT模式收益分析

10.2.1 BT融资回购计算

个旧-大屯公路隧道项目,以云南省路桥集团为融资主体,采取市场化的多元融资模式;项目建设成本为75 162万元,其中,国内贷款48 855万元,占65%,资本金26 307万元,占35%。现采用BT模式运作,项目移交由红河州财政局出具回购承诺函,红河州人大出具还款决议。项目回购期为5年,项目回报利润率采用最新(2010年7月)中国人民银行公布的基准贷款利率(7.38%)加2.0%。表10-4为BT模式回购价计算表。

表 10 - 4　BT 模式回购价计算表

类别	合计	第一年	第二年	第三年	第四年	第五年
				回购期		
一、项目资本金	1 项目资本金年初余额		26 307	21 045.6	15 784.2	10 522.8	5 261.4
	2 需回购资本金及支付收益（2.1+2.2）	27 622.35	5 734.926	5 629.698	5 524.47	5 419.242	5 314.014
	2.1 当年回购资本金	26 307	5 261.4	5 261.4	5 261.4	5 261.4	5 261.4
	2.2 支付资本金收益（2%）	1 315.35	473.526	368.298	263.07	157.842	52.614
二、项目债务融资	3 项目债务年初余额	48 855	39 084	29 313	19 542	9 771	48 855
	4 需要回购债务及支付利息（4.1+4.2）	57 868.75	13 015.95	12 294.85	11 573.75	10 852.65	10 131.55
	4.1 当年回购债务	48 855	9 771	9 771	9 771	9 771	9 771
	4.2 债务利息（7.38%）	9 013.748	3 244.949	2 523.849	1 802.75	1 081.65	360.549 9
	5 债务融资收益（2%）	2 442.75	879.39	683.97	488.55	293.13	97.71
三、政府需要支付回购资金	87 933.85	19 630.27	18 608.52	17 586.77	16 565.02	15 543.27

10.2.2　针对 BT 融资模式回购结论

经测算得出,红河州政府回购价为 8.79 亿元,政府回购后,应再次以 TOT 形式移交出去,以期实现多方共赢。

10.3　个旧－大屯公路隧道 TOT 模式收益分析

10.3.1　投资回收期

BOT 项目评估结果显示,该项目投资回收期为 28.51 年,至 2010 年年底,项目持续 8.5 年(包括建设期)。若 2011 年初转让,达到项目投资回收期还将持续 20 年。据此我们设定 2011—2030 年为个旧－大屯公路隧道项目 TOT 模式的投资回收期,届时该项目净现值为零。

10.3.2　运用霍尔三维模型

1. 结构

TOT 项目融资模式的结构将分为人、权、利三层面进行。对于"人"的问题,主要是针对经营性公共基础设施项目中利益相关者关系和角色的讨论。由于采用公私合作的形式,因此项目中必将涉及众多参与者,并且他们的关系和作用将随着项目的推进而发生动态变化;对于"权"的结构讨论,围绕包括特许经营权、转让权、所有权等在内的多重权力随项目阶段发生结构性变化而展开,同时还将对权力的结构性调整等内容展开研究;对于"利"的结构讨论,将对各方的利益结构、分配及动态变化进行研究。除了对项目所带来的有形利益进行分析外,还将对项目的一些无形利益进行研究,例如项目的社会效益、文化效益、品牌效益等。这部分的研究将作为霍尔三维模型中的逻辑维。

2. 运行机制

作为三维中的专业维/知识维,TOT 项目融资模式的运行机制研究将主要从以下几方面入手:特许经营期确定、特许经营权确定、资产评估、特许经营权移交、项目经营、项目回交、项目合同管理、项目风险管理、项目相关法律问题研究。通过以上多方面的研究与综合,将形成能够支撑整个 TOT 项目融资运行的完整理论体

3. 功能

作为三维中的时间维,基于模式结构的建立和运行机制的作用,TOT 项目融资模式的功能将得以体现,并且同样将随着项目的进程而发生不同程度的强度变化。归纳起来,项目将从以下几方面对该模式的功能进行研究:公私合作协议、资金吸引、风险规避、政策完善、公私合作螺旋改进提升。

10.3.3　特许经营权转让定价

1. 方案一:覆盖成本

2009 年 7 月,时任国家主席胡锦涛考察云南后提出把云南建成中国面向西南开放的重要桥头堡。面对"桥头堡"建设带来的新机遇,红河州以构筑产业支撑平台为突破口,全面推进红河工业园区建设。首期开发的 20 平方公里区域内道路、给排水、强弱电设施全面配套。目前,园区已累计完成基础设施投资 7.27 亿元。园区全长近 20 公里的 9 条道路已建成通车,形成了便捷的交通运输网络。园区发展环境改善,大大增强了园区吸引力,各种生产要素向园区汇集,形成了初具规模的产业集群。据悉,云南省十大企业集团中,已有云锡集团、昆钢集团、云南冶金集团、云南煤化工集团、云天化(国际)集团、云铜集团的项目落户园区。

随着个旧、蒙自两地经济密切往来,加之当前油价不断攀升,短途隧道的适中收费,将吸引更多的大型客货车通行。而大型客货车的通行,将直接拉升加权平均后的车辆通行收费标准。从霍尔三维模型逻辑维中"权"层面考虑,如若运营商每隔五年车辆通行加权平均收费标准提高 5%,为保障项目收益,红河州政府给予 TOT 模式运营方公路沿线加油站、服务区、广告和通行费及边际延伸收益的经营权,作为收费风险补偿,以平衡项目风险收益配比。此时,设定 2011—2030 年为个旧－大屯公路隧道项目 TOT 模式的投资回收期,参考福建发展高速公路股份有限公司 2001—2009 年年报披露的营业收入和营业成本数据,加权平均后计算得出其营业成本与营业收入比例关系为 25%(同前),每隔五年车辆通行加权平均收费标准提高 5%,重新预测 2011—2030 年个旧－大屯公路隧道项目收益,以此为基础,计算 2011—2030 年个旧－大屯公路隧道项目的年净现金流量,经折现加总后倒挤得出特许权转让费为 8.970 1 亿元。

根据我国交通部 1996 年第 9 号令《公路经营权转让有偿转让管理办法》规定:"转让公路资产中的车辆通行经营权,应该坚持以投资预测回收期加上合理年限盈利期(合理年限盈利期一般不得超过投资回收预测期的50%)为基准的原则,最多不得超过30年。"个旧－大屯公路隧道项目TOT模式投资回收期为20年,故此设定其盈利期为10年,即其特许经营期限为30年。按照上述每隔五年提高5%收费标准重新估算项目收益,并以项目收益的25%估算其经营成本,在此基础上测算得出项目净现值为5.547亿元,内部收益率为6.04%,远大于综合贷款利率3.86%。因此,可以基本判定,个旧－大屯公路隧道项目TOT融资模式可行。

2.方案二:盈利12%

2000年红河州GDP达143亿元,增长9.4%;2001年猛增至161亿元,增长8.3%;2002年又攀升到177亿元,增长10.8%。至2005年,GDP已达308亿元,2006年360.3亿元,2007年429.8亿元,2008年514.7亿元,2009年560.88亿元,其增长速度可见一斑。

一方面,受惠于国内宏观经济进一步好转,"桥头堡"战略带来新机遇,强劲的经济增长将带动个旧、蒙自两地更频繁的人员和物资的往来,汽车数量尤其是收费标准较高的货车数量保持增长,将使公路隧道车流量持续提升;另一方面,从霍尔三维模型逻辑维中"利"层面考虑,允许运营商开发生态旅游,构建生态旅游区,引导现代农业、林业、牧业与旅游业有机结合,发展"观光农业""乡村旅游"等新形式,带动当地农民致富的同时也将带动车流量进一步提升。如若运营商每隔五年车辆量增加10%,重新预测2011—2030年个旧－大屯公路隧道项目收益。设定2011—2030年为个旧－大屯公路隧道项目TOT模式的投资回收期,参考福建发展高速公路股份有限公司2001—2009年年报披露的营业收入和营业成本数据,加权平均后计算得出其营业成本与营业收入比例关系为25%(同前),以此为基础,计算2011—2030年个旧－大屯公路隧道项目的年净现金流量,经折现加总后倒挤可得出特许权转让费为9.8418亿元。

根据我国交通部1996年第9号令《公路经营权转让有偿转让管理办法》规定:"转让公路资产中的车辆通行经营权,应该坚持以投资预测回收期加上合理年限盈利期(合理年限盈利期一般不得超过投资回收预测期的50%)为基准的原则,最多不得超过30年。"个旧－大屯公路隧道项目TOT模式投资回收期为20年,故此设定其盈利期为10年,即其特许经营期限为30年。按照上述每隔五年车辆量增加10%的假设,重新估算项目收益,并以项目收益的25%估算其经营成本,在此基础上测算得出,项目净现值为 5.887 亿元,内部收益率为 6.02%,远大于综合贷款利率 3.86%。因此,可以基本判定,个旧－大屯公路隧道项目 TOT 融资模式可行。

　　3. 方案三:盈利 32%

　　设定个旧－大屯公路隧道项目 TOT 模式特许经营权转让费为 11.6 亿元。从霍尔三维模型逻辑维中"人"层面考虑,为保障运营商相关利益,依据云政办发〔2004〕68 号文件《云南省国有土地有偿使用费管理规定》的有关内容,给予项目运营商公共基础设施建设用地 700 亩(1 公顷为 15 亩),其土地使用权出让金实行"先征后返"的政策。配套开发建设用地 800 亩的土地使用权出让金,按 10% 收取,并给予有关优惠政策,该项用地由运营商用于房地产开发。

　　参考调整更新后的蒙自县城区土地定级和基准地价(2008 年 11 月 15 日通过云南省国土资源厅组织的省级评审验收,并经 2010 年 2 月 10 日蒙自县第十五届人民政府第二十四次常务会议研究通过,于 2010 年 3 月 1 日起实施),公共建筑用地 V 级土地基准地价为 28.45 万元/亩,700 亩土地使用权转让金合计 1.991 5 亿元;住宅用地 IV 级土地基准地价为 30.14 万元/亩,300 亩土地使用权转让金合计 0.904 2 亿元,90% 未收取成本即为 0.813 78 亿元。即项目运营商无偿获取两项土地使用权出让金共计 2.805 28 亿元。

　　为保证红河州政府回购成本(8.79 亿元)顺利回收,从霍尔三维模型逻辑维中"权"层面考虑,红河州政府可同时给予 TOT 模式运营商公路沿线加油站、服务区、广告和通行费及边际延伸收益的经营权,作为收费风险补偿,以平衡项目风险收益配比,具体评估测算可参照方案一。

　　4. 方案四:盈利 11%

　　从霍尔三维模型逻辑维中"利"层面考虑,参考遵义市政府给予遵义供排水公司德国政府 20 年 2% 的贷款利率,红河州政府同样给予 TOT 运营商 2% 的长期外国政府贷款利率以降低其投资风险。以此作为贴现率,在原预测收益水平上,其他参数不变,计算 2011 年—2030 年个旧－大屯公路隧道项目的年净现金流量,经折现加总后倒挤可得出特许经营权转让费为 9.75 亿元。

　　设定其盈利期为 10 年,即其特许经营期限为 30 年。以项目收益的 25% 估算其经营成本,在此基础上测算得出,项目净现值为 3.9473 亿元,内部收益率为 3.87%,远大于国外贷款利率 2%。因此,可以基本判定,个旧－大屯公路隧道项目 TOT 融资模式可行。

5. 方案五：盈利 26%

从霍尔三维模型逻辑维中"利"层面考虑，参考遵义市政府给予遵义供排水公司德国政府 20 年 2%的贷款利率，红河州政府同样给予 TOT 运营商 2%的长期外国政府贷款利率以降低其投资风险；从霍尔三维模型逻辑维中"权"层面考虑，如若运营商每隔五年车辆通行加权平均收费标准提高 5%，为保障项目收益，红河州政府给予 TOT 模式运营商公路沿线加油站、服务区、广告和通行费及边际延伸收益的经营权，作为收费风险补偿，以平衡项目风险收益配比。故以 2%利率水平作为贴现率，每隔五年车辆通行加权平均收费标准提高 5%，重新预测 2011—2030 年个旧－大屯公路隧道项目收益，其他参数不变，计算 2011—2030 年个旧－大屯公路隧道项目的年净现金流量，经折现加总后倒挤得出特许权转让费为 11.085 6 亿元。

设定其盈利期为 10 年，即其特许经营期限为 30 年。按照上述每隔五年提高 5%收费标准重新估算项目收益，并以项目收益的 25%估算其经营成本，在此基础上测算得出，项目净现值为 5.273 8 亿元，内部收益率为 4.03%，远大于国外贷款利率 2%。因此，可以基本判定，个旧－大屯公路隧道项目 TOT 融资模式可行。

6. 方案六：盈利 38%

从霍尔三维模型逻辑维中"利"层面考虑，参考遵义市政府给予遵义供排水公司德国政府 20 年 2%的贷款利率，红河州政府同样给予 TOT 运营商 2%的长期外国政府贷款利率以降低其投资风险；从霍尔三维模型逻辑维中"利"层面考虑，允许运营商开发生态旅游，构建生态旅游区，引导现代农业、林业、牧业与旅游业有机结合，发展"观光农业""乡村旅游"等新形式，带动当地农民致富的同时带动车流量进一步提升。如若运营商每隔五年车辆量增加 10%，重新预测 2011—2030 年个旧－大屯公路隧道项目收益。以 2%利率水平作为贴现率，其他参数不变，计算 2011—2030 年个旧－大屯公路隧道项目的年净现金流量，经折现加总后倒挤得出特许权转让费为 12.132 7 亿元。

设定其盈利期为 10 年，即其特许经营期限为 30 年。按照上述每隔五年车辆量增加 10%的假设，重新估算项目收益，并以项目收益的 25%估算其经营成本，在此基础上测算得出，项目净现值为 5.530 5 亿元，内部收益率为 3.99%，远大于国外贷款利率 2%。因此，可以基本判定，个旧－大屯公路隧道项目 TOT 融资模式可行。

具体计算见表 10－5 至表 10－21。

表 10 - 5　BOT 现状（NPV、IRR）

n	R	I	C	3%复利系数	NPV_1	4%复利系数	NPV_2
2002		11 274	217. 641 6	0.97	-11 146. 892 4	0.961	-11 043. 467 6
2003		22 549	1 305. 909 0	0.942	-22 471. 324 3	0.924	-22 041. 935 9
2004		22 547	2 176. 475 4	0.915	-22 621. 980 0	0.888	-21 954. 446 2
2005		18 792	2 902. 046 4	0.888	-19 264. 313 2	0.854	-18 526. 715 6
2006	1 785. 460 9		2 901. 987 0	0.862	-962. 445 5	0.821	-916. 667 9
2007	1 785. 460 9		2 901. 987 0	0.837	-934. 532 3	0.79	-882. 055 6
2008	2 460. 209 2		2 901. 987 0	0.813	-359. 165 4	0.759	-335. 309 4
2009	2 839. 730 0		2 901. 987 0	0.789	-49. 120 8	0.73	-45. 447 6
2010	3 375. 238 0		2 901. 987 0	0.766	362. 510 3	0.702	332. 222 2
2011	3 828. 949 3		2 901. 987 0	0.744	689. 660 0	0.675	625. 699 6
2012	4 295. 507 0		2 901. 987 0	0.722	1 006. 121 4	0.649	904. 394 5
2013	4 762. 064 6		2 901. 987 0	0.701	1 303. 914 4	0.624	1 160. 688 5
2014	5 228. 622 3		2 901. 987 0	0.68	1 582. 112 0	0.6	1 395. 981 2
2015	5 695. 180 0		2 901. 987 0	0.661	1 846. 300 5	0.577	1 611. 672 3
2016	6 161. 737 6		2 901. 987 0	0.641	2 089. 500 1	0.555	1 809. 161 6
2017	6 628. 295 3		2 901. 987 0	0.623	2 321. 490 0	0.533	1 986. 122 3
2018	7 094. 852 9		2 901. 987 0	0.605	2 536. 683 9	0.513	2 150. 940 2
2019	7 561. 410 6		51 756. 987 0	0.587	-25 942. 803 4	0.493	-21 788. 419 2

表 10-5（续）

n	R	I	C	3%复利系数	NPV_1	4%复利系数	NPV_2
2020	8 027.968 2			0.57	4 575.941 9	0.474	3 805.256 9
2021	8 494.525 9			0.553	4 697.472 8	0.456	3 873.503 8
2022	8 961.083 5			0.537	4 812.101 9	0.438	3 924.954 6
2023	9 427.641 2			0.521	4 911.801 1	0.421	3 969.036 9
2024	9 894.198 8			0.506	5 006.464 6	0.405	4 007.150 5
2025	10 360.756 5			0.491	5 087.131 4	0.39	4 040.695 0
2026	10 827.314 1			0.477	5 164.628 8	0.375	4 060.242 8
2027	11 293.871 8			0.463	5 229.062 6	0.36	4 065.793 8
2028	11 760.429 4			0.45	5 292.193 2	0.346	4 069.108 6
2029	12 226.987 1			0.437	5 343.193 4	0.333	4 071.586 7
2030	12 693.544 7			0.424	5 382.063 0	0.32	4 061.934 3
2031	13 160.102 4			0.411	5 408.802 1	0.308	4 053.311 5
2032	13 626.660 0			0.399	5 437.037 4	0.296	4 033.491 4
2033	14 093.217 7			0.388	5 468.168 5	0.285	4 016.567 0
2034	14 559.775 4			0.377	5 489.035 3	0.274	3 989.378 4
2035	15 026.333 0			0.366	5 499.637 9	0.263	3 951.925 6
$IRR=2.498\%$			$NPV(3.86\%)=-19\ 554.07$		$-7\ 209.548\ 7$		$-21\ 563.644\ 6$

表 10 - 6　BOT 现状(静态投资回收期、动态投资回收期)

NCF	累计 NCF	NCF	累计 NCF	NCF	累计 NCF
-11 491.641 6	-11 491.641 6	-11 146.892 35	-11 146.892 35	-11 043.5	-11 043.5
-23 854.909 0	-35 346.550 6	-22 471.324 28	-33 618.216 63	-22 041.9	-33 085.4
-24 723.475 4	-60 070.026 0	-22 621.979 99	-56 240.196 62	-21 954.4	-55 039.8
-21 694.046 4	-81 764.072 4	-19 264.313 2	-75 504.509 82	-18 526.7	-73 566.6
-1 116.526 1	-82 880.598 5	-962.445 498 2	-76 466.955 32	-916.668	-74 483.2
-1 116.526 1	-83 997.124 6	-934.532 345 7	-77 401.487 67	-882.056	-75 365.3
-441.777 8	-84 438.902 4	-359.165 351 4	-77 760.653 02	-335.309	-75 700.6
-62.257 0	-84 501.159 4	-49.120 773	-77 809.773 79	-45.447 6	-75 746
473.251 0	-84 027.908 4	362.510 281 3	-77 447.263 51	332.222 2	-75 413.8
926.962 3	-83 100.946 0	689.659 980 8	-76 757.603 53	625.699 6	-74 788.1
1 393.520 0	-81 707.426 0	1 006.121 435	-75 751.482 1	904.394 5	-73 883.7
1 860.077 6	-79 847.348 4	1 303.914 429	-74 447.567 67	1 160.688	-72 723
2 326.635 3	-77 520.713 1	1 582.112 003	-72 865.455 66	1 395.981	-71 327.1
2 793.193 0	-74 727.520 2	1 846.300 541	-71 019.155 12	1 611.672	-69 715.4
3 259.750 6	-71 467.769 5	2 089.500 137	-68 929.654 99	1 809.162	-67 906.2
3 726.308 3	-67 741.461 3	2 321.490 044	-66 608.164 94	1 986.122	-65 920.1
4 192.865 9	-63 548.595 4	2 536.683 875	-64 071.481 07	2 150.94	-63 769.2
-44 195.576 4	-107 744.171 8	-25 942.803 37	-90 014.284 44	-21 788.4	-85 557.6

表10-6(续)

NCF	累计 NCF	NCF	累计 NCF	NCF	累计 NCF
8 027.968 2	-99 716.203 6	4 575.941 883	-85 438.342 55	3 805.257	-81 752.3
8 494.525 9	-91 221.677 7	4 697.472 805	-80 740.869 75	3 873.504	-77 878.8
8 961.083 5	-82 260.594 2	4 812.101 851	-75 928.767 9	3 924.955	-73 953.9
9 427.641 2	-72 832.953 0	4 911.801 051	-71 016.966 85	3 969.037	-69 984.8
9 894.198 8	-62 938.754 2	5 006.464 606	-66 010.502 24	4 007.151	-65 977.7
10 360.756 5	-52 577.997 7	5 087.131 431	-60 923.370 81	4 040.695	-61 937
10 827.314 1	-41 750.683 6	5 164.628 841	-55 758.741 97	4 060.243	-57 876.7
11 293.871 8	-30 456.811 8	5 229.062 636	-50 529.679 33	4 065.794	-53 810.9
11 760.429 4	-18 696.382 4	5 292.193 247	-45 237.486 09	4 069.109	-49 741.8
12 226.987 1	-6 469.395 3	5 343.193 358	-39 894.292 73	4 071.587	-45 670.3
12 693.544 7	6 224.149 4	5 382.062 971	-34 512.229 76	4 061.934	-41 608.3
13 160.102 4		5 408.802 085	-29 103.427 67	4 053.312	-37 555
13 626.660 0		5 437.037 359	-23 666.390 31	4 033.491	-33 521.5
14 093.217 7		5 468.168 468	-18 198.221 84	4 016.567	-29 504.9
14 559.775 4		5 489.035 309	-12 709.186 54	3 989.378	-25 515.6
15 026.333 0		5 499.637 881	-7 209.548 654	3 951.926	-21 563.6
静态投资回收期 28.509 7		动态投资回收期 (3%贴现率)		动态投资回收期 (4%贴现率)	

表 10 - 7　改革收费标准（每隔五年收费提高 10%）

n	R	I	C	3%复利系数	NPV_1	4%复利系数	NPV_2
2002		11 274	217.641 6	0.97	-11 146.892 4	0.961	-11 043.467 6
2003		22 549	1 305.909 0	0.942	-22 471.324 3	0.924	-22 041.935 9
2004		22 547	2 176.475 4	0.915	-22 621.980 0	0.888	-21 954.446 2
2005		18 792	2 902.046 4	0.888	-19 264.313 2	0.854	-18 526.715 6
2006	1 785.460 9		2 901.987 0	0.862	-962.445 5	0.821	-916.667 9
2007	1 785.460 9		2 901.987 0	0.837	-934.532 3	0.79	-882.055 6
2008	2 460.209 2		2 901.987 0	0.813	-359.165 4	0.759	-335.309 4
2009	2 839.730 0		2 901.987 0	0.789	-49.120 8	0.73	-45.447 6
2010	3 375.238 0		2 901.987 0	0.766	362.510 3	0.702	332.222 2
2011	4 211.844 3		2 901.987 0	0.744	974.533 8	0.675	884.153 7
2012	4 725.057 7		2 901.987 0	0.722	1 316.257 0	0.649	1 183.172 9
2013	5 238.271 1		2 901.987 0	0.701	1 637.735 2	0.624	1 457.841 3
2014	5 751.484 5		2 901.987 0	0.68	1 937.658 3	0.6	1 709.698 5
2015	6 264.697 9		2 901.987 0	0.661	2 222.751 9	0.577	1 940.284 2
2016	7 394.085 1		2 901.987 0	0.641	2 879.434 9	0.555	2 493.114 5
2017	7 953.954 3		2 901.987 0	0.623	3 147.375 6	0.533	2 692.698 6
2018	8 513.823 5		2 901.987 0	0.605	3 395.161 1	0.513	2 878.872 1
2019	9 073.692 7		51 756.987 0	0.587	-25 055.093 8	0.493	-21 042.864 1

表 10-7(续)

n	R	I	C	3%复利系数	NPV_1	4%复利系数	NPV_2
2020	9 633.561 9			0.57	5 491.130 3	0.474	4 566.308 3
2021	11 042.883 6			0.553	6 106.714 6	0.456	5 035.554 9
2022	11 649.408 6			0.537	6 255.732 4	0.438	5 102.441 0
2023	12 255.933 5			0.521	6 385.341 4	0.421	5 159.748 0
2024	12 862.458 5			0.506	6 508.404 0	0.405	5 209.295 7
2025	13 468.983 4			0.491	6 613.270 9	0.39	5 252.903 5
2026	15 158.239 8			0.477	7 230.480 4	0.375	5 684.339 9
2027	15 811.420 5			0.463	7 320.687 7	0.36	5 692.111 4
2028	16 464.601 2			0.45	7 409.070 5	0.346	5 696.752 0
2029	17 117.781 9			0.437	7 480.470 7	0.333	5 700.221 4
2030	17 770.962 6			0.424	7 534.888 2	0.32	5 686.708 0
2031	19 740.153 6			0.411	8 113.203 1	0.308	6 079.967 3
2032	20 439.990 1			0.399	8 155.556 0	0.296	6 050.237 1
2033	21 139.826 6			0.388	8 202.252 7	0.285	6 024.850 6
2034	21 839.663 0			0.377	8 233.553 0	0.274	5 984.067 7
2035	22 539.499 5			0.366	8 249.456 8	0.263	5 927.888 4
					30 298.763 2		7 636.543 2

$IRR = 4.337\%$

$NPV(3.86\%) = 10\ 809.254$

表 10 – 8　改革收费标准

NCF	累计 NCF	NCF	累计 NCF	NCF	累计 NCF
-11 491.641 6	-11 491.641 6	-11 146.9	-11 146.9	-11 043.5	-11 043.5
-23 854.909 0	-35 346.550 6	-22 471.3	-33 618.2	-22 041.9	-33 085.4
-24 723.475 4	-60 070.026 0	-22 622	-56 240.2	-21 954.4	-55 039.8
-21 694.046 4	-81 764.072 4	-19 264.3	-75 504.5	-18 526.7	-73 566.6
-1 116.526 1	-82 880.598 5	-962.445	-76 467	-916.668	-74 483.2
-1 116.526 1	-83 997.124 6	-934.532	-77 401.5	-882.056	-75 365.3
-441.777 8	-84 438.902 4	-359.165	-77 760.7	-335.309	-75 700.6
-62.257 0	-84 501.159 4	-49.120 8	-77 809.8	-45.447 6	-75 746
473.251 0	-84 027.908 4	362.510 3	-77 447.3	332.222 2	-75 413.8
1 309.857 3	-82 718.051 1	974.533 8	-76 472.7	884.153 7	-74 529.7
1 823.070 7	-80 894.980 4	1 316.257	-75 156.5	1 183.173	-73 346.5
2 336.284 1	-78 558.696 3	1 637.735	-73 518.7	1 457.841	-71 888.7
2 849.497 5	-75 709.198 8	1 937.658	-71 581.1	1 709.699	-70 179
3 362.710 9	-72 346.487 8	2 222.752	-69 358.3	1 940.284	-68 238.7
4 492.098 1	-67 854.389 7	2 879.435	-66 478.9	2 493.114	-65 745.6
5 051.967 3	-62 802.422 4	3 147.376	-63 331.5	2 692.699	-63 052.9
5 611.836 5	-57 190.585 9	3 395.161	-59 936.4	2 878.872	-60 174
-42 683.294 3	-99 873.880 2	-25 055.1	-84 991.4	-21 042.9	-81 216.9

表 10-8(续)

NCF	累计 NCF	NCF	累计 NCF	NCF	累计 NCF
9 633.561 9	-90 240.318 4	5 491.13	-79 500.3	4 566.308	-76 650.5
11 042.883 6	-79 197.434 7	6 106.715	-73 393.6	5 035.555	-71 615
11 649.408 6	-67 548.026 2	6 255.732	-67 137.9	5 102.441	-66 512.5
12 255.933 5	-55 292.092 6	6 385.341	-60 752.5	5 159.748	-61 352.8
12 862.458 5	-42 429.634 2	6 508.404	-54 244.1	5 209.296	-56 143.5
13 468.983 4	-28 960.650 7	6 613.271	-47 630.9	5 252.904	-50 890.6
15 158.239 8	-13 802.411 0	7 230.48	-40 400.4	5 684.34	-45 206.3
15 811.420 5	2 009.009 5	7 320.688	-33 079.7	5 692.111	-39 514.1
16 464.601 2		7 409.071	-25 670.6	5 696.752	-33 817.4
17 117.781 9		7 480.471	-18 190.1	5 700.221	-28 117.2
17 770.962 6		7 534.888	-10 655.3	5 686.708	-22 430.5
19 740.153 6		8 113.203	-2 542.06	6 079.967	-16 350.5
20 439.990 1		8 155.556	5 613.501	6 050.237	-10 300.3
21 139.826 6		8 202.253		6 024.851	-4 275.41
21 839.663 0		8 233.553		5 984.068	1 708.655
22 539.499 5		8 249.457		5 927.888	
静态投资回收期	25.872 9	动态投资回收期(3%贴现率)	30.311 7	动态投资回收期(4%贴现率)	32.714 5

动态投资回收期(3.86%贴现率) 32.378 1

表 10-9　增加车流量

n	R	I	C	3%复利系数	NPV_1	4%复利系数	NPV_2
2002		11 274	217.641 6	0.97	-11 146.892 4	0.961	-11 043.467 6
2003		22 549	1 305.909 0	0.942	-22 471.324 3	0.924	-22 041.935 9
2004		22 547	2 176.475 4	0.915	-22 621.980 0	0.888	-21 954.446 2
2005		18 792	2 902.046 4	0.888	-19 264.313 2	0.854	-18 526.715 6
2006	1 785.460 9		2 901.987 0	0.862	-962.445 5	0.821	-916.667 9
2007	1 785.460 9		2 901.987 0	0.837	-934.532 3	0.79	-882.055 6
2008	2 460.209 2		2 901.987 0	0.813	-359.165 4	0.759	-335.309 4
2009	2 839.730 0		2 901.987 0	0.789	-49.120 8	0.73	-45.447 6
2010	3 375.238 0		2 901.987 0	0.766	362.510 3	0.702	332.222 2
2011	5 473.181 1		2 901.987 0	0.744	1 912.968 4	0.675	1 735.556 0
2012	5 819.084 8		2 901.987 0	0.722	2 106.144 6	0.649	1 893.196 5
2013	6 164.988 6		2 901.987 0	0.701	2 287.364 1	0.624	2 036.113 0
2014	6 510.892 3		2 901.987 0	0.68	2 454.055 6	0.6	2 165.343 2
2015	3 588.915 6		2 901.987 0	0.661	454.059 8	0.577	396.357 8
2016	7 857.490 6		2 901.987 0	0.641	3 176.477 8	0.555	2 750.304 5
2017	8 234.840 1		2 901.987 0	0.623	3 322.367 5	0.533	2 842.410 7
2018	8 612.189 6		2 901.987 0	0.605	3 454.672 6	0.513	2 929.333 9
2019	8 989.539 1		51 756.987 0	0.587	-25 104.491 9	0.493	-21 084.351 8

表10-9(续)

n	R	I	C	3%复利系数	NPV_1	4%复利系数	NPV_2
2020	9 254.307 5			0.57	5 274.955 3	0.474	4 386.541 8
2021	11 078.917 9			0.553	6 126.641 6	0.456	5 051.986 6
2022	11 507.953 4			0.537	6 179.771 0	0.438	5 040.483 6
2023	11 936.988 9			0.521	6 219.171 2	0.421	5 025.472 3
2024	12 366.024 4			0.506	6 257.208 4	0.405	5 008.239 9
2025	12 902.051 2			0.491	6 334.907 1	0.39	5 031.800 0
2026	14 241.333 6			0.477	6 793.116 1	0.375	5 340.500 1
2027	14 703.371 8			0.463	6 807.661 2	0.36	5 293.213 9
2028	15 165.410 1			0.45	6 824.434 5	0.346	5 247.231 9
2029	15 627.448 3			0.437	6 829.194 9	0.333	5 203.940 3
2030	16 089.486 6			0.424	6 821.942 3	0.32	5 148.635 7
2031	17 733.776 6			0.411	7 288.582 2	0.308	5 462.003 2
2032	18 228.817 6			0.399	7 273.298 2	0.296	5 395.730 0
2033	18 723.858 5			0.388	7 264.857 1	0.285	5 336.299 7
2034	19 218.899 5			0.377	7 245.525 1	0.274	5 265.978 5
2035	19 713.940 5			0.366	7 215.302 2	0.263	5 184.766 3
IRR=4.129%			$NPV(3.86\%)=5 571.216 2$		23 372.923 4		2 673.263 8

表 10 – 10　车流量增加

NCF	累计 NCF	NCF	累计 NCF	NCF	累计 NCF
-11 491.641 6	-11 491.641 6	-11 146.9	-11 146.9	-11 043.5	-11 043.5
-23 854.909 0	-35 346.550 6	-22 471.3	-33 618.2	-22 041.9	-33 085.4
-24 723.475 4	-60 070.026 0	-22 622	-56 240.2	-21 954.4	-55 039.8
-21 694.046 4	-81 764.072 4	-19 264.3	-75 504.5	-18 526.7	-73 566.6
-1 116.526 1	-82 880.598 5	-962.445	-76 467	-916.668	-74 483.2
-1 116.526 1	-83 997.124 6	-934.532	-77 401.5	-882.056	-75 365.3
-441.777 8	-84 438.902 4	-359.165	-77 760.7	-335.309	-75 700.6
-62.257 0	-84 501.159 4	-49.120 8	-77 809.8	-45.447 6	-75 746
473.251 0	-84 027.908 4	362.510 3	-77 447.3	332.222 2	-75 413.8
2 571.194 1	-81 456.714 3	1 912.968	-75 534.3	1 735.556	-73 678.3
2 917.097 8	-78 539.616 4	2 106.145	-73 428.2	1 893.196	-71 785.1
3 263.001 6	-75 276.614 9	2 287.364	-71 140.8	2 036.113	-69 749
3 608.905 3	-71 667.709 6	2 454.056	-68 686.7	2 165.343	-67 583.6
686.928 6	-70 980.781 0	454.059 8	-68 232.7	396.357 8	-67 187.3
4 955.503 6	-66 025.277 4	3 176.478	-65 056.2	2 750.304	-64 437
5 332.853 1	-60 692.424 3	3 322.367	-61 733.8	2 842.411	-61 594.5
5 710.202 6	-54 982.221 7	3 454.673	-58 279.2	2 929.334	-58 665.2
-42 767.447 9	-97 749.669 6	-25 104.5	-83 383.6	-21 084.4	-79 749.6

表10-10(续)

NCF	累计NCF	NCF	累计NCF	NCF	累计NCF
9 254.307 5	-88 495.362 1	5 274.955	-78 108.7	4 386.542	-75 363
11 078.917 9	-77 416.444 2	6 126.642	-71 982	5 051.987	-70 311
11 507.953 4	-65 908.490 8	6 179.771	-65 802.3	5 040.484	-65 270.5
11 936.988 9	-53 971.501 8	6 219.171	-59 583.1	5 025.472	-60 245.1
12 366.024 4	-41 605.477 4	6 257.208	-53 325.9	5 008.24	-55 236.8
12 902.051 2	-28 703.426 2	6 334.907	-46 991	5 031.8	-50 205
14 241.333 6	-14 462.092 6	6 793.116	-40 197.9	5 340.5	-44 864.5
14 703.371 8	241.279 2	6 807.661	-33 390.2	5 293.214	-39 571.3
15 165.410 1		6 824.435	-26 565.8	5 247.232	-34 324.1
15 627.448 3		6 829.195	-19 736.6	5 203.94	-29 120.1
16 089.486 6		6 821.942	-12 914.6	5 148.636	-23 971.5
17 733.776 6		7 288.582	-5 626.06	5 462.003	-18 509.5
18 228.817 6		7 273.298	1 647.239	5 395.73	-13 113.8
18 723.858 5		7 264.857		5 336.3	-7 777.48
19 218.899 5		7 245.525		5 265.978	-2 511.5
19 713.940 5		7 215.302		5 184.766	2 673.264
静态投资回收期	25.983 6	动态投资回收期(3%贴现率)	30.773 5	动态投资回收期(4%贴现率)	33.484 4
动态投资回收期(3.86%贴现率)	33.104 9				

表10-11　TOT特许权转让费为79 259.53 时

年份	R	NCF	3%复利系数	NPV_1	4%复利系数	NPV_2
2011	3 828.949 3	2 871.712 0	0.97	2 785.561	0.961	2 759.715
2012	4 295.507 0	3 221.630 2	0.942	3 034.776	0.924	2 976.786
2013	4 762.064 6	3 571.548 5	0.915	3 267.967	0.888	3 171.535
2014	5 228.622 3	3 921.466 7	0.888	3 482.262	0.854	3 348.933
2015	5 695.180 0	4 271.385 0	0.862	3 681.934	0.821	3 506.807
2016	6 161.737 6	4 621.303 2	0.837	3 868.031	0.79	3 650.83
2017	6 628.295 3	4 971.221 4	0.813	4 041.603	0.759	3 773.157
2018	7 094.852 9	5 321.139 7	0.789	4 198.379	0.73	3 884.432
2019	7 561.410 6	5 671.057 9	0.766	4 344.03	0.702	3 981.083
2020	8 027.968 2	6 020.976 2	0.744	4 479.606	0.675	4 064.159
2021	8 494.525 9	6 370.894 4	0.722	4 599.786	0.649	4 134.71
2 022	8 961.083 5	6 720.812 6	0.701	4 711.29	0.624	4 193.787
2023	9 427.641 2	7 070.730 9	0.68	4 808.097	0.6	4 242.439
2024	9 894.198 8	7 420.649 1	0.661	4 905.049	0.577	4 281.715
2025	10 360.756 5	7 770.567 4	0.641	4 980.934	0.555	4 312.665
2026	10 827.314 1	8 120.485 6	0.623	5 059.063	0.533	4 328.219
2027	11 293.871 8	8 470.403 8	0.605	5 124.594	0.513	4 345.317
2028	11 760.429 4	8 820.322 1	0.587	5 177.529	0.493	4 348.419
2029	12 226.987 1	9 170.240 3	0.57	5 227.037	0.474	4 346.694
2030	12 693.544 7	9 520.158 6	0.553	5 264.648	0.456	4 341.192
				87 042.17		77 992.59

表10-12 TOT特许权转让费为8.9701亿元时

年份	R	NCF	3%复利系数	NPV_1	4%复利系数	NPV_2
2011	4 020.396 8	3 015.297 6	0.97	2 924.839	0.961	2 897.701
2012	4 510.282 3	3 382.711 8	0.942	3 186.514	0.924	3 125.626
2013	5 000.167 9	3 750.125 9	0.915	3 431.365	0.888	3 330.112
2014	5 490.053 4	4 117.540 1	0.888	3 656.376	0.854	3 516.379
2015	5 979.938 9	4 484.954 2	0.862	3 866.031	0.821	3 682.147
2016	6 777.911 4	5 083.433 5	0.837	4 254.834	0.79	4 015.912
2017	7 291.124 8	5 468.343 6	0.813	4 445.763	0.759	4 150.473
2018	7 804.338 2	5 853.253 7	0.789	4 618.217	0.73	4 272.875
2019	8 317.551 6	6 238.163 7	0.766	4 778.433	0.702	4 379.191
2 020	8 830.765 0	6 623.073 8	0.744	4 927.567	0.675	4 470.575
2021	9 768.704 7	7 326.528 6	0.722	5 289.754	0.649	4 754.917
2022	10 305.246 0	7 728.934 5	0.701	5 417.983	0.624	4 822.855
2023	10 841.787 3	8 131.340 5	0.68	5 529.312	0.6	4 878.804
2024	11 378.328 7	8 533.746 5	0.661	5 640.806	0.577	4 923.972
2025	11 914.870 0	8 936.152 5	0.641	5 728.074	0.555	4 959.565
2026	12 992.777 0	9 744.582 7	0.623	6 070.875	0.533	5 193.863
2027	13 552.646 1	10 164.484 6	0.605	6 149.513	0.513	5 214.381
2028	14 112.515 3	10 584.386 5	0.587	6 213.035	0.493	5 218.103
2029	14 672.384 5	11 004.288 4	0.57	6 272.444	0.474	5 216.033
2030	15 232.253 7	11 424.190 3	0.553	6 317.577	0.456	5 209.431
				98 719.31		88 232.91

表 10 – 13　TOT 特许经营评估（方案一）

年份	R	NCF	3%复利系数	NPV_1	4%复利系数	NPV_2
2011		–89 701. 009 1				
2012	4 020. 396 8	3 015. 297 6	0.97	2 924. 838 677	0.961	2 897. 700 998
2013	4 510. 282 3	3 382. 711 8	0.942	3 186. 514 475	0.924	3 125. 625 663
2014	5 000. 167 9	3 750. 125 9	0.915	3 431. 365 206	0.888	3 330. 111 807
2015	5 490. 053 4	4 117. 540 1	0.888	3 656. 375 573	0.854	3 516. 379 211
2016	5 979. 938 9	4 484. 954 2	0.862	3 866. 030 53	0.821	3 682. 147 408
2017	6 777. 911 4	5 083. 433 5	0.837	4 254. 833 859	0.79	4 015. 912 483
2018	7 291. 124 8	5 468. 343 6	0.813	4 445. 763 336	0.759	4 150. 472 782
2019	7 804. 338 2	5 853. 253 7	0.789	4 618. 217 13	0.73	4 272. 875 165
2020	8 317. 551 6	6 238. 163 7	0.766	4 778. 433 405	0.702	4 379. 190 927
2021	8 830. 765 0	6 623. 073 8	0.744	4 927. 566 89	0.675	4 470. 574 8
2022	9 768. 704 7	7 326. 528 6	0.722	5 289. 753 621	0.649	4 754. 917 036
2023	10 305. 246 0	7 728. 934 5	0.701	5 417. 983 11	0.624	4 822. 855 151
2024	10 841. 787 3	8 131. 340 5	0.68	5 529. 311 548	0.6	4 878. 804 307
2025	11 378. 328 7	8 533. 746 5	0.661	5 640. 806 428	0.577	4 923. 971 723
	11 914. 870 0	8 936. 152 5	0.641	5 728. 073 729	0.555	4 959. 564 617

表 10－13（续）

年份	R	NCF	3%复利系数	NPV_1	4%复利系数	NPV_2
2026	12 992.777 0	9 744.582 7	0.623	6 070.875 034	0.533	5 193.862 589
2027	13 552.646 1	10 164.484 6	0.605	6 149.513 187	0.513	5 214.380 603
2028	14 112.515 3	10 584.386 5	0.587	6 213.034 872	0.493	5 218.102 541
2029	14 672.384 5	11 004.288 4	0.57	6 272.444 377	0.474	5 216.032 693
2030	15 232.253 7	11 424.190 3	0.553	6 317.577 219	0.456	5 209.430 763
2031	16 450.128 0	12 337.596 0	0.537	6 625.289 05	0.438	5 403.867 046
2032	17 033.325 1	12 774.993 8	0.521	6 655.771 767	0.421	5 378.272 388
2033	17 616.522 1	13 212.391 6	0.506	6 685.470 147	0.405	5 351.018 596
2034	18 199.719 2	13 649.789 4	0.491	6 702.046 593	0.39	5 323.417 864
2035	18 782.916 3	14 087.187 2	0.477	6 719.588 292	0.375	5 282.695 198
2036	20 140.758	15 105.568 4	0.463	6 993.878 166	0.36	5 438.004 622
2037	20 747.283	15 560.4621	0.45	7 002.207 947	0.346	5 383.919 888
2038	21 353.808	16 015.355 8	0.437	6 998.710 492	0.333	5 333.113 487
2039	21 960.333	16 470.249 5	0.424	6 983.385 8	0.32	5 270.479 849
2040	22 566.858	16 925.143 2	0.411	6 956.233 871	0.308	5 212.944 118
$IRR = 6.04\%$		$NPV(3.86\%) = 55\ 470.01$		77 340.89		51 909.64

表 10－14　TOT 特许权转让费为 9.841 8 亿元时

年份	R	NCF	3%复利系数	NPV_1	4%复利系数	NPV_2
2011	5 473.181 1	4 104.885 8	0.97	3 981.739	0.961	3 944.795
2012	5 819.084 8	4 364.313 6	0.942	4 111.183	0.924	4 032.626
2013	6 164.988 6	4 623.741 5	0.915	4 230.723	0.888	4 105.882
2014	6 510.892 3	4 883.169 2	0.888	4 336.254	0.854	4 170.227
2015	3 588.915 6	2 691.686 7	0.862	2 320.234	0.821	2 209.875
2016	7 857.490 6	5 893.118 0	0.837	4 932.54	0.79	4 655.563
2017	8 234.840 1	6 176.130 1	0.813	5 021.194	0.759	4 687.683
2018	8 612.189 6	6 459.142 2	0.789	5 096.263	0.73	4 715.174
2019	8 989.539 1	6 742.154 3	0.766	5 164.49	0.702	4 732.992
2020	9 254.307 5	6 940.730 6	0.744	5 163.904	0.675	4 684.993
2021	11 078.917 9	8 309.188 4	0.722	5 999.234	0.649	5 392.663
2022	11 507.953 4	8 630.965 1	0.701	6 050.307	0.624	5 385.722
2023	11 936.988 9	8 952.741 7	0.68	6 087.864	0.6	5 371.645
2024	12 366.024 4	9 274.518 3	0.661	6 130.457	0.577	5 351.397
2025	12 902.051 2	9 676.538 4	0.641	6 202.661	0.555	5 370.479
2026	14 241.333 0	10 681.000 2	0.623	6 654.263	0.533	5 692.973
2027	14 703.371 8	11 027.528 9	0.605	6 671.655	0.513	5 657.122
2028	15 165.410 1	11 374.057 6	0.587	6 676.572	0.493	5 607.41
2029	15 627.448 3	11 720.586 2	0.57	6 680.734	0.474	5 555.558
2030	16 089.486 6	12 067.115 0	0.553	6 673.115	0.456	5 502.604
				108 185.4		96 827.38

表10-15 TOT 特许经营评估(方案二)

年份	R	NCF	3%复利系数	NPV_1	4%复利系数	NPV_2
2011	5 473.181 1	-98 417.504 6				
2012	5 819.084 8	4 104.885 8	0.97	3 981.739 25	0.961	3 944.795 278
2013	6 164.988 6	4 364.313 6	0.942	4 111.183 411	0.924	4 032.625 766
2014	6 510.892 3	4 623.741 5	0.915	4 230.723 427	0.888	4 105.882 408
2015	3 588.915 6	4 883.169 2	0.888	4 336.254 272	0.854	4 170.226 518
2016	7 857.490 6	2 691.686 7	0.862	2 320.233 935	0.821	2 209.874 781
2017	8 234.840 1	5 893.118 0	0.837	4 932.539 724	0.79	4 655.563 181
2018	8 612.189 6	6 176.130 1	0.813	5 021.193 751	0.759	4 687.682 727
2019	8 989.539 1	6 459.142 2	0.789	5 096.263 196	0.73	4 715.173 806
2020	9 254.307 5	6 742.154 3	0.766	5 164.490 213	0.702	4 732.992 336
2021	11 078.917 9	6 940.730 6	0.744	5 163.903 585	0.675	4 684.993 172
2022	11 507.953 4	8 309.188 4	0.722	5 999.234 043	0.649	5 392.663 288
2023	11 936.988 9	8 630.965 1	0.701	6 050.306 5	0.624	5 385.722 191
2024	12 366.024 4	8 952.741 7	0.68	6 087.864 339	0.6	5 371.645 005
2025	12 902.051 2	9 274.518 3	0.661	6 130.456 596	0.577	5 351.397 059
		9 676.538 4	0.641	6 202.661 114	0.555	5 370.478 812

表 10 - 15（续）

年份	R	NCF	3%复利系数	NPV_1	4%复利系数	NPV_2
2026	14 241.333 6	10 681.000 2	0.623	6 654.263 125	0.533	5 692.973 107
2027	14 703.371 8	11 027.528 9	0.605	6 671.654 954	0.513	5 657.122 3
2028	15 165.410 1	11 374.057 6	0.587	6 676.571 797	0.493	5 607.410 384
2029	15 627.448 3	11 720.586 2	0.57	6 680.734 148	0.474	5 555.557 871
2030	16 089.486 6	12 067.115 0	0.553	6 673.114 567	0.456	5 502.604 417
2031	17 733.776 6	13 300.332 5	0.537	7 142.278 526	0.438	5 825.545 613
2032	18 228.817 6	13 671.613 2	0.521	7 122.910 477	0.421	5 755.749 157
2033	18 723.858 5	14 042.893 9	0.506	7 105.704 301	0.405	5 687.372 019
2034	19 218.899 5	14 414.174 6	0.491	7 077.359 741	0.39	5 621.528 104
2035	19 713.940 5	14 785.455 4	0.477	7 052.662 214	0.375	5 544.545 766
2036	21 556.247	16 167.185 2	0.463	7 485.406 735	0.36	5 820.186 663
2037	22 084.291	16 563.218 0	0.45	7 453.448 08	0.346	5 730.873 413
2038	22 612.334	16 959.250 7	0.437	7 411.192 573	0.333	5 647.430 496
2039	23 140.378	17 355.283 5	0.424	7 358.640 213	0.32	5 553.690 727
2040	23 668.422	17 751.316 3	0.411	7 295.7910 01	0.308	5 467.405 422
IRR = 6.02%			$NPV(3.86\%) = 58\ 873.48$	82 273.28		55 064.21

表 10-16　TOT 特许权转让费为 9.75 亿元时

年份	R	NCF	2%复利系数	NPV
2011	3 828.949 3	2 871.712 0	0.98	2 814.277 765
2012	4 295.507 0	3 221.630 2	0.961	3 095.986 665
2013	4 762.064 6	3 571.548 5	0.942	3 364.398 672
2014	5 228.622 3	3 921.466 7	0.923	3 619.513 786
2015	5 695.180 0	4 271.385 0	0.905	3 865.603 392
2016	6 161.737 6	4 621.303 2	0.887	4 099.095 941
2017	6 628.295 3	4 971.221 4	0.87	4 324.962 655
2018	7 094.852 9	5321.139 7	0.853	4 538.932 149
2019	7 561.410 6	5 671.057 9	0.836	4 741.004 422
2020	8 027.968 2	6 020.976 2	0.82	4 937.200 452
2021	8 494.525 9	6 370.894 4	0.804	5 122.199 098
2022	8 961.083 5	6 720.812 6	0.788	5 296.000 361
2023	9 427.641 2	7 070.730 9	0.773	5 465.674 97
2024	9 894.198 8	7 420.649 1	0.757	5 617.431 384
2025	10 360.756 5	7 770.567 4	0.743	5 773.531 548
2026	10 827.314 1	8 120.485 6	0.728	5 911.713 516
2027	11 293.871 8	8 470.403 8	0.714	6 047.868 341
2028	11 760.429 4	8 820.322 1	0.7	6 174.225 455
2029	12 226.987 1	9 170.240 3	0.686	6 290.784 858
2030	12 693.544 7	9 520.158 6	0.672	6 397.546 55

特许权转让费 = 97 497.951 98

表 10 - 17　TOT 特许经营评估（方案四）

年份	R	NCF	2%复利系数	NPV
2011	3 828.949 3	-97 497.952 0		
2012	4 295.507 0	2 365.524 9	0.98	2 318.214 404
2013	4 762.064 6	2 653.764 2	0.961	2 550.267 415
2014	5 228.622 3	2 942.003 5	0.942	2 771.367 333
2015	5 695.180 0	3 230.242 9	0.923	2 981.514 156
2016	6 161.737 6	3 518.482 2	0.905	3 184.226 367
2017	6 628.295 3	3 806.721 5	0.887	3 376.561 963
2018	7 094.852 9	4 094.960 8	0.87	3 562.615 904
2019	7 561.410 6	4 383.200 1	0.853	3 738.869 709
2020	8 027.968 2	4 671.439 4	0.836	3 905.323 376
2021	8 494.525 9	4 959.678 8	0.82	4 066.936 586
2022	8 961.083 5	5 247.918 1	0.804	4 219.326 137
2023	9 427.641 2	5 536.157 4	0.788	4 362.492 03
2024	9 894.198 8	5 824.396 7	0.773	4 502.258 662
2025	10 360.756 5	6 112.636 0	0.757	4 627.265 478
		6 400.875 4	0.743	4 755.850 387

表 10-17（续）

年份	R	NCF	2%复利系数	NPV
2026	10 827.314 1	6 689.114 7	0.728	4 869.675 48
2027	11 293.871 8	6 977.354 0	0.714	4 981.830 748
2028	11 760.429 4	7 265.593 3	0.7	5 085.915 314
2029	12 226.987 1	7 553.832 6	0.686	5 181.929 18
2030	12 693.544 7	7 842.071 9	0.672	5 269.872 345
2031	13 160.102 4	8 130.311 3	0.659	5 357.875 12
2032	13 626.660 0	8 418.550 6	0.646	5 438.383 673
2033	14 093.217 7	8 706.789 9	0.634	5 520.104 794
2034	14 559.775 4	8 995.029 2	0.621	5 585.913 142
2035	15 026.333 0	9 283.268 5	0.609	5 653.510 536
2036	15 492.890 7	9 571.507 8	0.597	5 714.190 186
2037	15 959.448 3	9 859.747 2	0.585	5 767.952 093
2038	16 426.006	10 147.986 5	0.574	5 824.944 243
2039	16 892.563 6	10 436.225 8	0.563	5 875.595 127
2040	17 359.121 3	10 724.465 1	0.552	5 919.904 747
				39 472.734 7

IRR = 3.868%

表 10 - 18　TOT 特许权转让费 11.085 6 亿元时

年份	R	NCF	2%复利系数	NPV
2011	4 020.396 8	3 015.297 6	0.98	2 954.991 653
2012	4 510.282 3	3 382.711 8	0.961	3 250.785 998
2013	5 000.167 9	3 750.125 9	0.942	3 532.618 606
2014	5 490.053 4	4 117.540 1	0.923	3 800.489 475
2015	5 979.938 9	4 484.954 2	0.905	4 058.883 561
2016	6 777.911 4	5 083.433 5	0.887	4 509.005 535
2017	7 291.124 8	5 468.343 6	0.87	4 757.458 92
2018	7 804.338 2	5 853.253 7	0.853	4 992.825 364
2019	8 317.551 6	6 238.163 7	0.836	5 215.104 865
2020	8 830.765 0	6 623.073 8	0.82	5 430.920 497
2021	9 768.704 7	7 326.528 6	0.804	5 890.528 963
2022	10 305.246 0	7 728.934 5	0.788	6 090.400 415
2023	10 841.787 3	8 131.340 5	0.773	6 285.526 216
2024	11 378.328 7	8 533.746 5	0.757	6 460.046 091
2025	11 914.870 0	8 936.152 5	0.743	6 639.561 28
2026	12 992.777 0	9 744.582 7	0.728	7 094.056 219
2027	13 552.646 1	10 164.484 6	0.714	7 257.442 009
2028	14 112.515 3	10 584.386 5	0.7	7 409.070 546
2029	14 672.384 5	11 004.288 4	0.686	7 548.941 829
2030	15 232.253 7	11 424.190 3	0.672	7 677.055 861

特许权转让费 = 110 855.71

表 10 - 19　TOT 特许经营评估(方案五)

年份	R	NCF	2%复利系数	NPV	IRR
2011	4 020.396 8	-110 855.713 9			
2012	4 510.282 3	2 483.801 1	0.98	2 434.125 124	
2013	5 000.167 9	2 786.452 4	0.961	2 677.780 786	
2014	5 490.053 4	3 089.103 7	0.942	2 909.935 699	
2015	5 979.938 9	3 391.755 0	0.923	3 130.589 864	
2016	6 777.911 4	3 694.406 3	0.905	3 343.437 686	
2017	7 291.124 8	4 187.393 6	0.887	3 714.218 159	
2018	7 804.338 2	4 504.456 9	0.87	3 918.877 495	
2019	8 317.551 6	4 821.520 1	0.853	4 112.756 68	
2020	8 830.765 0	5 138.583 4	0.836	4 295.855 714	
2021	9 768.704 7	5 455.646 6	0.82	4 473.630 244	
2022	10 305.246 0	6 035.105 8	0.804	4 852.225 058	
2023	10 841.787 3	6 366.581 0	0.788	5 016.865 835	
2024	11 378.328 7	6 698.056 2	0.773	5 177.597 462	
2025	11 914.870 0	7 029.531 4	0.757	5 321.355 3	
		7 361.006 7	0.743	5 469.227 945	

表 10 - 19（续）

年份	R	NCF	2%复利系数	NPV	IRR
2026	12 992.777 0	8 026.937 6	0.728	5 843.610 576	
2027	13 552.646 1	8 372.824 8	0.714	5 978.196 897	
2028	14 112.515 3	8 718.712 0	0.7	6 103.098 377	
2029	14 672.384 5	9 064.599 1	0.686	6 218.315 016	
2030	15 232.253 7	9 410.486 3	0.672	6 323.846 814	
2031	16 450.128 0	10 162.889 1	0.659	6 697.343 901	
2032	17 033.325 1	10 523.188 2	0.646	6 797.979 592	
2033	17 616.522 1	10 883.487 4	0.634	6 900.130 993	
2034	18 199.719 2	11 243.786 5	0.621	6 982.391 427	
2035	18 782.916 3	11 604.085 7	0.609	7 066.888 17	
2036	20 140.757 9	12 442.960 2	0.597	7 428.447 242	
2037	20 747.282 8	12 817.671 3	0.585	7 498.337 721	
2038	21 353.807 8	13 192.382 4	0.574	7 572.427 515	
2039	21 960.332 7	13 567.093 5	0.563	7 638.273 665	
2040	22 566.857 7	13 941.804 7	0.552	7 695.876 171	
				52 737.929 2	0.040 287

表 10-20 TOT 特许权转让费为 12.132 7 亿元时

年份	R	NCF	2%复利系数	NPV
2011	5 473.181 1	4 104.885 8	0.98	4 022.788 109
2012	5 819.084 8	4 364.313 6	0.961	4 194.105 37
2013	6 164.988 6	4 623.741 5	0.942	4 355.564 446
2014	6 510.892 3	4 883.169 2	0.923	4 507.165 195
2015	3 588.915 6	2 691.686 7	0.905	2 435.976 464
2016	7 857.490 6	5 893.118 0	0.887	5 227.195 622
2017	8 234.840 1	6 176.130 1	0.87	5 373.233 165
2018	8 612.189 6	6 459.142 2	0.853	5 509.648 297
2019	8 989.539 1	6 742.154 3	0.836	5 636.441 016
2020	9 254.307 5	6 940.730 6	0.82	5 691.399 113
2021	11 078.917 9	8 309.188 4	0.804	6 680.587 494
2022	11 507.953 4	8 630.965 1	0.788	6 801.200 459
2023	11 936.988 9	8 952.741 7	0.773	6 920.469 315
2024	12 366.024 4	9 274.518 3	0.757	7 020.810 353
2025	12 902.051 2	9 676.538 4	0.743	7 189.668 031
2026	14 241.333 6	10 681.000 2	0.728	7 775.768 146
2027	14 703.371 8	11 027.528 9	0.714	7 873.655 599
2028	15 165.410 1	11 374.057 6	0.7	7 961.840 303
2029	15 627.448 3	11 720.586 2	0.686	8 040.322 15
2030	16 089.486 6	12 067.115 0	0.672	8 109.101 246

特许权转让费 = 121 326.94

表 10 – 21　TOT 特许经营评估（方案六）

年份	R	NCF	2%复利系数	NPV	IRR
2011	5 473. 181 1	– 121 326. 939 9			
2012	5 819. 084 8	3 381. 331 3	0. 98	3 313. 704 658	
2013	6 164. 988 6	3 595. 030 6	0. 961	3 454. 824 396	
2014	6 510. 892 3	3 808. 730 0	0. 942	3 587. 823 62	
2015	3 588. 915 6	4 022. 429 3	0. 923	3 712. 702 21	
2016	7 857. 490 6	2 217. 232 1	0. 905		
2017	8 234. 840 1	4 854. 357 7	0. 887	4 305. 815 273	
2018	8 612. 189 6	5 087. 484 2	0. 87	4 426. 111 266	
2019	8 989. 539 1	5 320. 610 7	0. 853	4 538. 480 957	
2020	9 254. 307 5	5 553. 737 3	0. 836	4 642. 924 346	
2021	11 078. 917 9	5 717. 311 2	0. 82	4 688. 195 162	
2022	11 507. 953 4	6 844. 555 5	0. 804	5 503. 022 605	
2023	11 936. 988 9	7 109. 613 6	0. 788	5 602. 375 525	
2024	12 366. 024 4	7 374. 671 7	0. 773	5 700. 621 257	
2025	12 902. 051 2	7 639. 729 9	0. 757	5 783. 275 515	
		7 970. 887 2	0. 743	5 922. 369 213	

表 10 - 21(续)

年份	R	NCF	2%复利系数	NPV	IRR
2026	14 241.333 6	8 798.295 9	0.728	6 405.159 414	
2027	14 703.371 8	9 083.743 1	0.714	6 485.792 572	
2028	15 165.410 1	9 369.190 4	0.7	6 558.433 252	
2029	15 627.448 3	9 654.637 6	0.686	6 623.081 366	
2030	16 089.486 6	9 940.084 8	0.672	6 679.737	
2031	17 733.776 6	10 955.927 2	0.659	7 219.956 014	
2032	18 228.817 6	11 261.763 5	0.646	7 275.099 23	
2033	18 723.858 5	11 567.599 8	0.634	7 333.858 261	
2034	19 218.899 5	11 873.436 1	0.621	7 373.403 825	
2035	19 713.940 5	12 179.272 4	0.609	7 417.176 917	
2036	21 556.246 9	13 317.449 3	0.597	7 950.517 252	
2037	22 084.290 6	13 643.674 7	0.585	7 981.549 722	
2038	22 612.334 3	13 969.900 1	0.574	8 018.722 681	
2039	23 140.378	14 296.125 5	0.563	8 048.718 682	
2040	23 668.421 7	14 622.350 9	0.552	8 071.537 724	
				55 304.645 0	0.039 901

10.4 结　论

BOT 项目评估结果显示,该项目投资回收期为 28.51 年,至 2010 年年底,项目持续 8.5 年(包括建设期)。若 2011 年初转让,达到项目投资回收期还将持续 20 年。计算 2011—2030 年个旧 – 大屯公路隧道项目的年净现金流量,经折现加总后倒挤得出特许权转让费为 6.523 亿元。通过对项目主体的分析,得出项目的关键问题为 BOT 模式经营不善,需要进行再次转让,这也符合研究初项目 BOT 转 BT 转 TOT 的运营模式。

以 BT 融资模式进行回购,经测算得出,红河州政府回购价为 8.79 亿元,政府回购后,再次以 TOT 形式移交出去,实现多方共赢。

第 11 章　PPP 项目集成融资
实施对策与建议

2008 年,为配合中央政府"四万亿"投资计划,云南省各级政府纷纷以基础建设项目为重点,以投资拉动经济增长。公共基础设施建设任务使地方政府背上巨额债务,资金短缺成了制约公共基础设施建设的最大瓶颈,制约了地方经济发展。

2014 年 10 月,国务院常务会议提出积极推广政府与社会资本合作(PPP)模式,随后下发《国务院关于创新重点领域投融资机制鼓励社会投资的指导意见》(国发〔2014〕60 号),在生态、水利、基础设施、交通、能源等领域,鼓励社会资本参与投资,旨在盘活存量、服务国家生产力布局,促进重点领域建设,增加公共产品有效供给。根据国发〔2014〕60 号文件精神,结合云南省实际,云南省政府发布了《云南省创新重点领域投融资机制鼓励社会投资的实施意见》(云政发〔2015〕31 号)以建立健全 PPP 模式,促进政府与社会资本建立利益共享、风险分担及长期合作关系。

然而,PPP 公共基础设施融资项目周期长达 20 至 30 年,项目内外部环境变幻莫测,PPP 项目合同重新谈判普遍存在。模糊具体模式分类而笼统使用 PPP 这一名称,也阻碍了 PPP 的推广。

11.1　PPP 项目融资问题分析

PPP 融资模式较为复杂,涉及设计、建设、运营、维护等多个环节,对政府的监管能力、社会资本的经营和掌控能力提出了极大的挑战。我省项目融资尚处于起步阶段,政策体系、管理水平和市场体系等,都存在许多亟待完善的地方。主要体现在:

11.1.1 主管机构交叉重叠,权责利界限难分清

PPP 涉及的部门众多,例如:管项目的发改委,管财政的财政厅,管城市建设的住建厅,但谁是 PPP 的第一主管机构,并没有明确界定,尤其是财政和发改之间存在较大的权责重叠。在实际操作中,一个管项目,一个管资金,哪个都绕不开,同时双方在推广 PPP 的思路上还是有明显区别:财政厅注重"稳",发改委注重"推"。

11.1.2 上位法体系不完善,下位法冲突

在"法律规范 + 配套政策 + 操作指引"的框架体系的指引下,近年来,项目相关政策密集出台,政策体系逐步完善,为项目融资的操作实施提供了相应的指导。但权威的项目融资立法尚未出台,项目融资政策体系上位法体系未建立、下位法重复冲突,导致"两标并一标"执行标准不一,"二次招标""二次谈判"普遍存在。

11.1.3 项目融资概念模糊,项目融资模式错用套用明显

财政部主张的是广义 PPP,而发改委考虑到特许经营的内涵和外延更容易把握,采用了特许经营的概念,从而导致 PPP 与特许经营关系模糊,这是争议产生的源泉。鉴于国内的特许经营范围大大扩展,且一直未有清晰的界定,官方文件亦多将 PPP 与特许经营混为一谈,但是从理论上,二者并不尽相同,尚存一定的争议。

11.1.4 地方政府信用缺位,契约意识淡薄,社会资本顾虑重重

在地方财政压力剧增、融资渠道萎缩的背景下,很多地方政府只是将 PPP 模式视作一种新的融资工具,并试图将债务杠杆强加给社会资本。在 PPP 的推广进程中,重准入保障,轻退出安排。"收益共享、风险共担"念并未得到正确的阐释。主要包括政策变更、政府兑现和政府换届三类风险。现有政策对社会资本退出机制的安排,偏重于非正常情形下的临时接管等,对正常情形下社会资本方的退出方面,规范和细化较少新意,亟待补充完善。

11.1.5　配套改革和制度建设不到位,社会资本参与运营十分被动

配套改革和制度建设尚不到位,使社会资本运营时十分被动,困难重重。主要表现为市政公用相关领域价费体系较为模糊,财政补贴机制尚未完善,制约社会资本投资回报的合理测算。非经营性项目,需要政府根据项目产生的社会效益,给予相应的补贴,即"影子付费",但现有市政公用领域价费体系和财政补贴机制尚不健全,未形成城镇供水、供气行业上下游价格联动机制,导致全面的测算难以推进,无法为社会资本提供合理的投资回报。

11.1.6　公共基础设施项目用地政策尚未明确,项目土地取得困难

项目用地政策尚未明确,项目公司项目土地使用权取得困难,招拍挂方式操作和认识不统一。

目前,项目土地的获得渠道有划拨、出让、租赁和作价出资或入股4种模式。如果采用招拍挂方式,除了要支付相应的土地出让金外,还有一些顾虑,特许经营权的招标和项目土地使用权的招拍挂是分开的两个流程,并不能保障获得项目特许经营权的社会资本能同时竞得土地使用权,从而增加了项目的不确定性。

11.1.7　非公共基础设施项目收益偏低,社会资本参与度不高

对于市政设施等公共基础设施项目,收益偏低,收益率一般为6%～8%,对社会资本而言,相对于前期巨额的资金投入,收益偏低,吸引力不足。

2014年民营企业500强的分析报告显示其净资产收益率平均水平为14.04%,虽然近期在经济下行的压力下,该数据会有所下调,但还是会超过目前大多数公共基础设施项目能带来的回报,导致社会资本尤其是民企对公共基础设施项目的参与积极性不高。

11.1.8　金融工具和市场不完善,融资渠道不通畅

PPP项目所需的资金量大、周期长,对社会资本的资金筹集能力提出了极大的考验。公共基础设施融资项目资产权属不清,项目公司对项目土地只有使用权,同时公共基础设施融资项目多为在建项目,融资难、融资成本高依旧是掣

肘公共基础设施项目融资发展的关键因素,主要体现为:期限错配,融资方式较为单一和抵押增信不足三方面。

11.1.9　公共基础设施融资项目监管环节相对滞后,导致隐患突显、问题频发

PPP 运行过程中监管意识较为薄弱,主要表现为:一是地方政府的监管意识不足,重融资轻管理,导致一些社会资本方利用监管漏洞;二是公共基础设施项目牵涉市政、交通、财政、发改多个部门,经常出现"重复审批"的问题,导致公共基础设施项目审批决策周期长、时间成本高;三是绩效评价体系缺失,社会公众的监督缺失,绩效评价流于形式。

11.1.10　缺乏专业人才和中介服务机构,公共基础设施融资方案设计水平不高

公共基础设施融资项目涵盖的领域广,项目实施较为复杂,在公共基础设施项目融资的全生命周期中所需的核心文本众多,包括实施方案、物有所值评价报告、财政承受能力论证报告、项目合同等,要求从业人员具备经济、财会、金融、工程等方面的专业知识积累。项目融资咨询服务机构专业能力参差不齐,项目融资中介服务市场鱼龙混杂、乱象丛生,普遍存在对项目融资咨询服务的认识不足、重视不够,没有聘请专业第三方咨询机构的意识等问题。

11.2　推动 PPP 项目集成融资对策措施及政策建议

11.2.1　深化改革,推进公共基础设施项目融资公私合作发展

PPP 将原本由政府独自提供的基础设施和公共服务建设转由政府和社会资本合作,是一个不断创新的过程,包括理论创新、治理创新、制度创新、模式创新等,所以在 PPP 项目的推进过程中,应循序渐进地推进改革,深化改革,确保配套改革同步推进,健全财政补贴机制,保障社会资本的合法权益。具体措施如下。

1. 拓展公共基础设施融资渠道

由于基础设施通常投资规模大、周期长、收益稳定但偏低,建议现阶段应加

快构建具有规模、成本和时间优势的长期资金支持体系,进一步放开和支持社保基金、保险资金等投资基础设施,同时鼓励更多的市场化、专业化投资机构参与公共基础设施投资。具体措施如下:一是进一步改革投融资体制。真正建立起"政府引导、社会参与、市场运作"的社会投资增长机制,运用多种融资手段,实现投资主体多元化、资金来源多渠道、投资方式多样化、项目建设市场化的新型投融资体制;二是完善投融资政策,严格界定政府投资范围,完善科学决策程序,建立政府投资决策咨询评估制度,实现政府投资管理的科学化、民主化和法制化;三是完善投融资运行机制,建立科学的项目决策机制、责权利相结合的项目法人责任机制、全过程的项目风险控制机制和项目投资的退出机制。

2. 创新公共基础设施多元化投资运营机制

一是鼓励社会资本参与公共基础设施建设。推进公共基础设施管理体制改革,推进公共基础设施建设主体多元化。鼓励社会资本积极参与公共基础设施建设和运营,通过特许经营、投资补助、政府购买服务等多种方式,鼓励社会资本投资公共基础设施项目,政府依法选择符合要求的经营者。

二是保障公共基础设施工程投资合理收益。社会资本投资建设或运营管理公共基础设施工程的,与国有、集体投资项目享有同等政策待遇,可以依法获取相应经营收益;对承担公益性任务的,政府可对工程建设投资、维修养护和管护经费等给予适当补助,并落实优惠政策。

三是推进公共基础设施投资运营市场化,完善特许经营收费价格形成、调整机制。建立公平开放透明的市场规则,加快改进公共基础设施价格形成、调整和补偿机制,使经营者能够获得合理收益。实行上下游价格调整联动机制,价格调整不到位时,地方政府可根据实际情况安排财政性资金对企业运营进行合理补偿。

3. 改善公共基础设施融资机制

一是积极推广公共基础设施PPP融资模式。认真总结经验,加强政策引导,规范选择项目合作伙伴,引入社会资本。二是规范合作关系保障各方利益。平衡好社会公众与投资者利益关系,既要保障社会公众利益不受损害,又要保障经营者合法权益。三是健全风险防范和监督机制。政府和投资者应对PPP融资项目可能产生的风险进行充分论证,完善合同设计,健全纠纷解决和风险防范机制。建立独立、透明、可问责、专业化的PPP融资项目监管体系。加强投资监督管理,建立责任追究制度和权力制衡机制,加强项目跟踪协调管理,完善稽查制度。四是统一市场准入,健全退出机制。创新投资运营机制,扩大社会资本投资途径;优化政府投资使用方向和方式,发挥引导带动作用;创新融资方式,拓宽融资渠道;明确 PPP 融资项目退出路径,健全和完善 PPP 项目投融资退出机制,保障项目持续稳定运行。

4. 健全公共基础设施融资法律法规体系

从国家层面上,一是化解争议,统一立法。从法律上明确项目主管与参与机构,协调完善立法工作。理顺职能部门分工,形成中央和地方统一、明确的管理权属,有效厘清责任和义务。二是填充空白,完善项目融资立法。对于法律中关于项目融资的盲区,如土地、税收、审计等问题,应及时关注,完善补充,避免争议的产生。

从云南省层面上,尽快制定省政府规章,省人大常委会尽快通过相关地方性法规,特别是完善公共基础设施项目用地政策,保障项目用地。一是规定 PPP 融资模式的适用范围和条件。二是规定公共基础设施融资项目的运作程序,包括标准操作程序及其实施细则。三是明确公共基础设施融资项目参与主体范围,界定各个法律关系的性质和内容,规范当事人之间的权利和义务。四是规定公共基础设施项目融资模式主管机构、明确其职责和权限,并规定具体的运作程序。

5. 完善公共基础设施融资配套政策

建议完善公共基础设施项目融资市场,积极吸引整合包括银行、证券、保险、信托、社保基金等的金融资源,构建涵盖股权投资、信贷、担保、保险的多层次的 PPP 融资市场。一是构建公共基础设施 PPP 融资项目融资补偿机制,吸引社会投资者参与。建立贷款财政贴息政策、完善贷款风险分担机制、建立项目融贷款财政奖励制度。二是建立城乡统筹的农村公共财政体系,增加公共财政投入到公共基础设施 PPP 融资项目中,充分发挥财政补贴和财政引导功能。三是发挥正规金融机构的金融支持作用,健全担保和保险体系,设立公共基础设施融资项目建设、再建融资担保专项基金。

6. 建立健全融资模式可行性评价机制

一是加强对公共基础设施融资项目进行可行性研究。建议从社会效益和项目经济效益两方面评估项目可行性。二是加强对公共基础设施引入 PPP 模式进行可行性研究。建议从宏观经济环境、政策环境、项目技术与管理水平、项目社会与经济效益等方面对项目引入 PPP 模式进行可行性研究,避免 PPP 模式错用、滥用。

11.2.2　科学决策,提高公共基础设施项目融资管理水平

针对公共基础设施项目融资监管问题,建议首先明确公共基础设施项目融资的主管部门,强化监管意识,理顺项目的操作流程;其次,建立公共基础设施项目融资审批机制,在前期手续办理上实行联审联批,提高审查效率,简化操作程序;最后,在绩效评价环节中加入社会公众的评价指标,督促社会资本提高服务的质量和效率。具体措施包括:

1. 建立科学的项目融资决策和监督管理机制

一是建立科学的决策和监督管理机制,完善审批和建设程序;二是加强投融资项目综合集成管理,规范项目融资管理程序,完善公共基础设施项目融资监管制度;三是完善项目评审程序,包括:立项审批制度、项目评审程序、政府采购招投标制度、项目管理制度和项目评估制度等。四是科学决策、合理选择公共基础设施融资标的。

2. 建立健全项目融资管理机构

一是建立云南省公共基础设施融资管理组织机构,统一协调指导云南省公共基础设施项目融资管理,成立专家委员会对公共基础设施项目融资管理提供决策咨询建议。二是建议成立云南省公共基础设施融资管理领导小组,领导小组下设公共基础设施融资管理办公室。三是成立项目融资专家委员会,对公共基础设施项目融资管理提供决策咨询建议。四是成立项目融资研究中心,就云南省经营性公共产品与公共服务的供给、制度创新、组织管理、投融资模式等进行前瞻性、战略性和基础性的研究,并提供可操作的规划设计与解决方案。

3. 建立有效的项目融资人才培养机制

一是培育建设项目融资相关学科,以研究和人才培养为引领,联合培养项目融资方向的本科、硕士、博士人才,发表高水平的学术论文与著作。二是成立项目融资培训中心,重点为云南省地方政府官员、政府平台公司负责人及相关涉及融资业务的民营企业管理者提供专业化的培训教育。三是举办专业化、国际化的 PPP 培训和学术论坛。

4. 建立激励机制营造良好融资环境

一是树立契约精神,构建完善的项目融资法律制度环境。二是制定科学灵活的发展战略,结合实际科学选择、匹配、转换 PPP 模式,充分发挥 PPP 的优势。三是设计合理的利益分配原则,合理确定社会资本收益水平,通过合理确定定价机制、调价机制、财政补贴等事先公开的收益规则,探索稳定合理的投资回报机制。四是强化政府监管职能,应保证 PPP 项目的全寿命周期内,政府监督管理角色不缺位,实现全过程的监督管理。

5. 积极推广运用 PPP 项目融资模式

一是"消除障碍,明确规则",构建适宜 PPP 融资模式发展的制度环境。各级地方政府要积极推动构建有利于鼓励和引导社会资本参与项目融资项目建设的制度环境,充分调动各类社会资本的积极性,实现多层次、多样化发展。二是"抓出样板,树立标杆",先试先行开展 PPP 项目融资试点、示范工作。三是"增进共识,提高能力",认真做好 PPP 项目融资的宣传、培训工作,形成良好的市场与社会氛围。

6. 搭建"互联网＋"大数据 PPP 融资监管信息平台

利用"互联网＋"技术,搭建公共基础设施项目融资大数据信息平台,为 PPP 项目各个环节提供数据支持,指导和鼓励社会资本的积极参与。为地方政府、企业、金融机构、咨询机构、专家学者等提供一个最权威、准确的项目库,方便项目参与者查询云南省公共基础设施项目总量、投资总额和行业分布等总体信息,以及每个项目的名称、所在地、投资额、合作年限、所聘请的咨询机构、所处项目实施阶段等项目信息,用大数据的方式高效、便捷地推广和规范云南省 PPP 改革发展,为公共基础设施 PPP 融资模式选择、匹配及转换提供信息支持。

11.2.3   规范高效,提高公共基础设施项目融资运营水平

1. 提升风险管理水平,合理分担项目风险

加强风险意识,有效地进行公共基础设施融资项目风险识别和选取适当的风险量化方法,对 PPP 融资项目中的风险进行合理分担,确保各参与方利益,提高风险管理水平。一是建立健全风险评估机制;二是建立健全风险分担机制;三是建立动态风险集成管理机制。

2. 尊重契约精神,规范合同管理

政府要有契约精神,提高契约意识,秉承"收益共享、风险共担"的合作理念,履行合同约定,保障 PPP 项目的顺利推进。政府要从"管理者"变为"监督者""合作者",政府和社会资本要在平等协商、依法合规的基础上达成合作关系,激发社会资本活力和效率。

加强对项目融资合同的起草、谈判、履行、变更、解除、转让、终止直至失效的全过程管理,通过合同正确表达意愿、合理分配风险、妥善履行义务、有效主张权利。

3. 合理评估项目价值,强化项目后评估管理

针对公共基础设施融资项目,建议云南省政府设置一个独立的资产评估部门,引进国内外资产评估和项目融资管理专业优秀人才,聘请熟悉资产评估业,具有高技能的高级管理人员,统一管理全省的资产评估业,监督各资产评估机构的运行,包括对特殊的融资项目进行资产评估。

一是围绕项目建设规划目标,建立和健全公共基础设施融资项目后评价体系。二是加强公共基础设施融资项目后评价全过程反馈功能,提高项目决策的科学化水平。三是结合不同类别公共基础设施项目特点和实际,探索建立科学、全面的项目监测与后评估制度,适时发布相关信息,为引导市场和政府决策等提供科学决策依据。

4. 合理确定特许期及特许定价,建立特许期与特许定价联动调整机制

一是依据风险评估结果及分担原则,确定弹性特许期,规定在风险因素发生下特许期的变动范围,制订弹性特许期。二是依据风险评估结果及分担原则,确定特许定价及价格调整机制。三是在特许定价或特许期调整空间有限的情况下,通过分析不同净现值率对特许定价和期限的影响程度,通过对未来净现值进行预测,完善特许期和特许定价联动调整机制。

5. 强化项目融资全过程、系统化的监督与管理

一是政府要做好公共基础设施融资项目整体规划,明确适用于不同类型融资模式的项目类型,并对相关项目进行梳理分类,坚持科学决策原则,确保项目"物有所值"。二是在项目启动阶段,应明确融资模式、偿还资金计划、投资方案等,同时对不同采购方式所对应的资本结构、运行成本及可获得的利润进行综合分析,重点关注财政承诺、定价机制、风险分担、项目效率、运营成本等要素,

最终判定项目采用融资模式的可行性。三是在项目招标阶段,应加强对公共基础设施融资项目投资商的资信、资质预审。从技术能力、可持续发展能力、关系能力、管理能力四个维度评估融资合作伙伴,建立有效的 PPP 项目合作伙伴选择体系,合理选择、正确评价合作伙伴。四是在项目购买阶段应选择好的资产评价机构保证公平公正的进行特许经营权的转让,充分论证项目特许权的转让价格。五是在项目运营阶段应做好服务质量监管、服务价格监管和项目招标阶段工作。六是在项目移交阶段,建议采取以下方案:①双方继续合作,降低开发商的利润分成比例;②以招标方式选取运营商,给予一定比例的利润分成。③移交应在政府的监督管理下,可以引进第三方机构进行移交管理,保证公共基础设施的有效移交。

6. 建立健全融资模式选择、匹配及转换机制

一是针对项目特点,事先确定所有权和经营权的归属,保证政府和私人部门可以形成良好的伙伴关系,从交易合作、交易成本等制度安排特点出发选择融资具体模式。二是合理选择项目公司资本结构。合理选择项目的发起人,合理确定项目公司的股权结构和债务水平,建立健全项目公司股权结构和债务水平调整机制。三是及时进行股权结构调整和债务水平调整,对于可提高项目效率、优化资本结构和降低资金成本的资本结构调整行为,鼓励保险资金、养老基金、基础设施专项基金等收购具有稳定收益的项目,以降低融资成本。四是建立健全融资转换机制。在所有权、经营权和合作程度的三维框架下,尽可能在PPP 模式的同一大类内形成转换路径。

附录 A 《政府和社会资本合作模式操作指南(试行)》

(财金〔2014〕113 号)

第一章 总 则

第一条 为科学规范地推广运用政府和社会资本合作模式(Public-Private Partnership,PPP),根据《中华人民共和国预算法》、《中华人民共和国政府采购法》、《中华人民共和国合同法》、《国务院关于加强地方政府性债务管理的意见》(国发〔2014〕43 号)、《国务院关于深化预算管理制度改革的决定》(国发〔2014〕45 号)和《财政部关于推广运用政府和社会资本合作模式有关问题的通知》(财金〔2014〕76 号)等法律、法规、规章和规范性文件,制定本指南。

第二条 本指南所称社会资本是指已建立现代企业制度的境内外企业法人,但不包括本级政府所属融资平台公司及其他控股国有企业。

第三条 本指南适用于规范政府、社会资本和其他参与方开展政府和社会资本合作项目的识别、准备、采购、执行和移交等活动。

第四条 财政部门应本着社会主义市场经济基本原则,以制度创新、合作契约精神,加强与政府相关部门的协调,积极发挥第三方专业机构作用,全面统筹政府和社会资本合作管理工作。

各省、自治区、直辖市、计划单列市和新疆生产建设兵团财政部门应积极设立政府和社会资本合作中心或指定专门机构,履行规划指导、融资支持、识别评估、咨询服务、宣传培训、绩效评价、信息统计、专家库和项目库建设等职责。

第五条 各参与方应按照公平、公正、公开和诚实信用的原则,依法、规范、高效实施政府和社会资本合作项目。

第二章 项 目 识 别

第六条 投资规模较大、需求长期稳定、价格调整机制灵活、市场化程度较高的基础设施及公共服务类项目,适宜采用政府和社会资本合作模式。

政府和社会资本合作项目由政府或社会资本发起,以政府发起为主。

(一)政府发起。

财政部门(政府和社会资本合作中心)应负责向交通、住建、环保、能源、教育、医疗、体育健身和文化设施等行业主管部门征集潜在政府和社会资本合作项目。行业主管部门可从国民经济和社会发展规划及行业专项规划中的新建、改建项目或存量公共资产中遴选潜在项目。

(二)社会资本发起。

社会资本应以项目建议书的方式向财政部门(政府和社会资本合作中心)推荐潜在政府和社会资本合作项目。

第七条 财政部门(政府和社会资本合作中心)会同行业主管部门,对潜在政府和社会资本合作项目进行评估筛选,确定备选项目。财政部门(政府和社会资本合作中心)应根据筛选结果制定项目年度和中期开发计划。

对于列入年度开发计划的项目,项目发起方应按财政部门(政府和社会资本合作中心)的要求提交相关资料。新建、改建项目应提交可行性研究报告、项目产出说明和初步实施方案;存量项目应提交存量公共资产的历史资料、项目产出说明和初步实施方案。

第八条 财政部门(政府和社会资本合作中心)会同行业主管部门,从定性和定量两方面开展物有所值评价工作。定量评价工作由各地根据实际情况开展。

定性评价重点关注项目采用政府和社会资本合作模式与采用政府传统采购模式相比能否增加供给、优化风险分配、提高运营效率、促进创新和公平竞争等。

定量评价主要通过对政府和社会资本合作项目全生命周期内政府支出成本现值与公共部门比较值进行比较,计算项目的物有所值量值,判断政府和社会资本合作模式是否降低项目全生命周期成本。

第九条 为确保财政中长期可持续性,财政部门应根据项目全生命周期内的财政支出、政府债务等因素,对部分政府付费或政府补贴的项目,开展财政承受能力论证,每年政府付费或政府补贴等财政支出不得超出当年财政收入的一定比例。

通过物有所值评价和财政承受能力论证的项目,可进行项目准备。

第三章 项 目 准 备

第十条 县级(含)以上地方人民政府可建立专门协调机制,主要负责项目评审、组织协调和检查督导等工作,实现简化审批流程、提高工作效率的目的。政府或其指定的有关职能部门或事业单位可作为项目实施机构,负责项目准备、采购、监管和移交等工作。

第十一条 项目实施机构应组织编制项目实施方案,依次对以下内容进行介绍:

(一)项目概况。

项目概况主要包括基本情况、经济技术指标和项目公司股权情况等。

基本情况主要明确项目提供的公共产品和服务内容、项目采用政府和社会资本合作模式运作的必要性和可行性,以及项目运作的目标和意义。

经济技术指标主要明确项目区位、占地面积、建设内容或资产范围、投资规模或资产价值、主要产出说明和资金来源等。

项目公司股权情况主要明确是否要设立项目公司以及公司股权结构。

(二)风险分配基本框架。

按照风险分配优化、风险收益对等和风险可控等原则,综合考虑政府风险管理能力、项目回报机制和市场风险管理能力等要素,在政府和社会资本间合理分配项目风险。

原则上,项目设计、建造、财务和运营维护等商业风险由社会资本承担,法律、政策和最低需求等风险由政府承担,不可抗力等风险由政府和社会资本合理共担。

(三)项目运作方式。

项目运作方式主要包括委托运营、管理合同、建设－运营－移交、建设－拥有－运营、转让－运营－移交和改建－运营－移交等。

具体运作方式的选择主要由收费定价机制、项目投资收益水平、风险分配基本框架、融资需求、改扩建需求和期满处置等因素决定。

(四)交易结构。

交易结构主要包括项目投融资结构、回报机制和相关配套安排。

项目投融资结构主要说明项目资本性支出的资金来源、性质和用途,项目资产的形成和转移等。

项目回报机制主要说明社会资本取得投资回报的资金来源,包括使用者付费、可行性缺口补助和政府付费等支付方式。

相关配套安排主要说明由项目以外相关机构提供的土地、水、电、气和道路等配套设施和项目所需的上下游服务。

(五)合同体系。

合同体系主要包括项目合同、股东合同、融资合同、工程承包合同、运营服务合同、原料供应合同、产品采购合同和保险合同等。项目合同是其中最核心的法律文件。

项目边界条件是项目合同的核心内容,主要包括权利义务、交易条件、履约保障和调整衔接等边界。

权利义务边界主要明确项目资产权属、社会资本承担的公共责任、政府支付方式和风险分配结果等。

交易条件边界主要明确项目合同期限、项目回报机制、收费定价调整机制和产出说明等。

履约保障边界主要明确强制保险方案以及由投资竞争保函、建设履约保函、运营维护保函和移交维修保函组成的履约保函体系。

调整衔接边界主要明确应急处置、临时接管和提前终止、合同变更、合同展期、项目新增改扩建需求等应对措施。

(六)监管架构。

监管架构主要包括授权关系和监管方式。授权关系主要是政府对项目实施机构的授权,以及政府直接或通过项目实施机构对社会资本的授权;监管方式主要包括履约管理、行政监管和公众监督等。

(七)采购方式选择。

项目采购应根据《中华人民共和国政府采购法》及相关规章制度执行,采购方式包括公开招标、竞争性谈判、邀请招标、竞争性磋商和单一来源采购。项目实施机构应根据项目采购需求特点,依法选择适当采购方式。

公开招标主要适用于核心边界条件和技术经济参数明确、完整、符合国家法律法规和政府采购政策,且采购中不作更改的项目。

第十二条 财政部门（政府和社会资本合作中心）应对项目实施方案进行物有所值和财政承受能力验证，通过验证的，由项目实施机构报政府审核；未通过验证的，可在实施方案调整后重新验证；经重新验证仍不能通过的，不再采用政府和社会资本合作模式。

第四章 项 目 采 购

第十三条 项目实施机构应根据项目需要准备资格预审文件，发布资格预审公告，邀请社会资本和与其合作的金融机构参与资格预审，验证项目能否获得社会资本响应和实现充分竞争，并将资格预审的评审报告提交财政部门（政府和社会资本合作中心）备案。

项目有 3 家以上社会资本通过资格预审的，项目实施机构可以继续开展采购文件准备工作；项目通过资格预审的社会资本不足 3 家的，项目实施机构应在实施方案调整后重新组织资格预审；项目经重新资格预审合格社会资本仍不够 3 家的，可依法调整实施方案选择的采购方式。

第十四条 资格预审公告应在省级以上人民政府财政部门指定的媒体上发布。资格预审合格的社会资本在签订项目合同前资格发生变化的，应及时通知项目实施机构。

资格预审公告应包括项目授权主体、项目实施机构和项目名称、采购需求、对社会资本的资格要求、是否允许联合体参与采购活动、拟确定参与竞争的合格社会资本的家数和确定方法，以及社会资本提交资格预审申请文件的时间和地点。提交资格预审申请文件的时间自公告发布之日起不得少于 15 个工作日。

第十五条 项目采购文件应包括采购邀请、竞争者须知（包括密封、签署、盖章要求等）、竞争者应提供的资格、资信及业绩证明文件、采购方式、政府对项目实施机构的授权、实施方案的批复和项目相关审批文件、采购程序、响应文件编制要求、提交响应文件截止时间、开启时间及地点、强制担保的保证金交纳数额和形式、评审方法、评审标准、政府采购政策要求、项目合同草案及其他法律文本等。

采用竞争性谈判或竞争性磋商采购方式的，项目采购文件除上款规定的内容外，还应明确评审小组根据与社会资本谈判情况可能实质性变动的内容，包括采购需求中的技术、服务要求以及合同草案条款。

第十六条　评审小组由项目实施机构代表和评审专家共 5 人以上单数组成,其中评审专家人数不得少于评审小组成员总数的 2/3。评审专家可以由项目实施机构自行选定,但评审专家中应至少包含 1 名财务专家和 1 名法律专家。项目实施机构代表不得以评审专家身份参加项目的评审。

第十七条　项目采用公开招标、邀请招标、竞争性谈判、单一来源采购方式开展采购的,按照政府采购法律法规及有关规定执行。

项目采用竞争性磋商采购方式开展采购的,按照下列基本程序进行:

(一)采购公告发布及报名。

竞争性磋商公告应在省级以上人民政府财政部门指定的媒体上发布。竞争性磋商公告应包括项目实施机构和项目名称、项目结构和核心边界条件、是否允许未进行资格预审的社会资本参与采购活动,以及审查原则、项目产出说明、对社会资本提供的响应文件要求、获取采购文件的时间、地点、方式及采购文件的售价、提交响应文件截止时间、开启时间及地点。提交响应文件的时间自公告发布之日起不得少于 10 日。

(二)资格审查及采购文件发售。

已进行资格预审的,评审小组在评审阶段不再对社会资本资格进行审查。允许进行资格后审的,由评审小组在响应文件评审环节对社会资本进行资格审查。项目实施机构可以视项目的具体情况,组织对符合条件的社会资本的资格条件,进行考察核实。

采购文件售价,应按照弥补采购文件印制成本费用的原则确定,不得以营利为目的,不得以项目采购金额作为确定采购文件售价依据。采购文件的发售期限自开始之日起不得少于 5 个工作日。

(三)采购文件的澄清或修改。

提交首次响应文件截止之日前,项目实施机构可以对已发出的采购文件进行必要的澄清或修改,澄清或修改的内容应作为采购文件的组成部分。澄清或修改的内容可能影响响应文件编制的,项目实施机构应在提交首次响应文件截止时间至少 5 日前,以书面形式通知所有获取采购文件的社会资本;不足 5 日的,项目实施机构应顺延提交响应文件的截止时间。

（四）响应文件评审。

项目实施机构应按照采购文件规定组织响应文件的接收和开启。

评审小组对响应文件进行两阶段评审：

第一阶段：确定最终采购需求方案。评审小组可以与社会资本进行多轮谈判，谈判过程中可实质性修订采购文件的技术、服务要求以及合同草案条款，但不得修订采购文件中规定的不可谈判核心条件。实质性变动的内容，须经项目实施机构确认，并通知所有参与谈判的社会资本。具体程序按照《政府采购非招标方式管理办法》及有关规定执行。

第二阶段：综合评分。最终采购需求方案确定后，由评审小组对社会资本提交的最终响应文件进行综合评分，编写评审报告并向项目实施机构提交候选社会资本的排序名单。具体程序按照《政府采购货物和服务招标投标管理办法》及有关规定执行。

第十八条 项目实施机构应在资格预审公告、采购公告、采购文件、采购合同中，列明对本国社会资本的优惠措施及幅度、外方社会资本采购我国生产的货物和服务要求等相关政府采购政策，以及对社会资本参与采购活动和履约保证的强制担保要求。社会资本应以支票、汇票、本票或金融机构、担保机构出具的保函等非现金形式缴纳保证金。参加采购活动的保证金的数额不得超过项目预算金额的2%。履约保证金的数额不得超过政府和社会资本合作项目初始投资总额或资产评估值的10%。无固定资产投资或投资额不大的服务型合作项目，履约保证金的数额不得超过平均6个月的服务收入额。

第十九条 项目实施机构应组织社会资本进行现场考察或召开采购前答疑会，但不得单独或分别组织只有一个社会资本参加的现场考察和答疑会。

第二十条 项目实施机构应成立专门的采购结果确认谈判工作组。按照候选社会资本的排名，依次与候选社会资本及与其合作的金融机构就合同中可变的细节问题进行合同签署前的确认谈判，率先达成一致的即为中选者。确认谈判不得涉及合同中不可谈判的核心条款，不得与排序在前但已终止谈判的社会资本进行再次谈判。

第二十一条 确认谈判完成后，项目实施机构应与中选社会资本签署确认谈判备忘录，并将采购结果和根据采购文件、响应文件、补遗文件和确认谈判备忘录拟定的合同文本进行公示，公示期不得少于5个工作日。合同文本应将中选社会资本响应文件中的重要承诺和技术文件等作为附件。合同文本中涉及国家秘密、商业秘密的内容可以不公示。

公示期满无异议的项目合同,应在政府审核同意后,由项目实施机构与中选社会资本签署。

需要为项目设立专门项目公司的,待项目公司成立后,由项目公司与项目实施机构重新签署项目合同,或签署关于承继项目合同的补充合同。

项目实施机构应在项目合同签订之日起2个工作日内,将项目合同在省级以上人民政府财政部门指定的媒体上公告,但合同中涉及国家秘密、商业秘密的内容除外。

第二十二条　各级人民政府财政部门应当加强对PPP项目采购活动的监督检查,及时处理采购活动中的违法违规行为。

第五章　项 目 执 行

第二十三条　社会资本可依法设立项目公司。政府可指定相关机构依法参股项目公司。项目实施机构和财政部门(政府和社会资本合作中心)应监督社会资本按照采购文件和项目合同约定,按时足额出资设立项目公司。

第二十四条　项目融资由社会资本或项目公司负责。社会资本或项目公司应及时开展融资方案设计、机构接洽、合同签订和融资交割等工作。财政部门(政府和社会资本合作中心)和项目实施机构应做好监督管理工作,防止企业债务向政府转移。

社会资本或项目公司未按照项目合同约定完成融资的,政府可提取履约保函直至终止项目合同;遇系统性金融风险或不可抗力的,政府、社会资本或项目公司可根据项目合同约定协商修订合同中相关融资条款。

当项目出现重大经营或财务风险,威胁或侵害债权人利益时,债权人可依据与政府、社会资本或项目公司签订的直接介入协议或条款,要求社会资本或项目公司改善管理等。在直接介入协议或条款约定期限内,重大风险已解除的,债权人应停止介入。

第二十五条　项目合同中涉及的政府支付义务,财政部门应结合中长期财政规划统筹考虑,纳入同级政府预算,按照预算管理相关规定执行。财政部门(政府和社会资本合作中心)和项目实施机构应建立政府和社会资本合作项目政府支付台账,严格控制政府财政风险。在政府综合财务报告制度建立后,政府和社会资本合作项目中的政府支付义务应纳入政府综合财务报告。

第二十六条 项目实施机构应根据项目合同约定,监督社会资本或项目公司履行合同义务,定期监测项目产出绩效指标,编制季报和年报,并报财政部门(政府和社会资本合作中心)备案。

政府有支付义务的,项目实施机构应根据项目合同约定的产出说明,按照实际绩效直接或通知财政部门向社会资本或项目公司及时足额支付。设置超额收益分享机制的,社会资本或项目公司应根据项目合同约定向政府及时足额支付应享有的超额收益。

项目实际绩效优于约定标准的,项目实施机构应执行项目合同约定的奖励条款,并可将其作为项目期满合同能否展期的依据;未达到约定标准的,项目实施机构应执行项目合同约定的惩处条款或救济措施。

第二十七条 社会资本或项目公司违反项目合同约定,威胁公共产品和服务持续稳定安全供给,或危及国家安全和重大公共利益的,政府有权临时接管项目,直至启动项目提前终止程序。

政府可指定合格机构实施临时接管。临时接管项目所产生的一切费用,将根据项目合同约定,由违约方单独承担或由各责任方分担。社会资本或项目公司应承担的临时接管费用,可以从其应获终止补偿中扣减。

第二十八条 在项目合同执行和管理过程中,项目实施机构应重点关注合同修订、违约责任和争议解决等工作。

(一)合同修订。

按照项目合同约定的条件和程序,项目实施机构和社会资本或项目公司可根据社会经济环境、公共产品和服务的需求量及结构等条件的变化,提出修订项目合同申请,待政府审核同意后执行。

(二)违约责任。

项目实施机构、社会资本或项目公司未履行项目合同约定义务的,应承担相应违约责任,包括停止侵害、消除影响、支付违约金、赔偿损失以及解除项目合同等。

(三)争议解决。

在项目实施过程中,按照项目合同约定,项目实施机构、社会资本或项目公司可就发生争议且无法协商达成一致的事项,依法申请仲裁或提起民事诉讼。

第二十九条　项目实施机构应每3~5年对项目进行中期评估,重点分析项目运行状况和项目合同的合规性、适应性和合理性;及时评估已发现问题的风险,制订应对措施,并报财政部门(政府和社会资本合作中心)备案。

第三十条　政府相关职能部门应根据国家相关法律法规对项目履行行政监管职责,重点关注公共产品和服务质量、价格和收费机制、安全生产、环境保护和劳动者权益等。

社会资本或项目公司对政府职能部门的行政监管处理决定不服的,可依法申请行政复议或提起行政诉讼。

第三十一条　政府、社会资本或项目公司应依法公开披露项目相关信息,保障公众知情权,接受社会监督。

社会资本或项目公司应披露项目产出的数量和质量、项目经营状况等信息。政府应公开不涉及国家秘密、商业秘密的政府和社会资本合作项目合同条款、绩效监测报告、中期评估报告和项目重大变更或终止情况等。

社会公众及项目利益相关方发现项目存在违法、违约情形或公共产品和服务不达标准的,可向政府职能部门提请监督检查。

第六章　项 目 移 交

第三十二条　项目移交时,项目实施机构或政府指定的其他机构代表政府收回项目合同约定的项目资产。

项目合同中应明确约定移交形式、补偿方式、移交内容和移交标准。移交形式包括期满终止移交和提前终止移交;补偿方式包括无偿移交和有偿移交;移交内容包括项目资产、人员、文档和知识产权等;移交标准包括设备完好率和最短可使用年限等指标。

采用有偿移交的,项目合同中应明确约定补偿方案;没有约定或约定不明的,项目实施机构应按照"恢复相同经济地位"原则拟定补偿方案,报政府审核同意后实施。

第三十三条　项目实施机构或政府指定的其他机构应组建项目移交工作组,根据项目合同约定与社会资本或项目公司确认移交情形和补偿方式,制定资产评估和性能测试方案。

项目移交工作组应委托具有相关资质的资产评估机构,按照项目合同约定的评估方式,对移交资产进行资产评估,作为确定补偿金额的依据。

项目移交工作组应严格按照性能测试方案和移交标准对移交资产进行性能测试。性能测试结果不达标的,移交工作组应要求社会资本或项目公司进行恢复性修理、更新重置或提取移交维修保函。

第三十四条 社会资本或项目公司应将满足性能测试要求的项目资产、知识产权和技术法律文件,连同资产清单移交项目实施机构或政府指定的其他机构,办妥法律过户和管理权移交手续。社会资本或项目公司应配合做好项目运营平稳过渡相关工作。

第三十五条 项目移交完成后,财政部门(政府和社会资本合作中心)应组织有关部门对项目产出、成本效益、监管成效、可持续性、政府和社会资本合作模式应用等进行绩效评价,并按相关规定公开评价结果。评价结果作为政府开展政府和社会资本合作管理工作决策参考依据。

第七章 附 则

第三十六条 本操作指南自印发之日起施行,有效期3年。

第三十七条 本操作指南由财政部负责解释。

附录 B 《政府和社会资本合作项目财政承受能力论证指引》

（财金〔2015〕21 号）

第一章 总 则

第一条 根据《中华人民共和国预算法》、《国务院关于加强地方政府性债务管理的意见》（国发〔2014〕43 号）、《国务院关于深化预算管理制度改革的决定》（国发〔2014〕45 号）、《国务院关于创新重点领域投融资机制 鼓励社会投资的指导意见》（国发〔2014〕60 号）、《财政部关于推广运用政府和社会资本合作模式有关问题的通知》（财金〔2014〕76 号）和《财政部关于印发政府和社会资本合作模式操作指南（试行）的通知》（财金〔2014〕113 号）等有关规定，制定本指引。

第二条 本指引所称财政承受能力论证是指识别、测算政府和社会资本合作（Public-Private Partnership，以下简称 PPP）项目的各项财政支出责任，科学评估项目实施对当前及今后年度财政支出的影响，为 PPP 项目财政管理提供依据。

第三条 开展 PPP 项目财政承受能力论证，是政府履行合同义务的重要保障，有利于规范 PPP 项目财政支出管理，有序推进项目实施，有效防范和控制财政风险，实现 PPP 可持续发展。

第四条 财政承受能力论证采用定量和定性分析方法，坚持合理预测、公开透明、从严把关，统筹处理好当期与长远关系，严格控制 PPP 项目财政支出规模。

第五条 财政承受能力论证的结论分为"通过论证"和"未通过论证"。"通过论证"的项目，各级财政部门应当在编制年度预算和中期财政规划时，将项目财政支出责任纳入预算统筹安排。"未通过论证"的项目，则不宜采用 PPP

模式。

第六条 各级财政部门(或 PPP 中心)负责组织开展行政区域内 PPP 项目财政承受能力论证工作。省级财政部门负责汇总统计行政区域内的全部 PPP 项目财政支出责任,对财政预算编制、执行情况实施监督管理。

第七条 财政部门(或 PPP 中心)应当会同行业主管部门,共同开展 PPP 项目财政承受能力论证工作。必要时可通过政府采购方式聘请专业中介机构协助。

第八条 各级财政部门(或 PPP 中心)要以财政承受能力论证结论为依据,会同有关部门统筹做好项目规划、设计、采购、建设、运营、维护等全生命周期管理工作。

第二章 责 任 识 别

第九条 PPP 项目全生命周期过程的财政支出责任,主要包括股权投资、运营补贴、风险承担、配套投入等。

第十条 股权投资支出责任是指在政府与社会资本共同组建项目公司的情况下,政府承担的股权投资支出责任。如果社会资本单独组建项目公司,政府不承担股权投资支出责任。

第十一条 运营补贴支出责任是指在项目运营期间,政府承担的直接付费责任。不同付费模式下,政府承担的运营补贴支出责任不同。政府付费模式下,政府承担全部运营补贴支出责任;可行性缺口补助模式下,政府承担部分运营补贴支出责任;使用者付费模式下,政府不承担运营补贴支出责任。

第十二条 风险承担支出责任是指项目实施方案中政府承担风险带来的财政或有支出责任。通常由政府承担的法律风险、政策风险、最低需求风险以及因政府方原因导致项目合同终止等突发情况,会产生财政或有支出责任。

第十三条 配套投入支出责任是指政府提供的项目配套工程等其他投入责任,通常包括土地征收和整理、建设部分项目配套措施、完成项目与现有相关基础设施和公用事业的对接、投资补助、贷款贴息等。配套投入支出应依据项目实施方案合理确定。

第三章 支 出 测 算

第十四条 财政部门(或 PPP 中心)应当综合考虑各类支出责任的特点、情景和发生概率等因素,对项目全生命周期内财政支出责任分别进行测算。

第十五条 股权投资支出应当依据项目资本金要求以及项目公司股权结构合理确定。股权投资支出责任中的土地等实物投入或无形资产投入,应依法进行评估,合理确定价值。计算公式为

$$股权投资支出 = 项目资本金 \times 政府占项目公司股权比例$$

第十六条 运营补贴支出应当根据项目建设成本、运营成本及利润水平合理确定,并按照不同付费模式分别测算。

对政府付费模式的项目,在项目运营补贴期间,政府承担全部直接付费责任。政府每年直接付费数额包括:社会资本方承担的年均建设成本(折算成各年度现值)、年度运营成本和合理利润。计算公式为

$$当年运营补贴支出数额 = \frac{项目全部建设成本 \times (1 + 合理利润率) \times (1 + 年度折现率)n}{财政运营补贴周期(年)} +$$

$$年度运营成本 \times (1 + 合理利润率)$$

对可行性缺口补助模式的项目,在项目运营补贴期间,政府承担部分直接付费责任。政府每年直接付费数额包括:社会资本方承担的年均建设成本(折算成各年度现值)、年度运营成本和合理利润,再减去每年使用者付费的数额。计算公式为

$$当年运营补贴支出数额 = \frac{项目全部建设成本 \times (1 + 合理利润率) \times (1 + 年度折现率)n}{财政运营补贴周期(年)} +$$

$$年度运营成本 \times (1 + 合理利润率) - 当年使用者付费数额$$

n 代表折现年数。财政运营补贴周期指财政提供运营补贴的年数。

第十七条 年度折现率应考虑财政补贴支出发生年份,并参照同期地方政府债券收益率合理确定。

第十八条 合理利润率应以商业银行中长期贷款利率水平为基准,充分考虑可用性付费、使用量付费、绩效付费的不同情景,结合风险等因素确定。

第十九条 在计算运营补贴支出时,应当充分考虑合理利润率变化对运营补贴支出的影响。

第二十条 PPP项目实施方案中的定价和调价机制通常与消费物价指数、

劳动力市场指数等因素挂钩,会影响运营补贴支出责任。在可行性缺口补助模式下,运营补贴支出责任受到使用者付费数额的影响,而使用者付费的多少因定价和调价机制而变化。在计算运营补贴支出数额时,应当充分考虑定价和调价机制的影响。

第二十一条 风险承担支出应充分考虑各类风险出现的概率和带来的支出责任,可采用比例法、情景分析法及概率法进行测算。如果 PPP 合同约定保险赔款的第一受益人为政府,则风险承担支出应为扣除该等风险赔款金额的净额。

比例法。在各类风险支出数额和概率难以进行准确测算的情况下,可以按照项目的全部建设成本和一定时期内的运营成本的一定比例确定风险承担支出。

情景分析法。在各类风险支出数额可以进行测算、但出现概率难以确定的情况下,可针对影响风险的各类事件和变量进行"基本""不利"及"最坏"等情景假设,测算各类风险发生带来的风险承担支出。计算公式为

风险承担支出数额 = 基本情景下财政支出数额 × 基本情景出现的概率 + 不利情景下财政支出数额 × 不利情景出现的概率 + 最坏情景下财政支出数额 × 最坏情景出现的概率

概率法。在各类风险支出数额和发生概率均可进行测算的情况下,可将所有可变风险参数作为变量,根据概率分布函数,计算各种风险发生带来的风险承担支出。

第二十二条 配套投入支出责任应综合考虑政府将提供的其他配套投入总成本和社会资本方为此支付的费用。配套投入支出责任中的土地等实物投入或无形资产投入,应依法进行评估,合理确定价值。计算公式为

配套投入支出数额 = 政府拟提供的其他投入总成本 − 社会资本方支付的费用

第四章 能力评估

第二十三条 财政部门(或 PPP 中心)识别和测算单个项目的财政支出责任后,汇总年度全部已实施和拟实施的 PPP 项目,进行财政承受能力评估。

第二十四条 财政承受能力评估包括财政支出能力评估以及行业和领域

平衡性评估。财政支出能力评估,是根据 PPP 项目预算支出责任,评估 PPP 项目实施对当前及今后年度财政支出的影响;行业和领域均衡性评估,是根据 PPP 模式适用的行业和领域范围,以及经济社会发展需要和公众对公共服务的需求,平衡不同行业和领域 PPP 项目,防止某一行业和领域 PPP 项目过于集中。

第二十五条　每一年度全部 PPP 项目需要从预算中安排的支出责任,占一般公共预算支出比例应当不超过 10%。省级财政部门可根据本地实际情况,因地制宜确定具体比例,并报财政部备案,同时对外公布。

第二十六条　鼓励列入地方政府性债务风险预警名单的高风险地区,采取 PPP 模式化解地方融资平台公司存量债务。同时,审慎控制新建 PPP 项目规模,防止因项目实施加剧财政收支矛盾。

第二十七条　在进行财政支出能力评估时,未来年度一般公共预算支出数额可参照前五年相关数额的平均值及平均增长率计算,并根据实际情况进行适当调整。

第二十八条　"通过论证"且经同级人民政府审核同意实施的 PPP 项目,各级财政部门应当将其列入 PPP 项目目录,并在编制中期财政规划时,将项目财政支出责任纳入预算统筹安排。

第二十九条　在 PPP 项目正式签订合同时,财政部门(或 PPP 中心)应当对合同进行审核,确保合同内容与财政承受能力论证保持一致,防止因合同内容调整导致财政支出责任出现重大变化。财政部门要严格按照合同执行,及时办理支付手续,切实维护地方政府信用,保障公共服务有效供给。

第五章　信息披露

第三十条　省级财政部门应当汇总区域内的项目目录,及时向财政部报告,财政部通过统一信息平台(PPP 中心网站)发布。

第三十一条　各级财政部门(或 PPP 中心)应当通过官方网站及报刊媒体,每年定期披露当地 PPP 项目目录、项目信息及财政支出责任情况。应披露的财政支出责任信息包括:PPP 项目的财政支出责任数额及年度预算安排情况、财政承受能力论证考虑的主要因素和指标等。

第三十二条　项目实施后,各级财政部门(或 PPP 中心)应跟踪了解项目运营情况,包括项目使用量、成本费用、考核指标等信息,定期对外发布。

第六章 附 则

第三十三条 财政部门按照权责发生制会计原则,对政府在 PPP 项目中的资产投入,以及与政府相关项目资产进行会计核算,并在政府财务统计、政府财务报告中反映;按照收付实现制会计原则,对 PPP 项目相关的预算收入与支出进行会计核算,并在政府决算报告中反映。

第三十四条 本指引自印发之日起施行。

附录 C 《政府和社会资本合作物有所值评价指引（修订版征求意见稿）》

（财金〔2016〕118 号）

第一章 总 则

第一条 【目的和依据】为促进政府和社会资本合作（Public-Private Partnerships，PPP）物有所值（Value for Money，VfM）评价工作规范有序开展，合理遴选适合采用 PPP 模式的项目，考察 PPP 项目物有所值实效，根据《中华人民共和国预算法》、《国务院办公厅转发财政部发展改革委人民银行关于在公共服务领域推广政府和社会资本合作模式指导意见的通知》（国办发〔2015〕42 号）等有关规定，制定本指引。

第二条 【定义】本指引所称物有所值评价是判断是否采用 PPP 模式代替政府传统投资运营方式提供公共服务项目，以及评估已执行 PPP 项目物有所值实现程度的一种方法。

第三条 【方法和原则】物有所值评价包括定量评价和定性评价，应遵循真实、客观、谨慎、公开的原则。

第四条 【适用范围】中华人民共和国境内拟采用、已采用 PPP 模式实施的项目（以下统称 PPP 项目）应开展物有所值初始定量和定性评价和中期评价。

第五条 【初始评价】初始物有所值评价应在项目可行性研究报告（或申请报告等具有同等效力与深度的文件）获得相关主管部门批准后，在 PPP 项目识别阶段开展，在准备阶段可根据项目实施方案予以修正。

初始物有所值评价按照先定量评价后定性评价的顺序进行。

初始物有所值评价结论分为"通过"和"未通过"。定性评价结果不低于 80 分的，初始物有所值评价结论为"通过"，可以不考虑定量评价结果；定性评价结果不低于 60 分且低于 80 分的,定量评价物有所值量值大于 0 时为"通过",定量评价物有所值量值小于等于 0 时为"未通过";定性评价结果低于 60 分的,初始物有所值评价结论为"未通过"。

未通过初始物有所值评价的项目,可在调整实施方案后重新评价,仍未通过的不宜采用 PPP 模式。

第六条 【初始评价与后续工作的关系】初始物有所值评价确定的项目核心要素,风险相关比例和数值、折现率、社会资本收益率等参数,应与财政承受能力论证、采购文件编制、PPP 项目合同起草等工作中的相关要素和参数一致,并发挥对采购社会资本的指导作用,原则上应作为不可谈判内容,除非能得到合理优化。

第七条 【中期评价】中期物有所值评价在项目开始运营后 3 年到 5 年内开展,考察物有所值实现程度,作为项目中期评估的组成部分。

2016 年 1 月 1 日之后发起的 PPP 项目均应开展中期物有所值评价。

中期物有所值评价可以不包括定性评价。

第八条 【责任部门与激励相容】初始物有所值评价由项目实施机构或同级行业主管部门组织实施,同级财政部门对物有所值评价报告进行审核并出具审核意见。定量评价可委托专业咨询服务机构开展,定性评价组织专家开展。

中期物有所值评价由同级财政部门会同行业主管部门组织实施,委托专业咨询机构和专家按照初始物有所值评价方法和实际建设运营数据对照开展定量评价工作,并确定初始和中期评价的结果偏离幅度。

受托开展物有所值评价的专家和咨询服务机构应独立、客观、科学地进行评价,并对评价结果负责。

第二章 评价准备

第九条 【能力准备】财政部门(或 PPP 中心)、行业主管部门、实施机构、专家、咨询服务机构等涉及物有所值评价的相关主体应持续加深对物有所值的认识。

从事物有所值评价工作的相关人员应正确理解和掌握 PPP 概念、理念和定性评价指标的含义,以及现值、净现值、年值、年金、终值等资金时间价值概念和计算方法。

第十条 【资料准备】项目初始物有所值评价资料主要包括:项目初步实施方案和实施方案,存量公共资产的历史资料,新建或改扩建项目的可行性研究报告或具有同等工作深度的报告、设计文件等。

初步实施方案和实施方案中的项目产出说明、风险识别和分配、财务测算等内容应尽可能翔实。其中,项目全生命周期的具体风险可量化和不可量化应尽可能全面,其中由政府和社会资本共担的风险的项数应不超过风险总项数的五分之一。

中期物有所值定量评价资料主要包括:项目初始物有所值定量评价资料、PPP项目合同及其风险分配安排、竣工决算报告、绩效监测报告、项目公司财务报表、政府对PPP项目的支出报告等。

第三章　定量评价

第十一条 【定量评价内容】定量评价是在假定采用PPP模式与政府传统投资运营方式产出绩效相同的前提下,通过对PPP项目全生命周期内政府方净成本的现值(PPP值)与公共部门比较值(PSC值)进行比较,判断PPP模式能否降低项目全生命周期成本。

未折现的建设成本、收益、运营维护成本、收入、竞争性中立调整值、风险承担成本、其他成本等,均以年为测算时间段,计作当年值,做好折现准备。

第十二条 【折现率】折现率用于将各年度的成本、收益、收入、竞争性中立调整值等按照资金时间价值原理折算为现值,参照同期地方政府债券收益率合理确定。

用于测算PSC值与PPP值的折现率、现值所在时间等均应相同。

第十三条 【PSC值的构成】PSC值是以下三项的全生命周期现值之和:

(一)模拟项目的建设和运营维护净成本;

(二)竞争性中立调整值;

(三)政府承担PPP项目全部风险的成本。

PSC值 = 模拟项目的建设和运营维护净成本的现值 +

竞争性中立调整值的现值 +

PPP项目全部风险承担成本的现值

第十四条 【PSC值测算之一模拟项目的建设和运营维护净成本】模拟项

目是假设的、政府采用现实可行的且最有效的传统投资运营方式实施的、与PPP项目产出效率、质量和数量相同且生命周期相同的项目。模拟项目的各项假设和特征在其成本计算全过程中应保持不变;模拟项目财务模型中的数据口径应保持一致;模拟项目可以含有政府外包出去的建设运营内容,但政府外包成本应计入模拟项目成本。

模拟项目每年的建设净成本主要包括当年设计、施工、升级、改造、大修等建设行为投入的现金、固定资产等实物和土地使用权等无形资产,以及建设期利息,并扣除当年资产转让、出租等资产处置行为所获的收益。当年未发生的行为不计相应投入、利息或收益。

$$模拟项目第 n 年的建设净成本 = 第 n 年建设行为投入 + 第 n 年建设期利息 -$$
$$第 n 年资产处置行为收益$$

模拟项目每年的运营维护净成本主要包括全生命周期内运营维护所需的原材料、设备、人工等成本,以及管理费用、销售费用、财务费用等,并扣除假设模拟项目与PPP项目付费机制相同情况下能够获得的使用者付费收入等。

$$模拟项目第 n 年的运营维护净成本 = 第 n 年运营维护成本 + 第 n 年管理、$$
$$销售和财务费用 - 第 n 年使用者付费收入$$

第十五条 【PSC值测算之二竞争性中立调整值】竞争性中立调整值主要是采用政府传统投资运营方式比采用PPP模式实施项目少支出的税额,结合具体情况可以选用:

(一)前述模拟项目已假定免税的,竞争性中立调整值为PPP项目的预计应缴税额;

(二)前述模拟项目已假定缴税的,竞争性中立调整值为PPP项目预计应缴税额与模拟项目应缴税额之差;

(三)竞争性中立调整值等于0。

第十六条 【PSC值测算之三项目全部风险成本】PPP项目全部风险承担成本应充分考虑各项主要风险出现的概率及其后果,可采用情景分析法、比例法及概率法进行测算。主要风险在风险识别与分配环节确定。

(一)情景分析法。在各项主要风险的量化后果值可以测算、但发生概率难以确定的情况下,可针对影响风险的各类事件和变量进行基本、不利、最坏等情景假设,估算全生命周期内每年各项主要风险承担成本,加总得到当年全部风险承担成本。每项主要风险的各个情景发生概率在不同年份可以不同。计算公式为：

PPP 项目第 n 年的全部风险承担成本 $= \sum i$（当年第 i 项风险承担成本）

当年第 i 项风险承担成本 = 该风险在基本情景下的量化后果值 × 基本情景发生概率 + 该风险在不利情景下的量化后果值 × 不利情景发生概率 + 该风险在最坏情景下的量化后果值 × 最坏情景发生概率

（二）比例法。在各项主要风险发生的概率及其量化后果值难以测算的情况下，可以按照 PPP 项目预计的每年建设运营成本的一定比例确定当年该项风险承担成本，加总得到当年全部风险承担成本。上述比例不大于 20%，每项主要风险对应的比例在不同年份可以不同。计算公式为

PPP 项目第 n 年的全部风险承担成本 $= \sum i$（第 n 年的建设运营成本 × 第 i 项风险第 n 年的承担成本比例）

（三）概率法。在各项风险后果值及其发生概率均可进行测算的情况下，可将所有可变风险参数作为变量，根据概率分布函数，计算各项风险承担成本。

如 PPP 项目采用保险等风险防范措施，可明显减少风险承担成本的，投保额乘以风险发生概率减去保费支出的部分抵减风险承担成本。

第十七条 【PPP 值】PPP 值是以下三项成本的全生命周期现值之和：

（一）政府方投入 PPP 项目的建设和运营维护净成本；

（二）政府自留风险承担成本；

（三）政府其他成本。

PPP 值 = 政府方投入 PPP 项目的建设和运营维护净成本的现值 + 政府自留风险承担成本的现值 + 政府其他成本的现值

第十八条 【PPP 值测算之一政府方投入 PPP 项目的建设和运营维护净成本】政府方投入 PPP 项目的建设和运营维护净成本主要包括 PPP 项目准备、设计、施工阶段政府以现金、固定资产、土地使用权等提供的股权投入，以及运营维护阶段政府支付给社会资本的运营维护费、财政补贴等，并扣除全生命周期内 PPP 项目公司转让、出租等资产处置行为所获的资本性收益以及除政府支付外的运营收入。

第 n 年政府方投入 PPP 项目的建设净成本 = 第 n 年股权和配套等投入 − 第 n 年项目公司处置资产收益

第 n 年政府方投入 PPP 项目的运营维护净成本 = 第 n 年政府支付的运营维护费和补贴 − 第 n 年除政府支付外的项目公司运营收入

政府方是项目公司股东且不参与股利分红的,运营维护阶段政府支付给社会资本的运营维护费、财政补贴等应是扣除所放弃股利分红后的金额。

合作期满移交时,政府有偿接收社会资本和项目公司移交项目资产的,政府为接收资产而支出的成本经折现后作为加项计入 PPP 值。

第十九条 【PPP 值测算之二政府自留风险承担成本】

政府自留风险包括 PPP 项目政府方分担的风险,以及政府和社会资本共担风险中政府承担的部分。PPP 项目全部风险由政府自留风险和可转移风险组成。

政府自留风险承担成本测算方法与 PSC 值中全部风险承担成本测算方法相同。

采用比例法的,政府自留风险占 PPP 项目全部风险的比例在全生命周期内可以各年相同,或者若干年相同,或者各年不同。

采用情景分析法和概率法的,识别或准备阶段定量评价的政府自留风险由实施方案确定,执行阶段定量评价的政府自留风险由 PPP 项目合同及其补充合同约定。

第二十条 【PPP 值测算之三政府其他成本】PPP 项目中政府其他成本,主要包括:(1)政府承担的未纳入建设成本的咨询服务和市场调研相关前期费用、移交补偿款等交易成本;(2)包括政府负责的连接设施和配套工程建设成本,政府授予社会资本的项目周边土地或商业开发收益权,政府向社会资本提供的投资补助和贷款贴息等在内的政府配套投入,并扣除其中确定将由社会资本方承担费用。

第 n 年政府其他成本 = 第 n 年政府承担的交易成本 + 第 n 年政府配套投入 − 第 n 年社会资本方为配套投入支付的费用

第二十一条 【定量评价谨慎原则】定量评价应遵循谨慎原则:

(一)在多个折现率适用的情况下,采用其中的最小值;

(二)用于测算 PSC 值的各项成本、收益和收入的构成中,相关主管部门已发布测算定额或价格标准的,或者资产经依法合规确定评估值的,原则上,成本按相应定额、价格或评估值的最小值计算,收益和收入按相应定额、价格或评估值的最大值计算。

（三）用于测算 PPP 值的各项成本、收益和收入的构成中，主管部门已发布测算定额或价格标准的，或者资产经依法合规确定评估值的，原则上，成本按相应定额、价格或评估值的最大值计算，收益和收入按相应定额、价格或评估值的最小值计算。

（四）用于测算 PPP 值的社会资本合理利润率存在区间值时，采用其中的最大值。

本条仅适用于物有所值定量评价，不适用于 PPP 模式相关的其他任何定量测算、论证、评价等。

第二十二条　【存量项目 PSC 值、PPP 值】存量公共资产采用转让－运营－移交（TOT）等不涉及改建、扩建的，在上述测算方法基础上，PSC 值测算中模拟项目应是存量项目，建设成本仅包括未来升级、改造、大修等投入；PPP 值测算不考虑政府向社会资本转让存量公共资产取得的收入。

存量公共资产采用改建－运营－移交（ROT）等涉及改建、扩建的，PSC 值测算中模拟项目应是改扩建项目，建设成本包括改扩建部分的设计、施工等投入，以及整个项目未来升级、改造、大修等投入；PPP 值测算不考虑政府向社会资本转让存量公共资产取得的收入。

第二十三条　【中期评价】中期物有所值定量评价 PSC 值等于识别阶段进行的初始物有所值评价中已测算的 PSC 值，PPP 值根据项目执行情况及第十条所列评价资料等测算。

第二十四条　【定量评价结果】定量评价结果用物有所值量值、物有所值指数表示。

物有所值量值 = 公共部门比较值 － PPP 项目全生命周期政府方净成本的现值

物有所值指数 =（公共部门比较值 － PPP 项目全生命周期政府方净成本的现值）÷ 公共部门比较值 × 100%

第四章　定　性　评　价

第二十五条　【定性评价准备】开展物有所值定性评价时，项目同级行业主管部门应细化和明确定性评价程序、专家数量和来源、指标及其权重、评分标准等基本要求。

第二十六条　【定性评价指标】定性评价指标包括全生命周期整合程度、风险识别与分配、绩效导向与鼓励创新、潜在竞争程度、政府机构能力、可融资性、项目内资产相关度等七项基本评价指标。

第二十七条　【指标之一】全生命周期整合程度指标主要考核在项目全生命周期内,项目设计、投融资、建造、运营和维护等环节能否实现长期、充分整合。

第二十八条　【指标之二】风险识别与分配指标主要考核在项目全生命周期内,各风险因素是否得到充分识别并在政府和社会资本之间进行合理分配。

第二十九条　【指标之三】绩效导向与鼓励创新指标主要考核是否建立以基础设施及公共服务供给数量、质量和效率为导向的绩效标准和监管机制,是否落实绿色低碳、节能环保、支持本国产业等政府采购政策,是否具有行业引领和创新示范作用。

第三十条　【指标之四】潜在竞争程度指标主要考核项目内容对社会资本参与竞争的吸引力。

第三十一条　【指标之五】政府机构能力指标主要考核政府转变职能、简政放权、放管结合、优化服务、依法履约、行政监管和项目执行管理等能力。

第三十二条　【指标之六】可融资性指标主要考核项目的市场融资能力。

第三十三条　【指标之七】项目内固定资产相关度指标主要考核项目范围内各个边界清晰、基本能够独立提供某类公共服务的固定资产之间的相关性。相关性差的固定资产一般不适宜纳入同一项目。

第三十四条　【补充评价】项目同级财政部门(或 PPP 中心)会同行业主管部门,可根据具体情况设置补充评价指标。

第三十五条　【补充指标】补充评价指标主要是六项基本评价指标未涵盖的其他影响因素,包括项目规模大小、预期使用寿命长短、全生命周期成本测算准确性、运营收入增长潜力、区域带动等。

第三十六条　【指标权重】在各项评价指标中,六项基本评价指标权重为80%,其中任一指标权重一般不超过20%;补充评价指标权重为20%,其中任一指标权重一般不超过10%。

第三十七条　【指标分值】每项指标评分分为五个等级,即有利、较有利、一般、较不利、不利,对应分值分别为100~80、79~60、59~40、39~20、19~0 分。

项目同级财政部门(或 PPP 中心)会同行业主管部门,按照评分等级对每项指标制定清晰准确的评分标准。

第三十八条 【专家要求】定性评价专家组包括财政、资产评估、会计、金融等经济方面专家,以及法律、区域规划发展、工程建设、项目运营管理和环境保护方面专家等。

专家组由不少于 9 人的单数组成,前款列出的每个领域至少应有一名专家参与。

来自同一独立法人机构的专家不得超过 2 人。承担物有所值定量评价的咨询机构不得作为定性评价专家来源。

第三十九条 【专家组会议】行业主管部门或实施机构组织召开专家组会议。定性评价所需资料应于专家组会议召开前送达专家,确保专家掌握必要信息。

第四十条 【专家组会议程序】专家组会议基本程序如下:

(一)专家在充分讨论后按评价指标逐项打分,专家打分表见附件;

(二)按照指标权重计算所有专家打分的加权平均分,得到评分结果,形成专家组意见。

第四十一条 【特别加分因素】国家级及省级贫困县的项目在加权平均分基础上加 10 分,作为定性评价最终得分。

第五章　评价报告和信息披露

第四十二条 【报告流程】项目同级财政部门(或 PPP 中心)应将经审核的物有所值评价报告逐级报至省级财政部门备案,并将报告除附件外的内容电子版上传全国 PPP 综合信息平台。

第四十三条 【报告内容】物有所值评价报告内容包括:

(一)项目基础信息。主要包括项目概况、项目产出说明和绩效标准、PPP运作方式、风险分配框架和付费机制等。

(二)评价方法。主要包括定性评价程序、指标及权重、评分标准、评分结果、专家组意见以及定量评价的 PSC 值、PPP 值的测算依据、测算过程和结果等。

(三)评价结论,分为"通过"和"未通过"。

(四)附件。通常包括(初步)实施方案、项目产出说明、可行性研究报告、设计文件、存量公共资产的历史资料、PPP项目合同及补充合同、绩效监测报告等。

第四十四条 【报告披露】项目同级财政部门(或PPP中心)应按照有关PPP项目信息公开制度要求,及时将物有所值评价相关信息通过全国PPP综合信息平台等渠道向社会公开,但涉及国家秘密和商业秘密的信息除外。

第四十五条 【报告使用】在PPP项目合作期内,项目同级财政部门(或PPP中心)应会同行业主管部门,将物有所值评价报告作为项目绩效评价的重要基础资料,将中期与初始物有所值评价结果对照进行分析。对于中期物有所值量值比初始物有所值量值偏低幅度超过20%的,要责成项目实施机构及受托开展初始物有所值定量评价的咨询机构予以解释说明,因非客观因素变动造成偏离的,对项目实施机构和咨询机构及有关问题予以通报曝光,并依照相关法律法规处理。

第四十六条 【信息管理】各级财政部门(或PPP中心)应加强物有所值评价数据库的建设,做好定量和定性评价数据的收集、统计、分析和报送等工作。

第四十七条 【监督管理】各级财政部门(或PPP中心)应会同行业主管部门,加强对物有所值评价专家和咨询服务机构的监督管理,通过全国PPP综合信息平台进行信用记录、跟踪、报告和信息公布。省级财政部门应加强全省(市、区)物有所值评价工作的监督管理。

第六章 附 则

第四十八条 【生效时间】本指引自印发之日起施行,《PPP物有所值评价指引(试行)》(财金〔2015〕167号)同时废止。

参 考 文 献

[1] 亓霞,柯永建,王守清. 基于案例的中国 PPP 项目的主要风险因素分析[J]. 中国软科学,2009(5):107 – 113.

[2] 柯永建,王守清,陈炳泉. 英法海峡隧道的失败对 PPP 项目风险分担的启示 [J]. 土木工程学报,2010(12):97 – 102.

[3] HWANG B G, ZHAO X, GAY M J S. Public private partnership projects in Singapore:Factors, critical risks and preferred risk allocation from the perspective of contractors [J]. International Journal of Project Management, 2013,31(3):424 – 433.

[4] KE Y G, WANG S Q, CHAN A P C. Understanding the risks in China′s PPP projects:Ranking of their probability and consequence [J]. Engineering Construction and Architectural Management,2011,18(5):481 – 496.

[5] 杨卫华. 基于风险分担的高速公路 BOT 项目特许定价研究[D]. 大连:大连 理工大学,2007.

[6] 何涛,赵国杰. 基于随机合作博弈模型的 PPP 项目风险分担[J]. 系统工程, 2011,29(4):88 – 92.

[7] AHMED M, ABDEL A M. Successful delivery of public private partnerships for infrastructure development[J]. Journal of Performance of Constructed Facilities, 2007,21(6):918 – 931.

[8] 宋金波,宋丹荣,富怡雯,等. 基于风险分担的基础设施 BOT 项目特许期调 整模型[J]. 系统工程理论与实践,2012,32(6):1270 – 1277.

[9] 李林,刘志华,章昆昌. 参与方地位非对称条件下 PPP 项目风险分配的博弈 模型[J]. 系统工程理论与实践,2013,33(8):1940 – 1948.

[10] 陶冶,刘世雄. BT 工程项目风险分析和分配研究[J]. 工程管理学报, 2014,28(2):81 – 86.

［11］叶晓甦,周春燕.PPP 项目动态集成化风险管理模式构建研究[J].科技管理研究,2010(3):129－133.

［12］刘婷,王守清,盛和太,等.PPP 项目资本结构选择的国际经验研究[J].建筑经济,2014,35(11):11－15.

［13］叶晓甦,易朋成.PPP 项目控制权本质探讨[J].科技进步与对策,2011,28(13):67－70.

［14］HOPPE E I, SCHMITZ P W. Public versus private ownership: Quantity contracts and the allocation of investment tasks [J]. Journal of Public Economics,2009,94(3－4):258－268.

［15］孙慧,范志清,石烨.PPP 模式下高速公路项目最优股权结构研究[J].管理工程学报,2011,25(1):154－157.

［16］孙慧,叶秀贤.不完全契约下 PPP 项目剩余控制权配置模型研究[J].系统工程学报,2013,28(4):227－335.

［17］张喆,贾明.PPPs 合作中控制权配置实验[J].系统管理学报,2012,21(2):166－179.

［18］张喆,贾明,万迪昉.PPP 背景下控制权配置及其对合作效率影响的模型研究[J].管理工程学报,2009,23(3):23－30.

［19］宋波,徐飞.不同需求状态下公私合作制项目的定价机制[J].管理科学学报,2011,14(8):86 －96.

［20］SHEN L Y, BAO H J, WU Y Z, et al. Using bargaining-game theory for negotiating concession period for BOT-type contract [J]. Journal of Construction Engineering and Management,2007,133(5):385－392.

［21］王东波,宋金波,戴大双,等.弹性需求下交通 BOT 项目特许期决策[J].管理工程学报,2011,25(3):116－122.

［22］DANIEL A, GERMA B. Regulating concessions of toll motorways:An empirical study on fixed vs. variable termcontracts[J]. Transportation Research Part A: Policy & Practice,2009,43(2):219－229.

［23］宋金波,宋丹荣,富怡雯,等.基于风险分担的基础设施 BOT 项目特许期调整模型[J].系统工程理论与实践,2012,32(6):1270－1277.

［24］宋金波,党伟,孙岩.公共基础设施 BOT 项目弹性特许期决策模式——基于

国外典型项目的多案例研究[J]. 土木工程学报,2013,46(4):142 – 150.

[25] 宋金波,王若宇,宋丹荣. 高速公路 BOT 项目特许期决策模型[J]. 系统工程,2014,32(2):91 – 97.

[26] TAN Z J, YANG H. Flexible build-operate-transfer contracts for road franchising under demand uncertainty[J]. Transportation Research Part B,2012,46(10):1419 – 1439.

[27] 高颖,张水波,冯卓. 不完全合约下 PPP 项目的运营期延长决策机制[J]. 管理科学学报,2014,17(2):48 – 59.

[28] 宋金波,靳璐璐,付亚楠. 公路 BOT 项目收费价格和特许期的联动调整决策[J]. 系统工程理论与实践,2014,34(8):2045 – 2053.

[29] 郑霞忠,田丽成,卢添,等. BOT 项目特许价格与期限的动态协调机制研究[J]. 建筑经济,2014,378(4):34 – 40.

[30] 胡振. 公私合作项目范式选择研究——以日本案例为研究对象[J]. 公共管理学报,2010,7(3):113 – 121.

[31] 胡振,刘华,金维兴. PPP 项目范式选择与风险分配的关系研究[J]. 土木工程学报,2011,44(9):139 – 146.

[32] 胡振,范秀芳,董清. 公私合作(PPP)项目范式选择的决策模型分析——基于 SVM 分类理论[J]. 西安建筑科技大学学报,2012,44(4):568 – 571.

[33] 吴海西,戴大双,刘宁. BOT/PPP 模式识别与选择研究述评[J]. 技术经济,2010,29(2):68 – 73.

[34] 郭华伦. 基础设施建设 PPP 运行模式选择研究[D]. 武汉:武汉理工大学,2008.

[35] OYETUNJI A, ANDERSON A. Relative effectiveness of project delivery and contract strategies[J]. Journal of Construction Engineering and Management,2006,132(1):3 – 13.

[36] 李公祥,尹贻林. 城市基础设施项目 PPP 模式的运作方式选择研究[J]. 北京理工大学学报(社会科学版),2011,13(1):51 – 55.

[37] SALMAN A, SKIBNIEWSKI M, BASHA I. BOT viability model for large-scale infrastructure projects[J]. Journal of Construction Engineering and Management,2007,133:50.

[38] THOMAS NG S, XIE J, SKITMORE M, et al. A fuzzy simulation model for evaluating the concession items of public private partnership schemes[J]. Automation in Construction,2007,17(1):22 −29.

[39] GAO H,ZHANG Y Y. Research on the difference between BT mode and other finance modes [J]. Advanced Management Science,2010(6):237 −239.

[40] 汪阳. 建设项目 BT 模式运行机制研究[D]. 武汉:武汉理工大学,2012.

[41] CHAN C. Fuzzy procurement selection model for construction projects[J]. Construction Management and Economics,2007,25(6):611 −618.

[42] 冯锋,张瑞青. 公用事业项目融资及其路径选择——基于 BOT、TOT、PPP 模式之比较分析[J]. 软科学,2005,19(6):52 −55.

[43] 李公祥,尹贻林. 城市基础设施项目 PPP 模式的运作方式选择研究[J]. 北京理工大学学报(社会科学版),2011,13(1):50 −54.

[44] 杨卫华,王秀山,张凤海. 公共项目 PPP 模式选择路径研究[J]. 华东经济管理,2014,28(2):121 −127.

[45] 杨文安,李敏. 城市轨道交通 PPP 项目股权结构配置研究[J]. 西安交通科技,2015(12):94 −97.

[46] 张婷婷,徐丽群. PPP 项目融资的资本结构及补偿模式研究[J]. 现代管理科学,2016(2):75 −77.

[47] 胡一石,盛和太. PPP 项目公司资本结构的影响因素分析[J]. 工程管理学报,2015(29):102 −106.

[48] 李悦,熊德华,张峥,等. 中国上市公司如何选择融资渠道——基于问卷调查的研究[J]. 金融研究,2008(8):86 −104.

[49] 陆正飞,高强. 中国上市公司融资行为研究——基于问卷调查的分析[J]. 会计研究,2003(10):16 −24,65.

[50] 张灿. 家电企业资本结构与融资行为调查研究[D]. 广州:暨南大学,2007.

[51] 唐睿明. 我国家族上市公司股权结构与公司绩效研究[D]. 大连:东北财经大学,2012.

[52] 赵建凤. 上市公司股权结构对内部控制有效性的影响研究[D]. 北京:首都经济贸易大学,2013.

[53] 张春庆,李安辉. 基于控制权视角的 PPP 项目股东治理探讨[J]. 华北金

融,2016(1):27-29.

[54] 盛和太. PPP/BOT 项目的资本结构选择[D]. 北京:清华大学,2013.

[55] SUBPRASOM K. Multi-party and multi-objective network design analysis for the build-operate-transfer scheme[D]. Logan,Utah:Utah State University,2004.

[56] 石萍美. 城市轨道交通 PPP 项目资本结构优化研究[D]. 哈尔滨:哈尔滨工业大学,2011.

[57] ZHANG X Q. Financial viability analysis and capital structure optimization in private public Infrastructure projects[J]. Journal of Construction Engineering and Management,2005,131(2):656-668.

[58] SHI P M,GE J J,LU Q. Financial risk analysis of Chinese metro PPP projects [C]//Proceedings of 2011 International Conference on Construction and Real Estate Management (Volume One). Beijing :China Architecture&Building Press,2011:458-462.

[59] YUN S M,HAN S H,KIM H. Capital structure optimization for build-operate-transfer projects using a stochastic and multi-objective approach[J]. Canadian Journal of Civil Engineering,2009,36(2):777-790.

[60] 袁永博,叶公伟. 基础设施 PPP 模式融资结构优化研究[J]. 技术经济与管理研究,2011(3):91-95.